Katrin Berger

Altmühltal

Wandern für die Seele

20 Wohlfühlwege

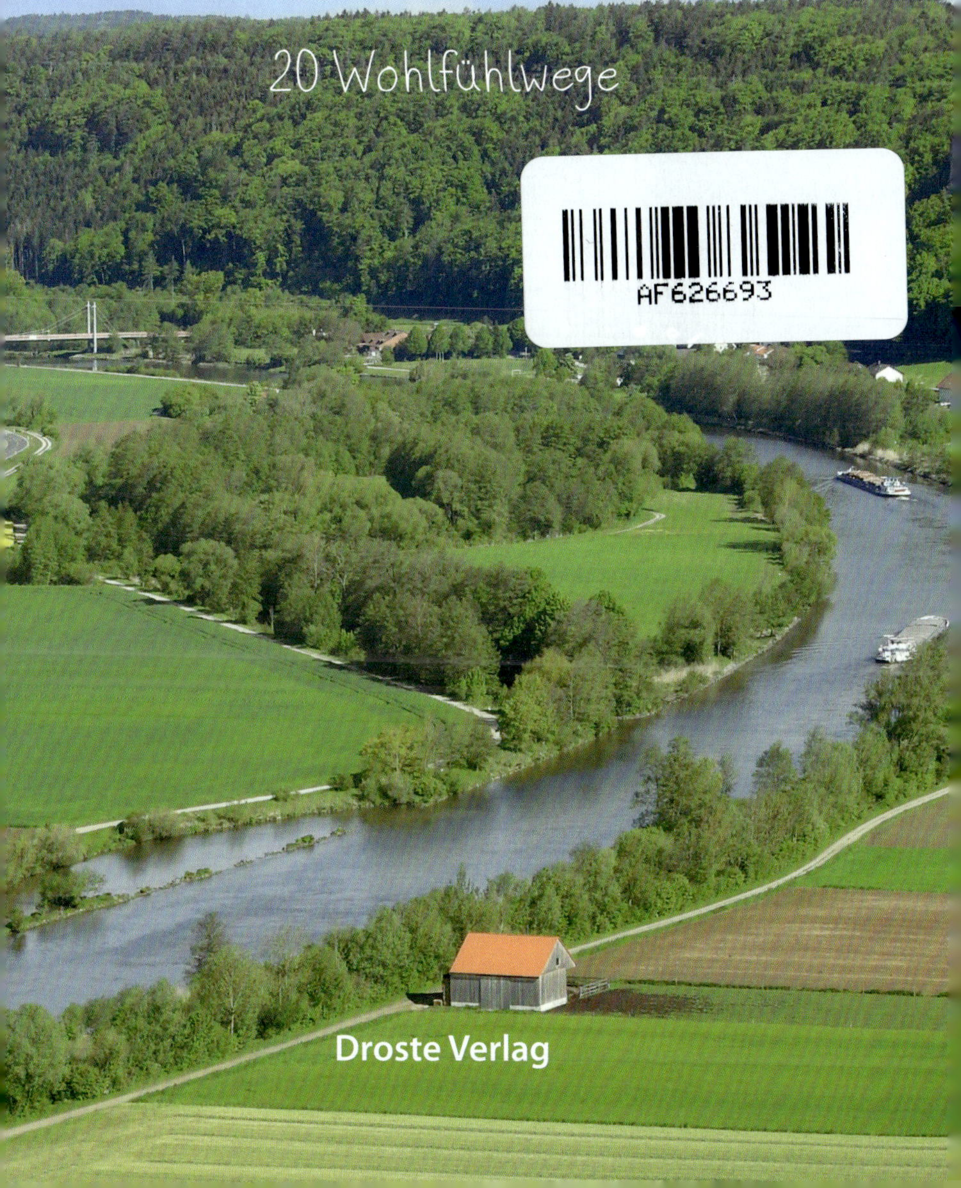

Droste Verlag

ALLE WANDERUNGEN AUF EINEN BLICK

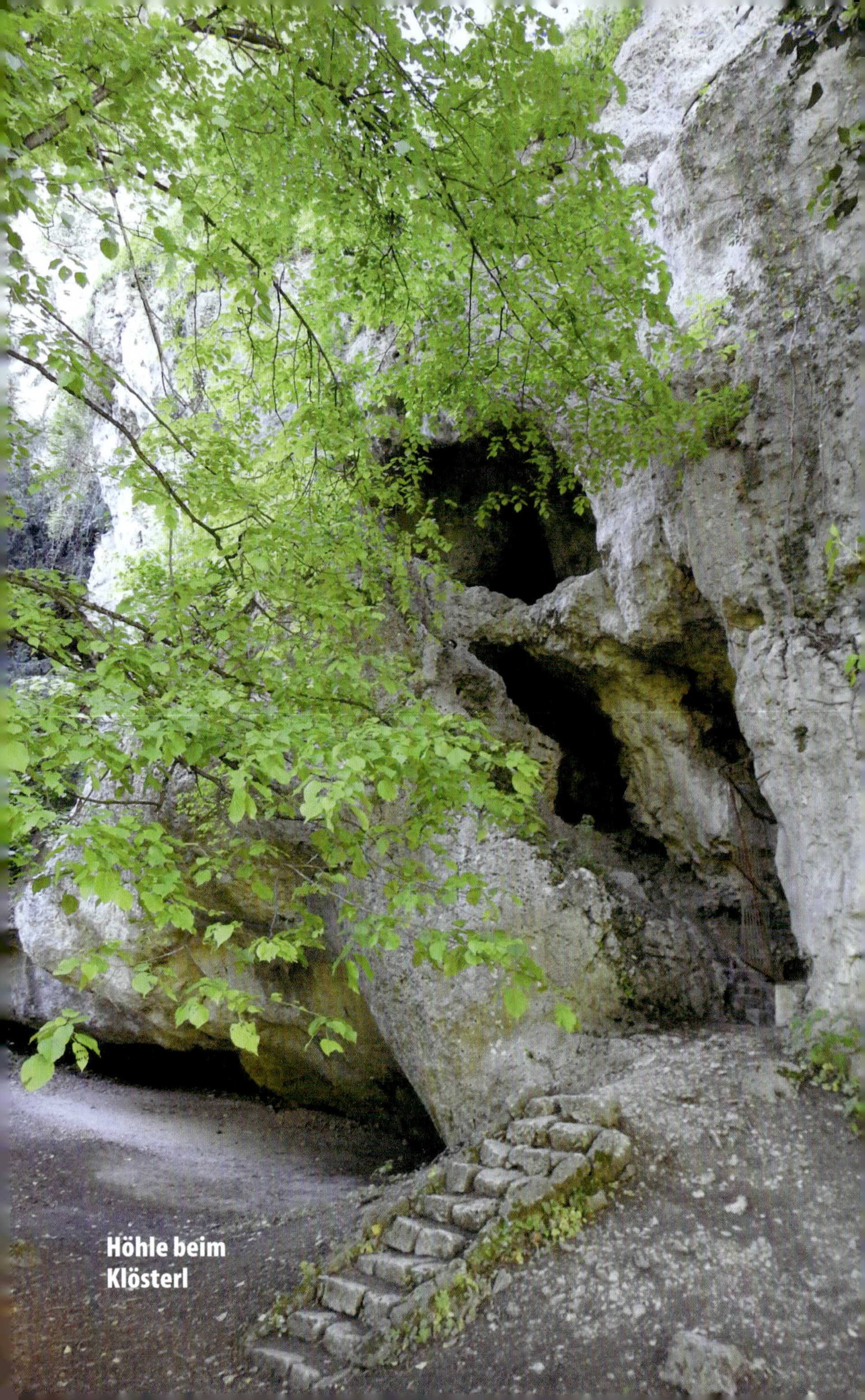
Höhle beim
Klösterl

Liebe Liebhaber entschleunigenden Wanderns,

„Grüß Gott“ im Naturpark Altmühltal – so begrüßen wir uns in Bayern. Ein abwechslungsreiches und genussvolles Wanderparadies wartet darauf, neu entdeckt zu werden. Der „stille Fluss“, wie die Kelten die Altmühl nannten, ist nämlich einer der langsamsten in ganz Deutschland. Und dennoch beeindruckt er durch ein breites Tal, das er sich vor Jahrtausenden von Main und Donau tief in den Jura einschneiden ließ. Von Treuchtlingen im Westen bis Kelheim im Osten wechseln sich schroffe Felsen, geheimnisvolle Höhlen und trutzige Burgen mit lieblichen Hochflächen, lichten Wäldern und duftenden Wacholderheiden ab. Atemberaubende Ausblicke über das Tal sind garantiert.

Auf 20 Wanderungen begegnen wir Kelten, Römern und Husaren, treffen drei elende Heilige und machen Rast bei Bibern, Schafen und Drachen. Wir dringen ins Innere der Erde vor und machen einen Abstecher ins Himmelreich.

Und weil Leib und Seele zusammengehören, dürfen kulinarische Tipps nicht fehlen – seien es die guten fränkischen Bratwürste, Spezialitäten vom Altmühltaler Lamm oder ein süffiges Bier und zum Abschluss ein Selbstgebrannter aus heimischem Obst, alles regional und nachhaltig.

Darum: Wanderschuhe angezogen, Stecken gepackt und los geht’s. Viele genussvolle Seelentouren wünscht

Katrin Berger

NATUR-INFO

KULTUR-INFO

TOUREN-/EVENT-INFO

GENUSS-INFO

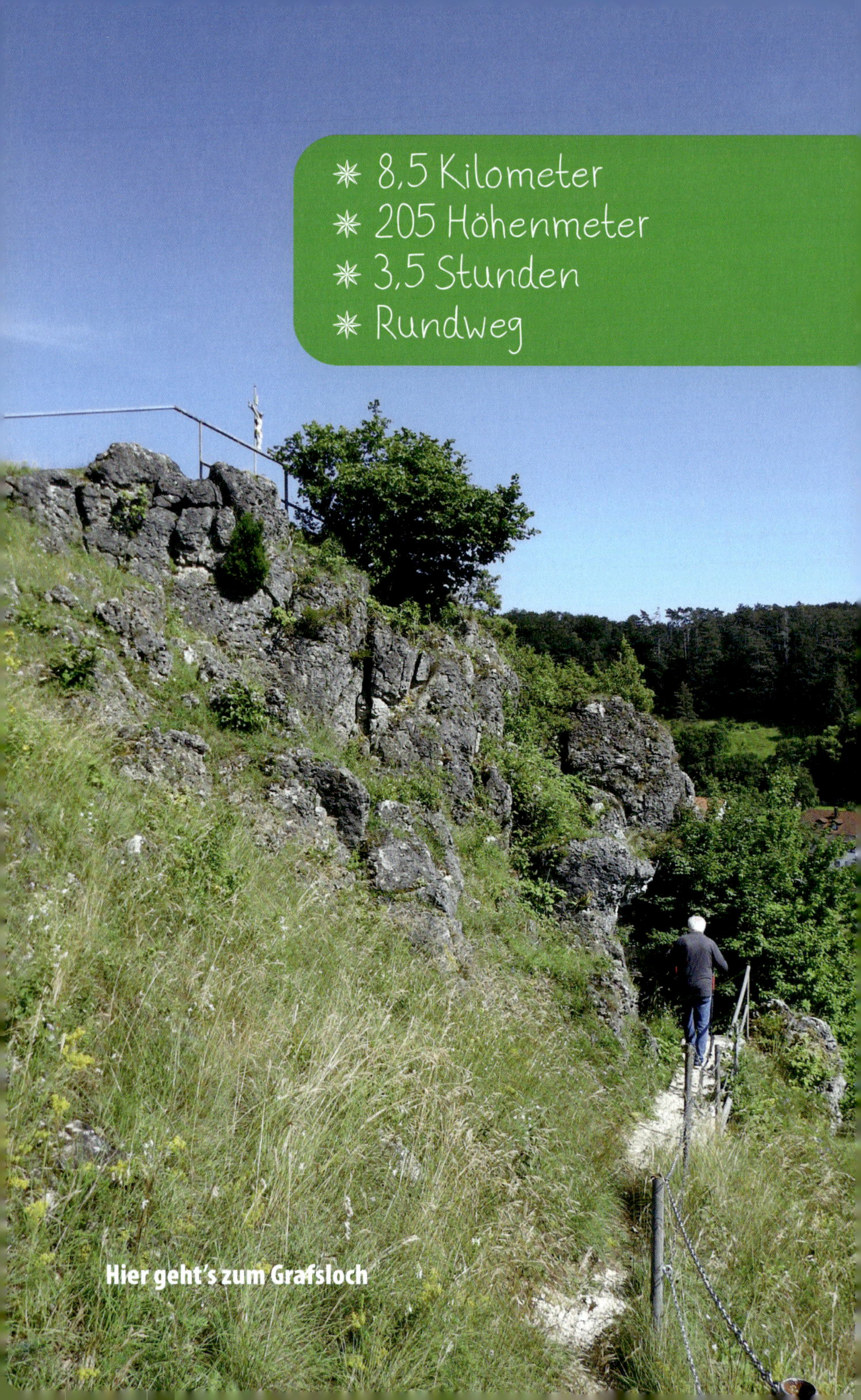

Hier geht's zum Grafsloch

Stein-Reich

Von Mörnsheim zur Teufelskanzel

Unsere Wanderung beginnt am Mörnsheimer Sportplatz. Zunächst kehren wir auf der Frühlingsstraße bis zur Gailachbrücke zurück. Hier queren wir vorsichtig die Kreisstraße und bleiben direkt am Ufer des munter dahinfließenden Flüsschens, bis eine alte Steinbrücke nach links in den Ortskern führt. Über dem Torturm erhebt sich das Rathaus mit seinem Treppengiebel. Dieser **gotische Kastenhof 1** beherbergt auch die Touristinformation.

Alte Rohrachbrücke in Mörnsheim

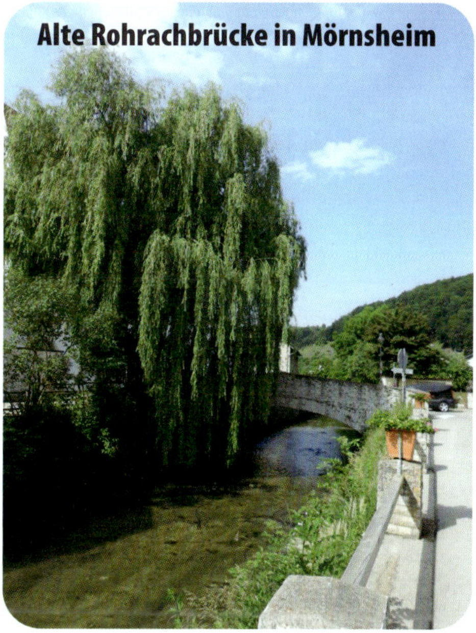

An dieser Brücke biegen wir rechts ab in den **Maxbergweg.** Über uns ragt ein einzelner Felsen wie ein Leuchtturm gen Himmel. Die kleine, zu Beginn mit Kopfsteinen gepflasterte Straße mündet schon bald in einen Wanderpfad; hier kann unsere Seelentour richtig beginnen. An der ersten Ruhebank wählen wir den rechten, steileren Pfad mit der Nr. 1, der uns in Kürze auf die Höhe bringt. Am Abhang erwarten uns weitere Sitzgelegenheiten, die mit dem beeindruckenden Ausblick auf Mörnsheim mit seiner Burg und das romantische Gailachtal zu einer Verschnaufpause verlocken. Um uns herum bemerken wir bereits die riesigen Abraumhalden der Steinbrüche, die die Landschaft komplett neu geformt zu haben scheinen.

!

*Im Mai findet der traditionelle **Lammauftrieb** statt. In Anlehnung an die Almauftriebe im Gebirge werden Schafe und Ziegen durch Mörnsheim auf ihre Sommerweiden gebracht. Ein Markt und etliche Veranstaltungen umrahmen dies mit regionalen Spezialitäten.*

Erfüllt und erfrischt schreiten wir nun auf einen Wasser-Hochbehälter zu. An seiner linken Seite schlüpft ein kleiner Weg unter einem Strauch hinauf in die **ehemaligen Steinbrüche 2.** Oben zweigen wir vor der Abraumhalde nach links ab. Nun tauchen wir in eine neue Welt aus Abertausenden von kleinen Steinplatten ein, in der sich die Natur allmählich ihr Reich zurückerobert. Die alten Steinbruchgebäude, auf die wir immer wieder stoßen, sind von Bäumen besetzt und mit Ranken überwuchert. In Kürze werden sie sich kaum noch abzeichnen und die Erinnerungen an die Menschen, die hier dem Berg seine Schätze abgetrotzt haben, mit sich nehmen. Während sich zu unserer Linken immer wieder Ausblicke ins Tal auftun, erlauben uns schmale Pfade nach rechts Zugänge in riesige Haufen von Kalkplatten, die von jahrhundertelangem Abbau des wertvollen Materials zeugen. Wie Zwerge fühlen wir uns. Mit etwas Glück finden wir eine kleine Versteinerung – ein Gruß aus ferner Vergangenheit. Wir suchen uns unseren Weg durch das steinerne Labyrinth. Wie eine Mondlandschaft wirken die mächtigen Kalkplattenhaufen plötzlich – eine sonderbare Erfahrung! Unser Weg führt schließlich

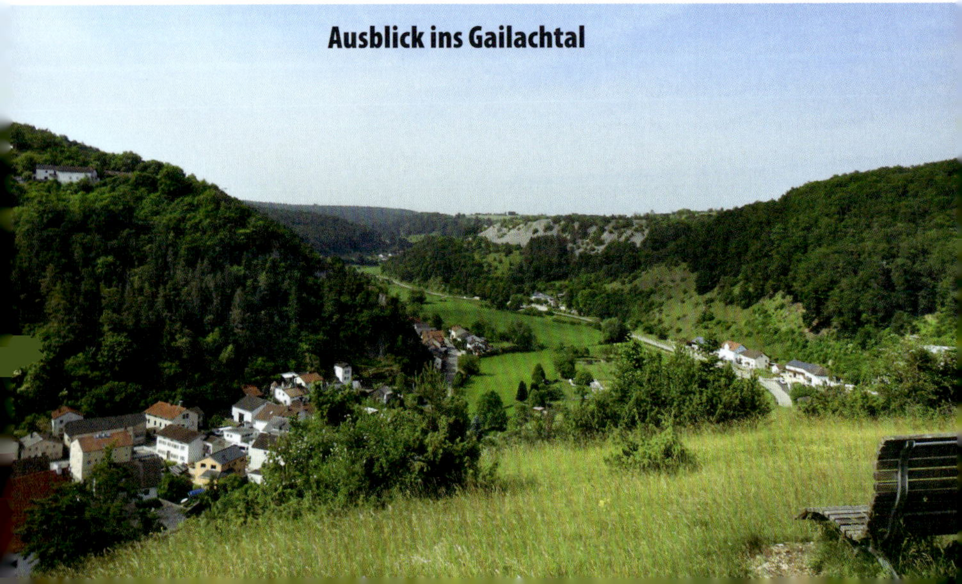
Ausblick ins Gailachtal

Für die Seele

Im Zentrum des Solnhofener Plattenkalks erfahren wir die Bedeutung des Steins von Beginn menschlichen Daseins bis heute.

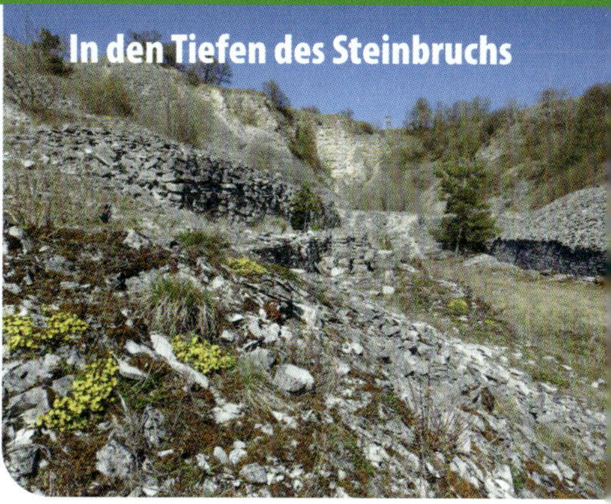

durch einen schmalen Durchgang an einem **Steinturm.** Nun ändert sich der Charakter des Wegs und wir gelangen über einen Wacholderrasenabschnitt und ein kleines Waldstück auf eine Asphaltstraße. Hier biegen wir nach rechts ab. Fast ist es erholsam, dass der Weg unter unseren Füßen nun fest und unnachgiebig ist. Wilde Rosen blühen reichlich am Wegesrand und verströmen im warmen Sonnenlicht ihren zarten Duft. Wir wandern auf das alte Rittergut **Lichtenberg** zu, vor dem sich auf großen Weiden prächtige Pferde tummeln. An der nächsten Kreuzung folgen wir der Straße nach links. Schließlich erreichen wir das Gelände des noch aktiven **Maxberg-Bruchs ❸.** An dessen Zufahrt stoßen wir auf das Gasthaus mit dem interessanten Namen **Schnorgackl ❹,** benannt nach einer einheimischen Bezeichnung für einen versteinerten Krebs, der häufig zu finden ist. Hier können wir mit etwas Glück auf Steinbrecher treffen, die bei einer kühlen Halben über die guten alten Zeiten philosophieren. Nun betreten wir auf dem Altmühl-Panoramaweg vorsichtig das Betriebsgelände und achten beim Durchqueren auf möglichen Betriebsverkehr. Die Ausschilderung der Wanderwege hilft uns, auf dem richtigen Weg zu bleiben. In hölzernen Kisten stehen Hunderte von Kalkplatten. Auf kleinen Tischen werden Versteinerungen zum vertrauensvollen Kauf angeboten.

Seit in Italien zu Beginn des Jahrtausends ein Verfahren entwickelt wurde, ***Kalkstein*** *täuschend echt als Steinzeug zu imitieren, hat in Solnhofen ein Absatzeinbruch stattgefunden. Nur noch Liebhaber greifen zu dem teuren und recht empfindlichen Naturstein.*

Am Ende des Steinbruchs treffen wir auf ein Gebäude mit der Inschrift „Solenhofer Aktien-Verein“. Hier verlässt der Wanderweg das Betriebsgelände nach rechts und führt zurück in die Natur. Als letzten Steingruß entdecken wir nach einer Linkskurve eine massive Natursteinmauer mitten im Wald. Auf der anderen Seite des Talabschnitts verlassen wir den Altmühl-Panoramaweg und gehen geradeaus. Nach Kurzem gelangen wir auf einen Waldeinschnitt mit einer Oberlandleitung, die wie eine Linie die Landschaft durchkreuzt. Dahinter biegen wir, kurz bevor der Weg in eine Forststraße mündet, nach rechts in den kleineren Waldpfad Nr. 4 ab. Dieser geht in eine Schotterstraße über, die immer weiter durch Wiesen und Wald bergab führt. Nach einer Linkskurve entdecken wir vor uns schließlich eine Blockhütte. Neugierig blicken wir hinein: Sie ist mit Holztischen und -bänken bestückt und an der Stirnseite ist ein Grill eingelassen.

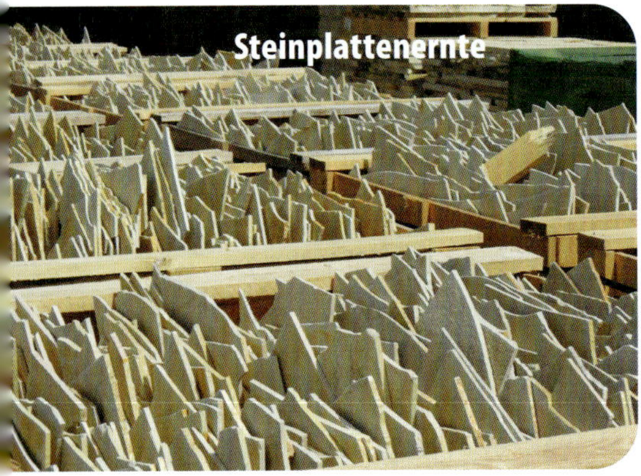

Steinplattenernte

An ihrer Rückseite führt ein schmaler Trampelpfad auf einen Abhang. Dort haben wir unser nächstes Etappenziel, die **Teufelskanzel ⑤**, vor Augen. Auf der Spitze des Hügels thront ein einzelner Felsen wie eine kleine Aussichtsplattform. Einer Legende zufolge hat der Teufel hier seine Anhänger versammelt und zu ihnen gesprochen. Der traumhafte Blick reicht von Solnhofen im Westen bis zu den berühmten steinernen **12 Aposteln ⑥**, einem der landschaftlichen Höhepunkte des gesamten Altmühltals. Wie Figuren ragen einzeln stehende Dolomitfelsen aus der Erde und inspirierten so zu ihrem Namen. Auch aus der Ferne wirken sie sehr eindrucksvoll. Dazwischen ruht die Altmühl still in ihrem Bett. Wir lassen uns auf einer Bank

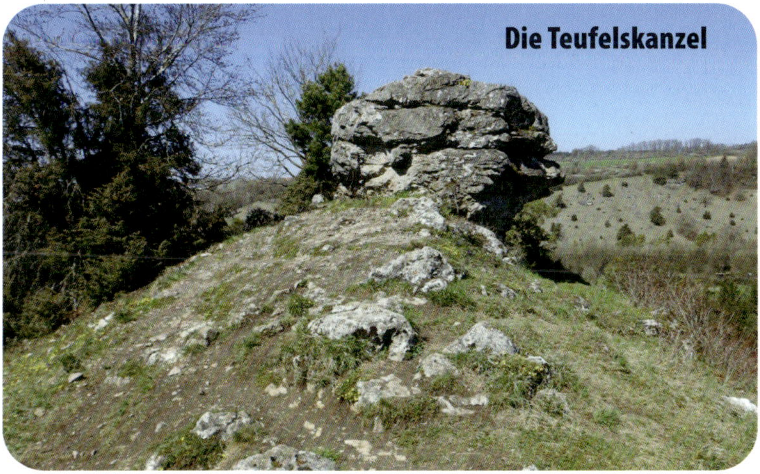

nieder und berauschen uns an der Schönheit der Natur. Je nach Jahreszeit bedeckt ein Heer von Küchenschellen, Frühlingsenzianen oder gelben Sonnenröschen die Trockenrasenfläche und taucht den Hügel in ein immer neues Farbenmeer. Tief atmen wir den würzigen Duft der Kräuter ein – so riecht Heimat.

Wenn dann unser Akku wieder gefüllt ist, kehren wir zur Grillhütte zurück und folgen dem schmalen Pfad mit der Nummer 3 nach links am Waldrand entlang an etlichen bemoosten Steinen vorbei. Dieser Weg mündet in eine Forststraße. Bevor wir hier nach rechts abbiegen, schicken wir den 12 Aposteln noch einen letzten Gruß zu und gewinnen dann in einer

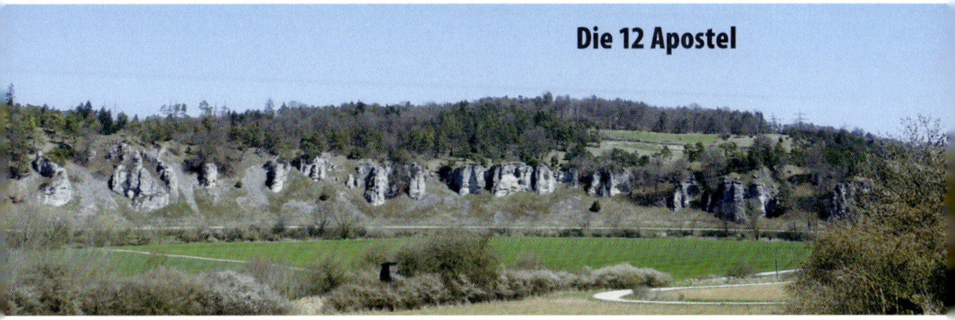

Altmühlblick vom Rosenkranz

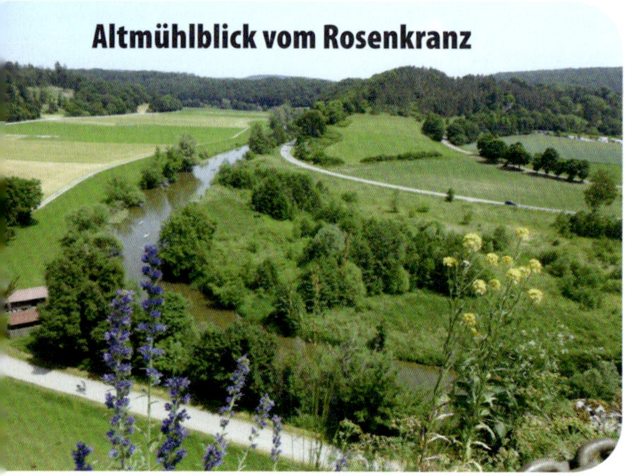

weiten Linkskurve an Höhe. Wir treffen wieder auf die uns bereits bekannte Überlandleitung. Nachdem wir sie erneut unterquert haben und die Forststraße eine Rechtskurve beschreibt, halten wir uns links vom Zaun und gelangen über den wenig begangenen Waldpfad nach einigen Metern an einen Abhang, dem wir nach rechts entlang dem Wildschutzzaun folgen. Dann treffen wir wieder auf den Altmühl-Panoramaweg. Kurze Zeit begleiten wir ihn nach links, doch bereits nach etwa 100 Metern verlassen wir ihn wieder und biegen rechts bergauf ab. Auch hier entdecken wir überall viele bemooste Steine, die unsere Fantasie anregen. Ist es eine zarte Fee oder doch eher ein Mäuschen, das dort hinter dem Zweig hervorlugt?

Wir treten aus dem Wald und finden uns zwischen großen Wiesen wieder. Rechts über uns tauchen die Gebäude von Lichtenberg auf, unser Weg, die Nr. 1, aber führt nach links am Zaun der Viehweiden leicht bergab. Wir sind nun auf dem **Schäfchenweg.** Schulkinder der Mörnsheimer Grundschule haben ihn gegründet, um Besuchern die Schönheit ihrer Heimat nahezubringen. Hinter der Weide nach gut 100 Me-

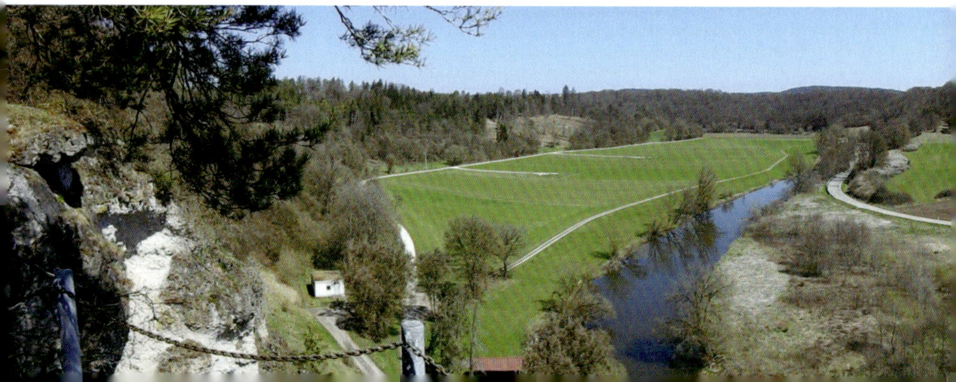

tern verlassen wir die breite Schotterstraße wieder nach rechts und stoßen auf eine schattige Sitzgruppe unter einem Feldahorn.

Weiter geht es über den weichen Wiesenweg. Über Felder und Wälder der Jurahöhe blicken wir weit in die Ferne und erspähen die Dächer von Schönfeld, einer kleinen Ortschaft jenseits der Altmühl.

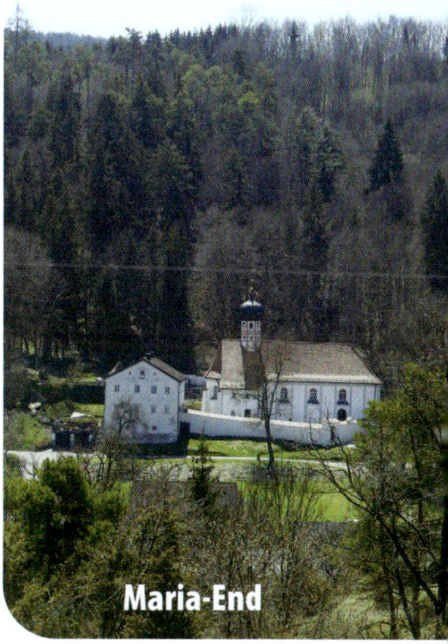

Maria-End

Nun geleitet uns der Schäfchenweg auf eine Wacholderheide. Dort machen wir mit dem Weg 1 einen kleinen Abstecher nach links direkt durch die stacheligen Büsche. Der Pfad knickt nach rechts und strebt der Hangkante mit einer schönen **Aussicht** ⑦ oberhalb markanter Felsformationen zu. Eine Sitzgruppe verführt dazu, sich hier ein wenig niederzulassen und den Blick über die Altmühl zu genießen, die in weiter Schleife träge dahingleitet. Zudem haben wir von hier eine schöne Sicht auf die **Wallfahrtskirche Maria-End** ⑧**,** die ein sehenswertes Gnadenbild vom Tod der Gottesmutter birgt.

Unsere letzte Etappe bringt uns an den mächtigen Eichen entlang zurück auf den Schäfchenweg. An der Informationstafel über die Wacholderheide gehen wir nach links auf dem Wiesenweg talwärts und dann an der Hangkante hinter der Sitzbank nach rechts.

Schon erblicken wir einen Felsen, der von einem Kreuz gekrönt wird. An seinem Fuß findet sich das **Grafsloch** ⑨**.** Der Weg zum Erdinnern ist gut gesichert.

*Das nach seinem Erforscher benannte **Grafsloch** bietet Menschen seit Urzeiten Schutz vor den Unbilden des Wetters. Hier hat man etliche Knochen- und Werkzeugfunde gemacht, die bis in die frühe Steinzeit reichen, also bis an den Beginn der Menschheit.*

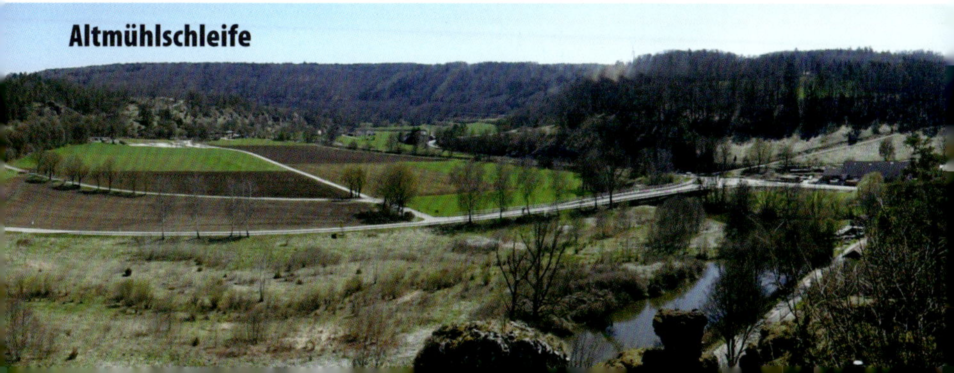

Altmühlschleife

Nun sehen wir den Sportplatz, an dem wir unser Auto geparkt haben. Die letzten Meter schreiten wir beschwingt bergab.

Doch weil wir auf den Geschmack gekommen sind, machen wir als krönenden Abschluss des Ausflugs einen Abstecher in den nahe gelegenen **Besuchersteinbruch Mühlheim ⑩.** Hier darf man selbst zum Steinbrecher werden und nach Versteinerungen suchen. Ein Fund ist mit dem Eintrittsgeld garantiert. Dass hier das 13. Exemplar des Urvogels Archaeopteryx entdeckt wurde, stachelt unseren Eifer zusätzlich an. Aber auch Fische, Krebse und Ammoniten sind hier zu finden. Das Personal vor Ort gibt hilfreiche Tipps zum Suchen und Bestimmen der Fossilien.

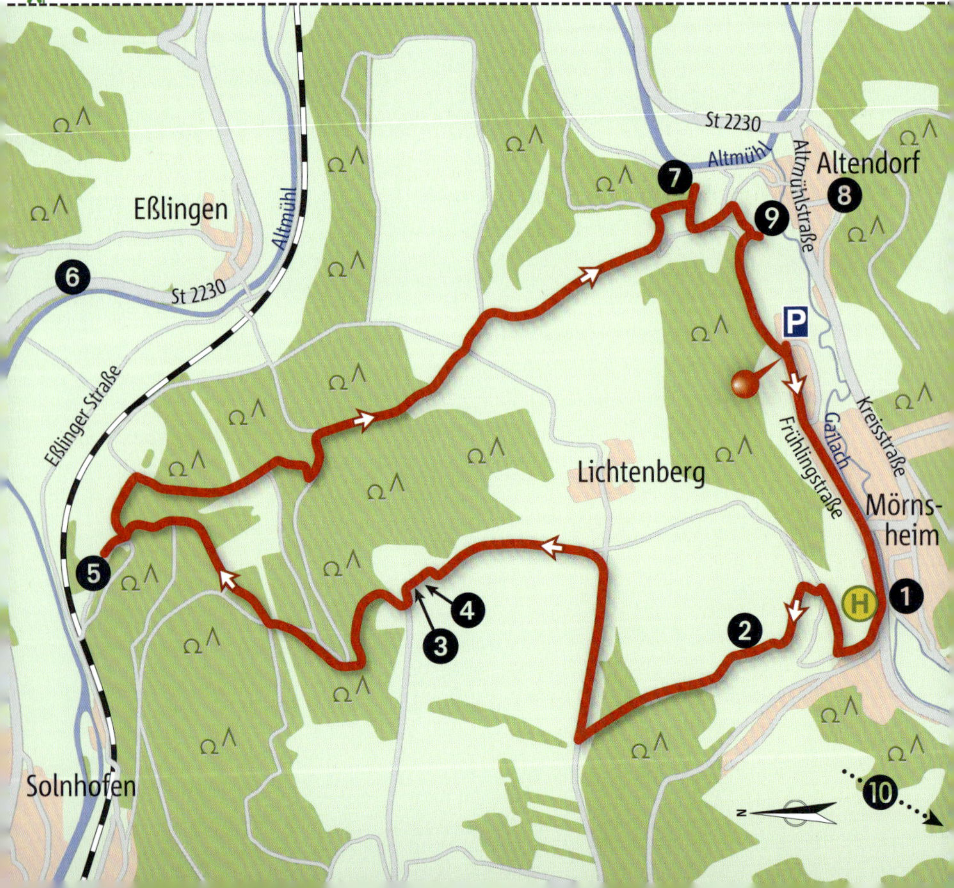

Entspannung ✱✱✱✱✱

Genuss ✱✱✱✱✱

Romantik ✱✱✱✱✱

WIE & WANN:
Asphaltstraße, Wald-, Schotter- und Wiesenwege, Jurasteinplattenpfad; bei trockenem Wetter ganzjährig möglich, festes Schuhwerk und ausreichend Flüssigkeit nicht vergessen!

HIN & WEG:
Auto: Sportplatz, Frühlingsstraße 21a, 91804 Mörnsheim (GPS: 48.872872, 11.015691)
ÖPNV: Bus 9231 bzw. 310 von Eichstätt nach Mörnsheim Torbrücke, Einstieg bei ❶

ESSEN & ENTSPANNEN:
Gaststätte Schnorgackl ❹ Maxberg, 91807 Mörnsheim, Tel. (01 60) 99 57 94 38

ENTDECKEN & ERLEBEN:
Gotischer Kastenhof ❶
Ehemalige Steinbrüche ❷
Steinbruch Maxberg ❸
Teufelskanzel ❺
12 Apostel ❻
Altmühlblick ❼
Wallfahrtskirche Maria-End ❽
Grafsloch ❾
Besuchersteinbruch Mühlheim ❿

* 15 Kilometer
* 170 Höhenmeter
* 4,5 Stunden
* Rundweg

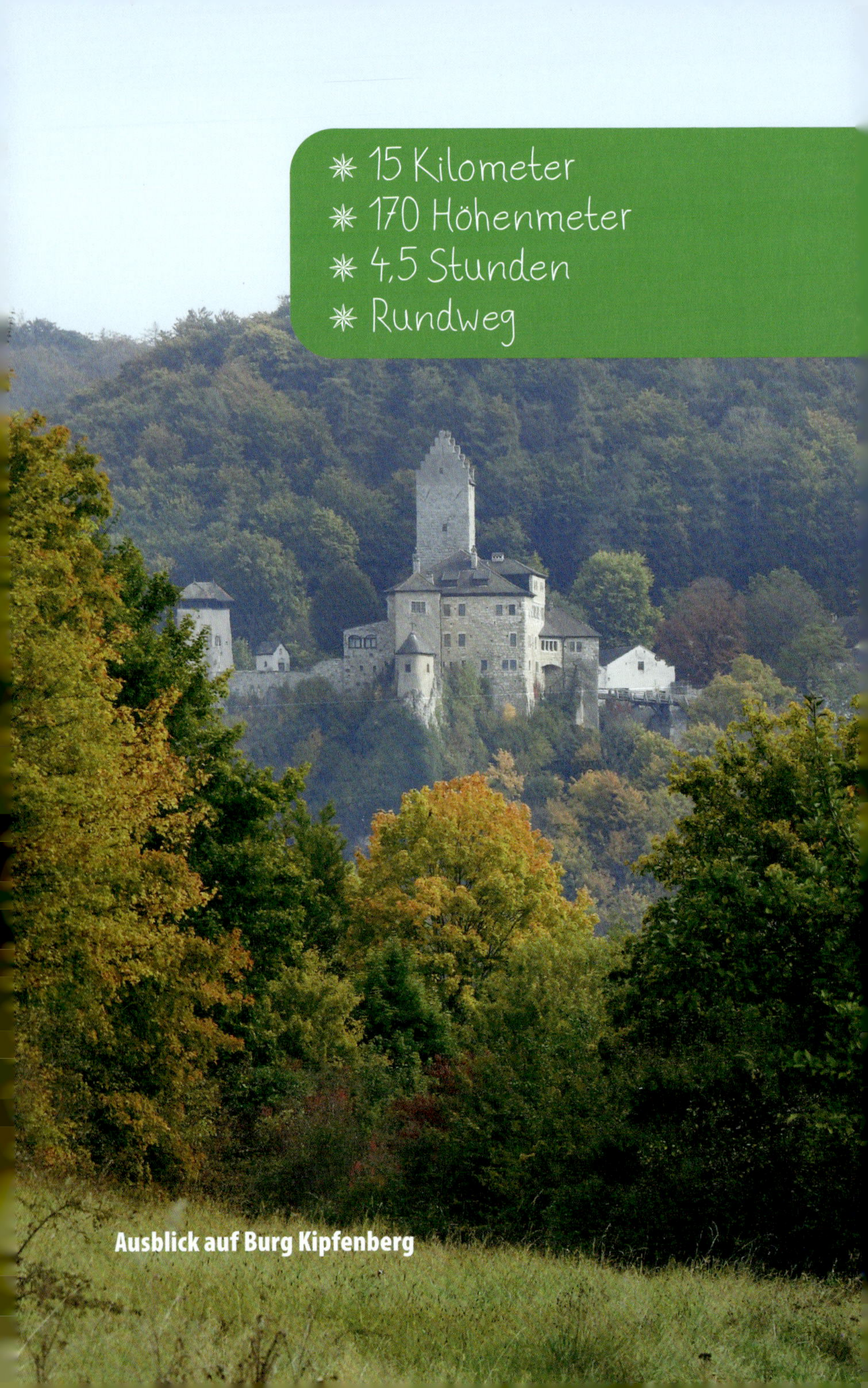
Ausblick auf Burg Kipfenberg

Grenzgänge

Vom Limes zur Wacholderheide

Hier werden wir an Grenzen kommen und sie überwinden. Bevor wir aber starten, ergänzen wir unsere Verpflegung im Laden vom **Moierhof** **1** in Böhming mit allerlei Leckereien, die wir unterwegs verzehren wollen. Dann fahren wir zum **Kirchlein** **2** außerhalb dieser Ortschaft, das auf den Fundamenten eines ehemaligen römischen Kastells erbaut wurde. Hier parken wir unser Auto und wenden uns den mächtigen Felsen im Norden zu. Kurz darauf macht der Weg eine Rechtskurve und wir halten inne. Beeindruckt verfolgen wir die Abhänge der gesamten Altmühlschleife von links hinter uns bis weit nach rechts, wo wir am Horizont Burg Kipfenberg sehen können. Die bizarren Jurafelsen regen die Fantasie an und wir versuchen, Figuren in den Steinen zu erkennen. So könnte es sich bei dem linken um eine Seejungfrau auf einem Felsen handeln und bei dem rechten um den Kopf einer Jungfrau, die sich voller Sehnsucht der

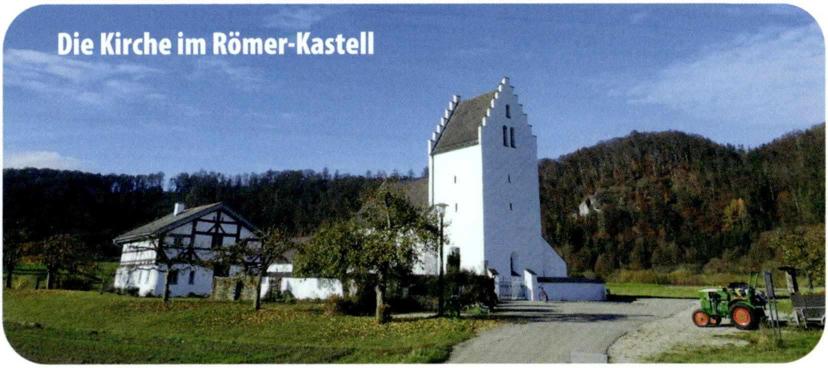
Die Kirche im Römer-Kastell

Burg zuwendet. Vielleicht lebt dort der Ritter ihres Herzens.

Dann führt uns die Straße weiter bis zu einer Kreuzung, an der wir uns links halten und die **Altmühlbrücke** überqueren. Unter uns sehen wir die **Bootsausstiegsstelle ③.** Auch zu Wasser lässt sich dieser malerische Fluss mit allen Sinnen erkunden. Am anderen Ufer wenden wir uns nach rechts und folgen dem **Altmühlweg** Richtung Kipfenberg. Ruhebänke flankieren den asphaltierten Weg, zudem lädt ein Marterl zur Andacht ein. Schließlich treffen wir linker Hand auf eine Mariengrotte, die mit frischen Blumen geschmückt ist. Kurz davor biegen wir nach links ab und stoßen nach ein paar Metern auf den Wanderweg 2, dem wir nach rechts folgen. Er bringt uns zum Gelände des VfB Kipfenberg und wir wandern auf der Straße weiter. Hier haben wir einen beeindruckenden Blick auf das gesamte Ausmaß der **Kipfenberger Burganlage ④.** Sie erinnert an ein eindrucksvolles Beispiel mittelalterlicher Baukunst, hat aber erst im 19. Jahrhundert im Zuge der Burgenromantik ihr heutiges Aussehen erhalten.

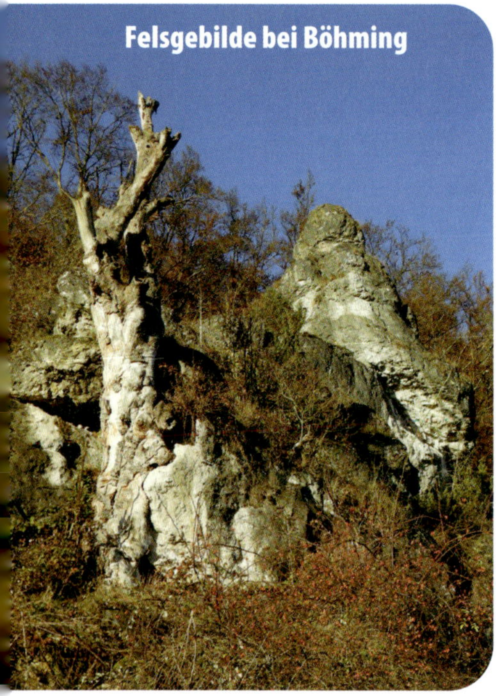
Felsgebilde bei Böhming

Eine kleine Strecke müssen wir jetzt in der Siedlung zurücklegen. An der nächsten Kreuzung biegen wir scharf links in die **Sonnenleite** ab. Nun geht es den Berg hinauf. Am Ende der Straße folgen wir dem Hinweis zum evangelischen Pfarramt nach links und kommen am Gelände der Grundschule vorbei. Gleich darauf führt unser Weg wieder in den herrlichen Mischwald und der Gesang der Vögel erfreut unsere Sinne. Kurz bevor wir ganz nach oben gelangt sind, lädt uns ein kleiner Stichweg ein, von den

Für die Seele

Mit Genuss begegnen wir den Spuren unserer Vorfahren und erfahren uns als Teil der Menschheit über die Zeiten hinweg.

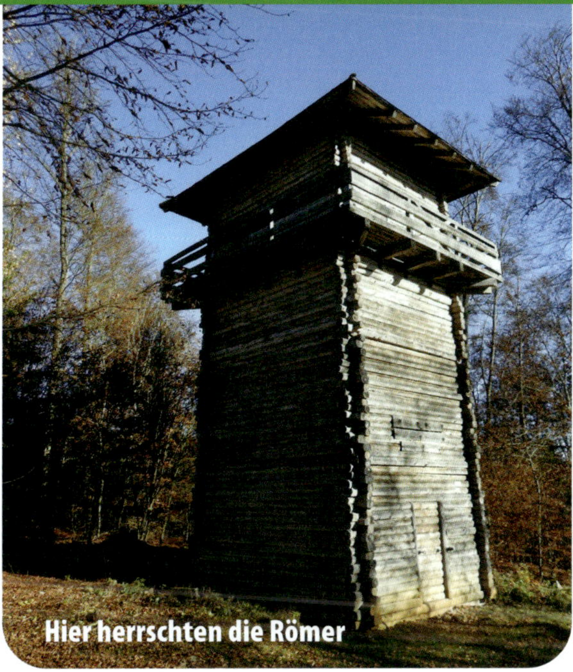

Hier herrschten die Römer

Jurafelsen aus einen Blick ins Tal zu werfen. Wenn wir den Berg schließlich ganz erklommen haben, erblicken wir den **Nachbau eines römischen Wachturms ⑤.** Von hier hielten die Soldaten Verbindung zu den nächsten Türmen und Kastellen, um schnell Nachrichten weiterleiten zu können. Und tatsächlich meinen wir Hörnerklang zu vernehmen und Rauch zu riechen. Hinter dem Turm erblicken wir einen hohen Palisadenzaun. So sah wohl die Grenze aus, bevor sie schließlich aus Stein gebaut wurde. Noch viele Jahrhunderte blieb diese Mauer erhalten und galt im

*Zwar ist die **Kipfenberger** Burg in Privatbesitz und kann nicht besichtigt werden, doch sie beherbergt das kleine, aber sehr feine Römer- und Bajuwarenmuseum: Hier quert nicht nur die alte Römergrenze das Altmühltal – auch der erste Bajuware wurde in der Nähe entdeckt.*

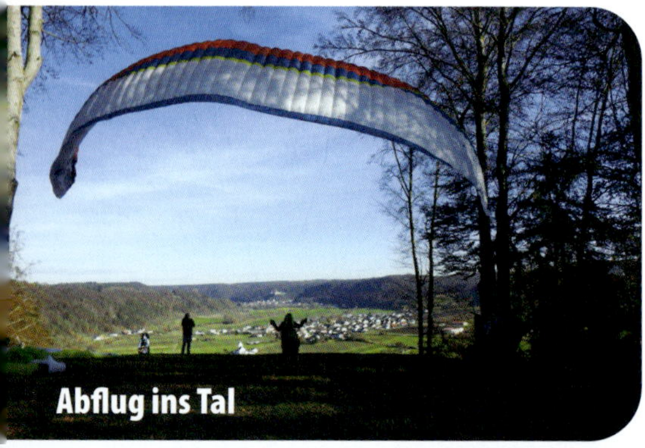
Abflug ins Tal

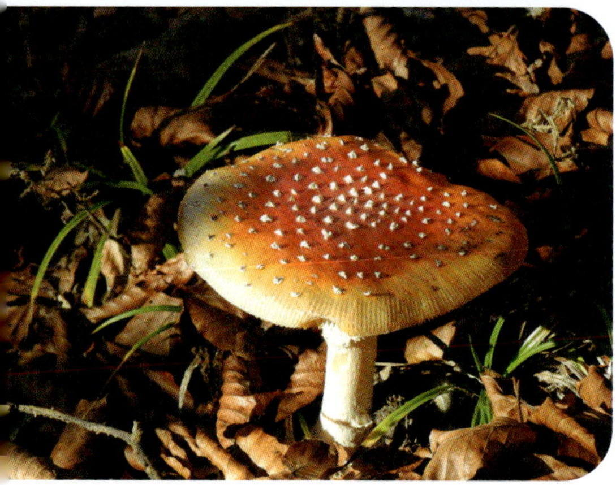

Volksmund als Teufelsmauer, denn wer sonst wäre imstande, ein solches Bauwerk zu errichten? Im Laufe der Zeit aber wurden die Steine abgetragen und zum Hausbau verwendet – Recycling ist keine Erfindung der Moderne.

Wir folgen nun den steinernen Überresten dieses **Limes** (Zeichen: Limesweg mit Wachturm), der schnurgerade durch den Wald verläuft. So können wir Geschichte mit den Füßen erleben. Vielleicht entdecken wir ja eine kleine Römermünze, die ein unachtsamer Soldat verloren hat. Aber Achtung: Der Weg ist uneben und man muss gut aufpassen. Daher empfiehlt sich festes Schuhwerk. Wir überqueren zwei Schotterstraßen und bleiben auf den Fundamenten des Grenzwalls. Mit der Zeit wird der Pfad unwegsamer. Wir passieren die Grundmauern eines weiteren Wachturms, die sich kaum sichtbar im Gebüsch verstecken. Schließlich tritt der Limes aus dem Wald. Nun ist die Zeit unserer kostenlosen Fußmassage beinahe vorbei. Wir bleiben noch am Waldrand und staunen, dass noch heute – nach fast 2000 Jahren – die römische Grenze Wald und Acker voneinander trennt. Hinter den Feldern kreuzt unser Weg einen Wanderweg; diesem folgen wir nach links und nehmen Abschied von den Römern.

*Die Römer bauten den **Limes** als Grenze zu den Nachbarn, um ihre Macht zu demonstrieren. Seit 2005 gilt er als Unesco-Weltkulturerbe. Anders als andere Grenzmauern war der Limes aber z. B. für Handel durchlässig.*

Ab hier wandern wir immer geradeaus durch Felder, Wälder und über die Hochfläche des Jura. Wir kommen an der **Gleitschirmabflugstelle** ❻ vorbei und haben von dort einen atemberaubenden Blick über das weite Altmühltal, sehen die Kirche von Böhming, von der aus wir gestartet sind, und in der Ferne wieder die Kipfenberger Burg. So weit also hat uns unsere Wanderung bereits geführt! Vielleicht haben wir ja Glück und können ein paar Wagemutigen dabei zusehen, wie sie ihre Gleitschirme richten und sich fertig machen, um die menschlichen Grenzen zu erweitern, wie die Vögel lautlos durch die Lüfte zu segeln und die Welt von oben zu betrachten. Die berühmten Zeilen Eichendorffs kommen uns dabei in den Sinn: „Und meine Seele spannte weit ihre Flügel aus, flog durch die klaren Lüfte, als flöge sie nach Haus."

Wir behalten die Richtung bei – meist ist der Weg geschottert –, bis die Straße an einer Kreuzung deutlich nach links abbiegt. Nach einigen Metern geht sie

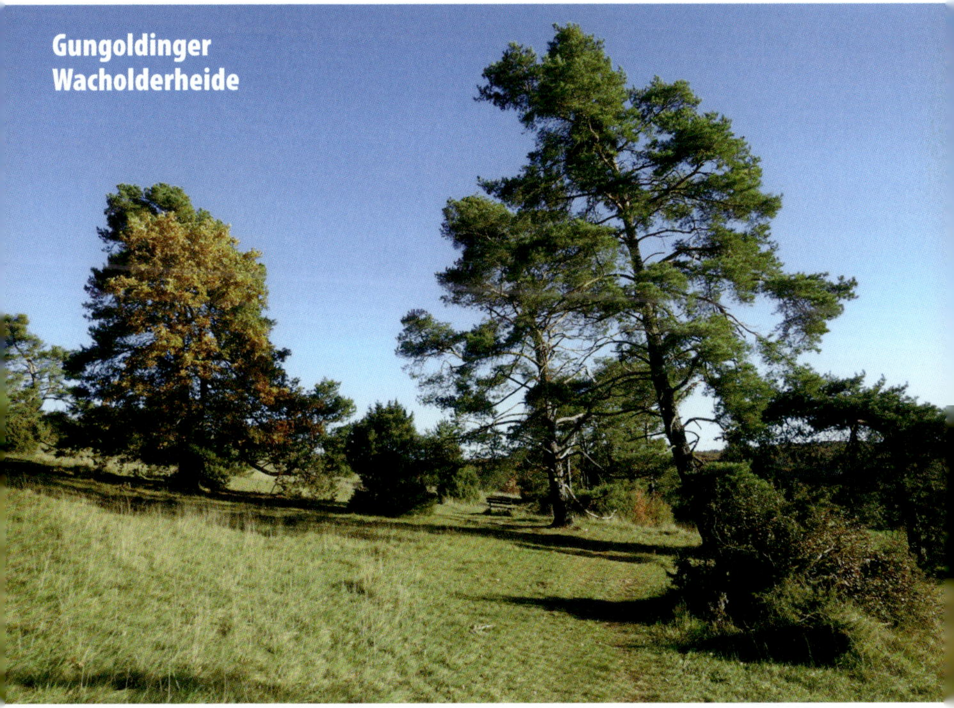

Gungoldinger Wacholderheide

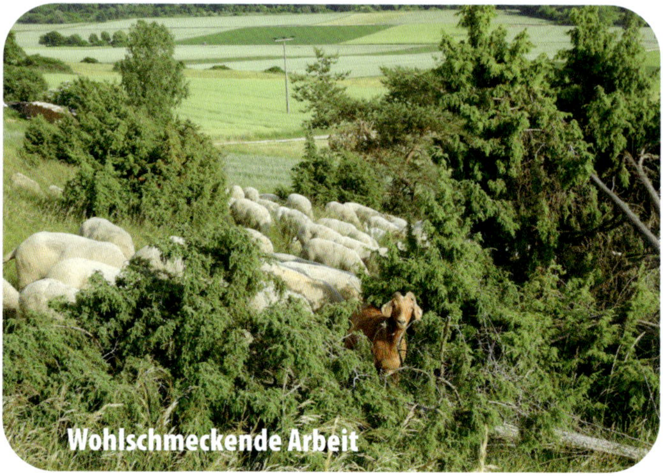

Auf den nährstoffarmen, kalkhaltigen Böden der Jurahänge ist durch Beweidung die einzigartige Landschaftsform der ***Wacholderheide*** *entstanden. Unter den extremen Bedingungen der Magerrasen gedeihen viele seltene Pflanzen und Tiere.*

dann in Asphalt über – und schließlich sehen wir vor uns die ersten Bäume der malerischen **Gungoldinger Wacholderheide** ❼, einer Kulturlandschaft, die unter Naturschutz steht. Schafe und Ziegen sollen dafür sorgen, dass keine größeren Bäume nachwachsen. Nur den Wacholder mit seinen spitzen Nadeln fressen sie nicht gerne. Übrigens dienen die Wacholderbeeren mit ihrem Aroma nicht nur als schmackhaftes Gewürz in der Küche, sondern sind auch die Grundlage für Gin.

Wir folgen nun dem Altmühltal-Panoramaweg nach links quer über die trockene Landschaft. Der Steig führt uns immer leicht bergab mitten durch Felsen, Büsche und Kräuter. Besonders im Frühjahr kann man unzählige seltene Blumen und Orchideen bewundern. Beinahe erinnert die Landschaft in ihrer Kargheit an südlich-mediterrane Gefilde. Wir setzen uns auf eine Bank, genießen die Ruhe und die grandiose Aussicht – ein Moment der Vollkommenheit.

Schließlich erreichen wir das Ende des Naturschutzgebiets und der Trockenrasen geht in Wald über. Wir folgen weiterhin dem Panoramaweg, bis wir schließlich das **Sportgelände** in Arnsberg erreichen.

Dort entdecken wir einen **Eisautomaten** **8** mit vielen leckeren Sorten **Bauernhofeis** der Familie Funck – eine Verlockung, der wir gerne nachgeben. Dann gehen wir links am Fußballplatz entlang und halten uns am folgenden Marterl rechts. Nun können wir das breite Flusstal richtig genießen – wandern wir doch auf ebenem Weg mit bildschönem Blick durch ausgedehnte Felder. Neben uns grüßen die Ritter der Burg Arnsberg. Anschließend bewundern wir die mächtigen Felsen der **Arnsberger Leiten,** zwischen denen sich Schafe und Ziegen wie kleine weiße Schneeflocken tummeln. Im Weiler **Regelmannsbrunn,** durch den unser Weg führt, lohnt sich ein Abstecher zur **Fischzucht Lang** **9.** Hier gibt es köstliche fangfrische

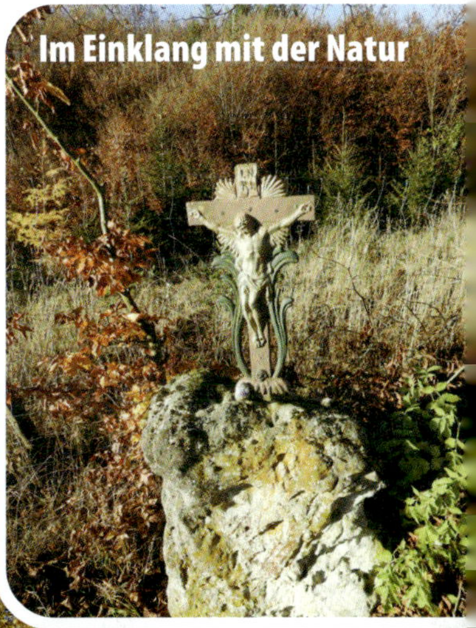

Im Einklang mit der Natur

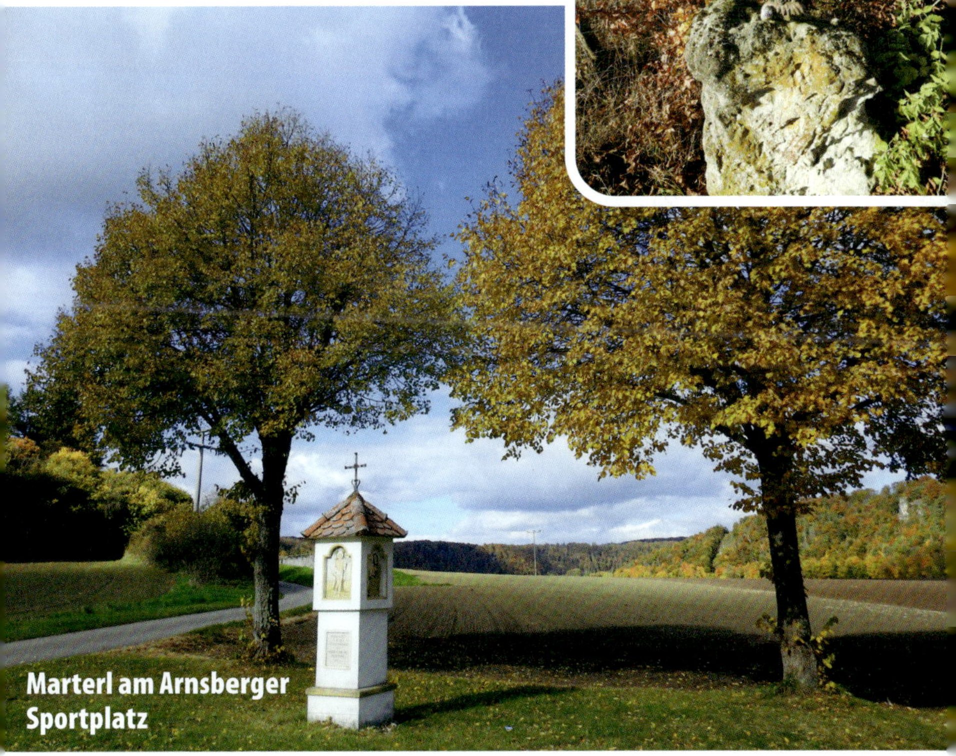

Marterl am Arnsberger Sportplatz

Auszeittour 2

*Eine gelungene Initiative vereint Landschaftspflege und Genuss: Um Schäfern einen Anreiz zu bieten, die Wacholderheiden zu beweiden und so zum Erhalt der artenreichen Kulturlandschaft beizutragen, führen die Gastwirte **Altmühltaler Lamm** auf ihren Karten.*

und geräucherte Fische. Außerdem kann man die Tiere in ihrem Element beobachten.

Im Anschluss kehren wir auf den Altmühlweg zurück und folgen ihm wieder aus dem Örtchen heraus.

Rechts grüßt bereits das Böhminger Kirchlein durch die Bäume zu uns herüber; wir gehen immer weiter bis zur Altmühlbrücke und überqueren sie. Bevor wir reich an vielen bezaubernden Eindrücken zum Auto gehen, kehren wir zum krönenden Abschluss im **Gasthaus Römer-Castell** ⑩ ein, wo wir mit regionalen Spezialitäten verwöhnt werden. Hier probieren wir ein köstliches **Altmühltaler Lammgericht.** Nun wissen wir, wo diese Tiere duftende Kräuter gefressen und damit einen Beitrag zum Landschaftserhalt geleistet haben.

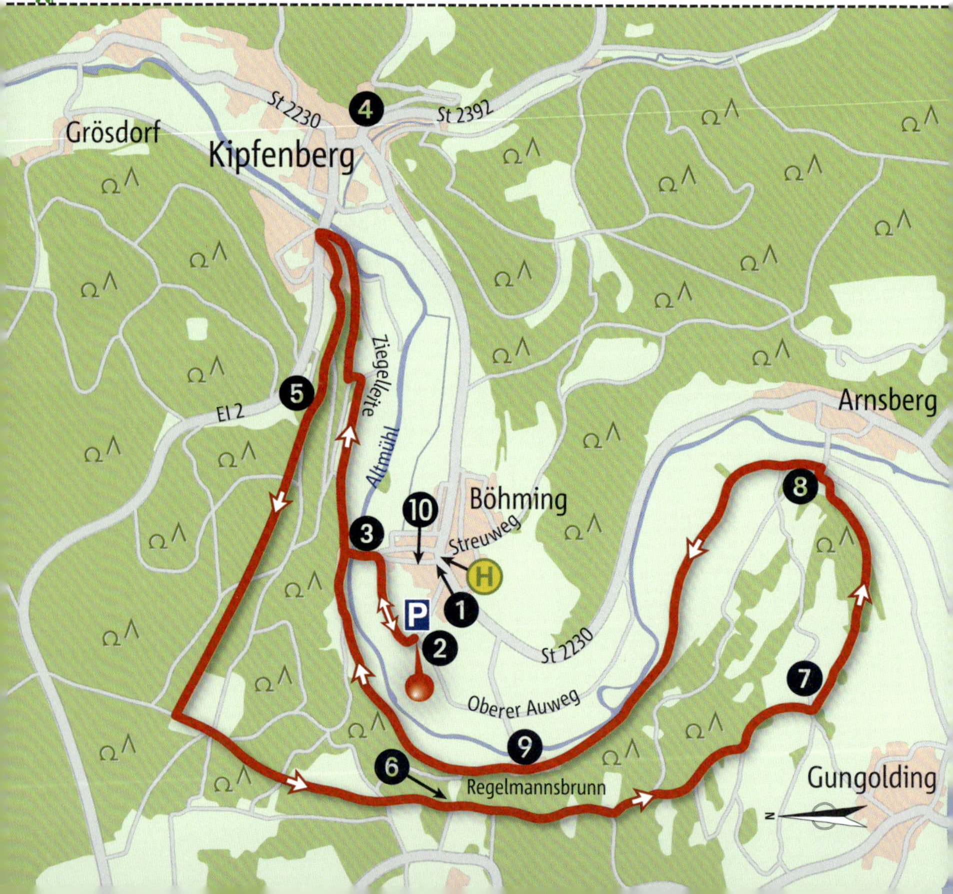

Entspannung ✱✱✱✱✱

Genuss ✱✱✱✱✱

Romantik ✱✱✱✱✱

WIE & WANN:
Asphaltstraße, Feld- und Waldwege, Überreste der Grenzmauer; zu jeder Jahreszeit reizvoll.

HIN & WEG:
Auto: Parkplatz an der Johannes-Kirche, Kirchweg 7, 85110 Böhming (Kipfenberg) (GPS: 48.946179, 11.360834)
ÖPNV: Bus 9223 von Ingolstadt nach Böhming, Schule

ESSEN & ENTSPANNEN:
Moierhof ❶ Wirtsstraße 1, 85110 Kipfenberg, Tel. (0 84 65) 14 11, moierhof-boehming.business.site
Fischzucht Lang ❾ Regelmannsbrunn 2, 85110 Kipfenberg-Böhming, Tel. (0 84 65) 33 11, www.koestliches-vom-land.de/direktvermarkter/forellenzucht_lang-2803
Gasthaus Römer-Castell ❿ Wirtsstraße 9, 85110 Kipfenberg, Tel. (0 84 65) 17 29 99 20, www.roemer-castell.de

ENTDECKEN & ERLEBEN:
Kirche auf Kastellfundament ❷
Bootsausstiegsstelle Böhming ❸
Burg Kipfenberg ❹
Nachbau eines römischen Wachturms ❺
Gleitschirmabflugstelle ❻
Gungoldinger Wacholderheide ❼
Bauernhofeis-Automat ❽

* 4,5 Kilometer
* 90 Höhenmeter
* 1,5 Stunden
* Rundweg

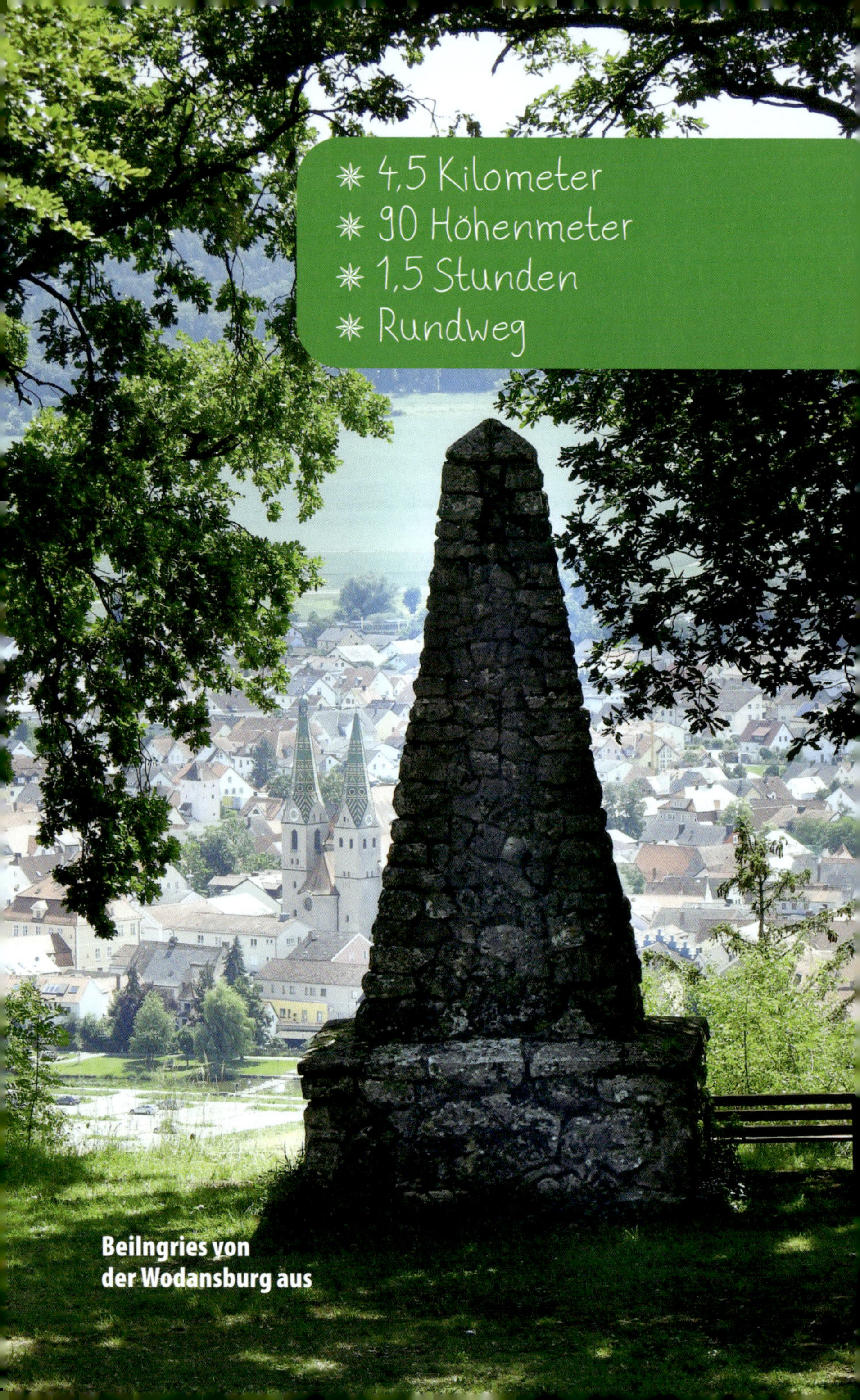

Beilngries von der Wodansburg aus

Zu Wodans Höhen

Auf die Wodansburg bei Beilngries

Die heutige Wanderung ist nicht lang, bietet dabei viele einmalige Eindrücke und gibt uns den optimalen Frischekick.

Wir parken unser Auto auf dem Platz rechts der B 299 Richtung Berching direkt hinter der Brücke über den MD-Kanal. Achtung, er ist nicht als Parkplatz ausgeschildert und daher leicht zu übersehen. Von hier folgen wir zunächst dem Pfeil des Wanderwegs 1 und entdecken eine Treppe, die den Abhang hinaufführt. Diese erklimmen wir und wenden uns nach rechts. Zwischen hohen Bäumen führt der Pfad immer geradeaus. Aufgemerkt: Ihre dicken Wurzeln winden sich teilweise direkt über den Pfad und werden daher leicht zu Stolperfallen. Nach ein paar Minuten erreichen wir eine Brücke, die scheinbar funktionslos über den trockenen Graben zu unserer Linken führt. Tatsächlich sind wir – ohne es zu wissen – die ganze Zeit auf dem Treidelpfad des alten **Ludwig-Donau-Main-Kanals** unterwegs gewesen.

*Seit Karl dem Großen träumte man davon, mit Schiffen quer durch Deutschland von der Nordsee bis ins Schwarze Meer zu fahren. König Ludwig I. von Bayern erfüllte diesen Traum und ließ einen **Kanal** bauen, der die Wasserscheide mit hundert Schleusen überwand.*

Da er hier kein Wasser mehr führt, verbuscht er zusehends und lässt nur an wenigen Stellen seine wahre Natur erkennen. Je nach Laune überqueren wir nun das Kanalbett auf der **Brücke** ❶ oder klettern die eine Uferseite hinab und drüben wieder hinauf. Oberhalb des jenseitigen Treidelpfades folgen wir der Ausschilderung 6 und dem Wünschelrutenpfad, wenden uns kurz nach rechts und schwenken dann links in den Feldweg ein, der uns den Berg hinaufführt. Bald darauf sehen wir eine Informationstafel zum **„Wünschelruteln“.**

Mit einer meist Y- oder L-förmig gebogenen ***Wünschelrute*** *aus Holz oder Metall sollen sich verborgene geologische Formationen wie Wasseradern oder Magnetfelder aufspüren lassen. Angeblich wirken sie wie Antennen, die eine unsichtbare Strahlung anzeigen. Probieren wir es!*

Der einäugige ***Wodan*** *bzw. Odin war der oberste germanische Gott. Sein Name kommt vom indogermanischen Wort wat und bedeutet: inspirieren. Tatsächlich fühlen wir uns an diesem traumhaften Ort inspiriert.*

Sobald wir den Waldrand erreicht haben, lädt eine Bank dazu ein, mit Blicken das Ottmaringer Tal zu erforschen. Bis zum Bau des heutigen Main-Donau-Kanals befand sich hier ein Hochmoor mit seinen typischen Moorpflanzen und -tieren.

Nun haben wir genügend Kraft für den Aufstieg getankt. Ein schmaler Steig, der schräg links vom Hauptweg abzweigt, bringt uns in Windungen hinauf zur sogenannten **Wodansburg ❷.** In violetten Kissen säumen Dutzende von Veilchen im Frühjahr unseren Weg und erinnern an den alten Poesie-Albumsspruch vom bescheidenen Veilchen im Moose.

Schon bald erhebt sich vor uns ein steinernes Denkmal. Die Inschrift auf seiner Vorderseite erzählt, dass es aus den Überresten einer alten germanischen Opferstätte errichtet wurde. Wir lassen uns auf einer der Bänke nieder. Der Ausblick über ganz Beilngries und das Altmühltal ist grandios und macht sprachlos. Auf dem gegenüberliegenden Bergrücken rechts von uns thront von mächtigen mittelalterlichen Türmen flankiert die Burg **Hirschberg ❸.**

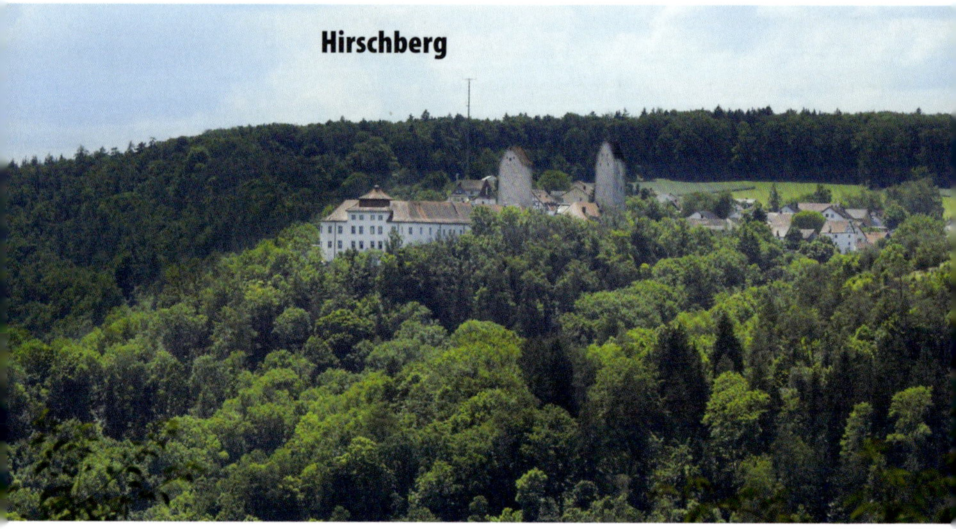

Für die Seele

Diese Wanderung hat königlichen und göttlichen Charakter, wenn wir weit über das Tal blicken und einem Menschheitstraum auf den Grund gehen.

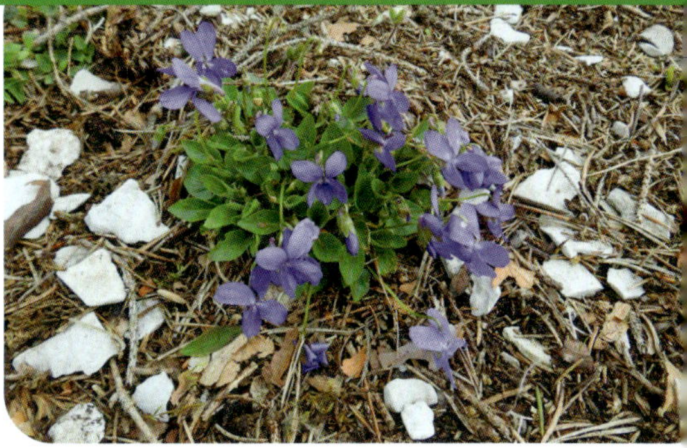

Unser Auge verfolgt den Flusslauf viele Kilometer hinauf, bis das Tal in Windungen am Horizont verschwindet.

Hinter dem Denkmal finden wir eine mächtige Felsplatte – vielleicht eine alte Opferplattform? Anschließend kehren wir zum Steinmonument zurück und setzen den Steig weiter fort. Nach wenigen Schritten erreichen wir einen Holzunterstand mit Bank und Tisch zum Brotzeitmachen. Der Pfad bringt uns nun in Serpentinen den Berg hinunter. Hier ist festes Schuhwerk zu empfehlen, denn es kann stellenweise rutschig sein. Schließlich erreichen wir einen breiteren, grasbedeckten Waldweg, in den wir mit dem Wünschelrutenpfad nach links einbiegen. Nach einer Infotafel, die auf eine Verwerfung verweist, treffen wir auf die Nordic-Walking-Strecke 3. Hier zweigen wir an der Bank scharf rechts ab und schlendern gemütlich den breiten Pfad entlang. Herrlicher Mischwald umgibt uns, wir sehen Birken, Eichen, Kiefern, Buchen … Und einmal haben wir auch ein Einhorn getroffen, dem aber bereits die Luft ausgegangen war. Nun, echte Einhörner trauen auch nur Jungfrauen, denken wir uns amüsiert.

Schließlich gelangen wir zu einem hölzernen Unterstand, der wie eine Bushaltestelle aussieht. Hier kann man bei Regen trockenen Hauptes sitzen und dem Prasseln der Tropfen lauschen. Ob sich wohl

*Der Fürstbischof zu Eichstätt ließ sich die alte **Burg Hirschberg** als Rokoko-Schloss umgestalten. Sicherlich war auch er von der Sicht weit ins Land begeistert. Es handelt sich übrigens um eine der größten Burganlagen im Altmühltal.*

jemand traut, in den Kasten hinter der Bank zu schauen? Uns hat die Vorstellung eines Kobolds, der vielleicht darin haust, davor zurückschrecken lassen.

Weiter geht es am Waldrand entlang. Hier wachsen viele Lampionblumen, deren Ballons im Herbst rot leuchten und so mit dem satten Blau der Schlehen, dem Rosa der Pfaffenhütchen und dem Rot der Hagebutten wetteifern. Alles vor dem Hintergrund des bunten Herbstwaldes. Was für eine wunderbare Künstlerin ist doch die Natur! An der nächsten Abzweigung wenden wir uns scharf nach links. Im Dreieck, das diese Abzweigung bildet, wartet eine Ruhebank, die uns zu einer Entspannungspause einlädt. Unser Blick streift das Sulztal, das vom MD-Kanal dominiert wird. Rechts erblicken wir eine imposante Klosteranlage. Die Mönche der **Benediktiner-Abtei Plankstetten** ❹ haben sich die Aufgabe gestellt, den Schöpfungsauftrag durch ein regionales Autarkiekonzept umzusetzen. Es lohnt sich, den **Klosterladen** zu besuchen. Es gibt sogar ein eigenes Bier in der Klosterschenke zu genießen – selbstverständlich öko.

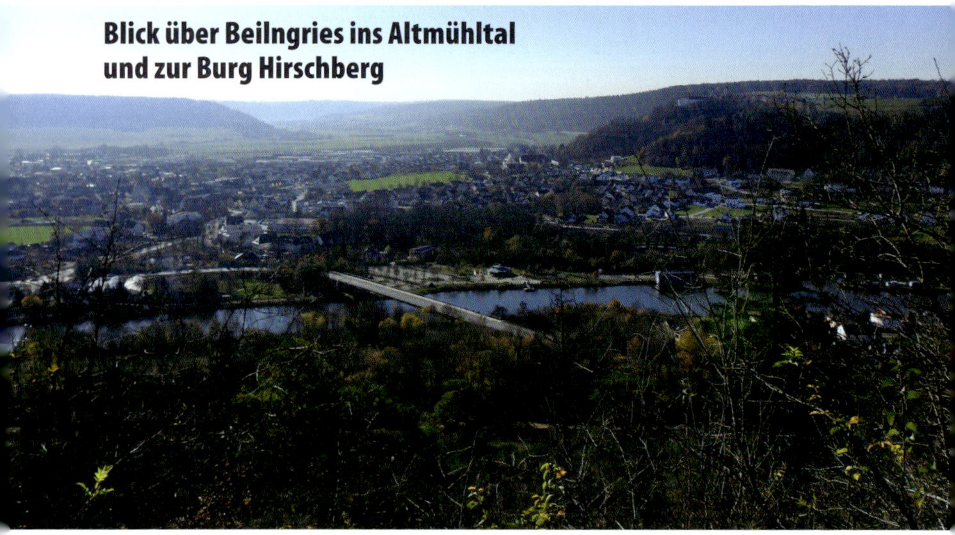

Blick über Beilngries ins Altmühltal und zur Burg Hirschberg

Die Straße führt nun zwischen Waldrand und Feldern immer den Berg hinunter und schenkt uns eine schöne Aussicht auf den MD-Kanal und die ersten Dächer von Beilngries. Unten angekommen wenden wir uns nach links, bis rechter Hand eine Brücke Richtung Bundesstraße führt. Diesen Übergang queren wir und wenden uns sofort danach nach links. Auch der Wanderweg 1 folgt dieser Abzweigung. Der Schlagbaum, der Pkw an der Einfahrt hindern soll, ist – falls geschlossen – zu Fuß leicht zu umgehen. Schon sehen wir die ersten **Hafengebäude** ⑤ auftauchen, wenn links das Gebüsch aufhört und eine Steinmauer den hohen Absatz begrenzt. Wir ahnen schon, dass an dieser Stelle früher das Wasser des Ludwig-Kanals Schiffe durch das Land trug. Auch hier haben wir nochmal die Möglichkeit, trockenen Fußes auf dem Grund des Kanals zu spazieren. Einige Stufen führen bis unter die ehemalige Wasseroberfläche. Erstaunlich, wie flach der Kanal war. Kein Wunder, dass diese Wasserstraße modernen Anforderungen nicht standhalten konnte. Trotzdem beeindruckt der Enthusiasmus, mit dem man vor gerade mal 150 Jahren an der Umsetzung dieses Traums von der Verbindung der Nordsee mit dem Schwarzen Meer gearbeitet hat. Vor der ehemaligen Lagerhalle schließlich entdecken wir alte Hebekräne zum Be- und Entladen der Schiffe. Dann steigen wir auf Steinstufen aus dem Hafenbecken und vollenden auf dem Treidelpfad unsere kleine Rundwanderung. Nach etwa 200 Metern treffen wir wieder auf die Treppe, die uns zu unserem Auto zurückbringt.

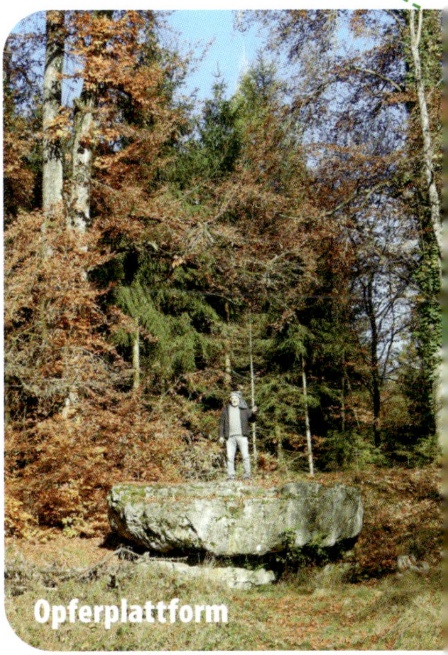
Opferplattform

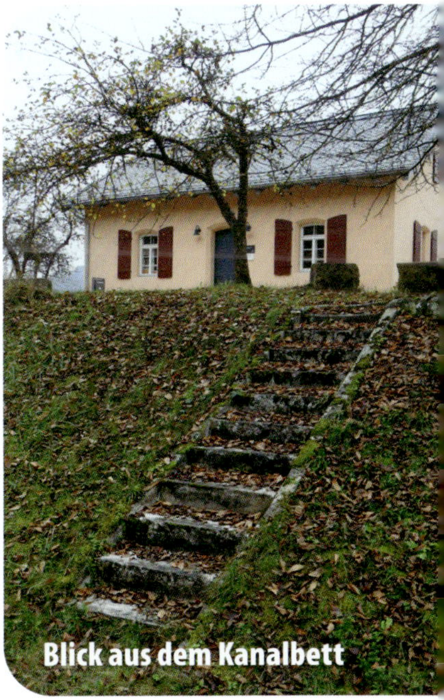
Blick aus dem Kanalbett

Auszeittour 3

In der pittoresken Altstadt haben wir nun die Gelegenheit, eines der zahlreichen Gasthäuser wie den **Millipp 6**, die **Gams 7** oder den **Fuchsbräu 8** zu besuchen und den Ausflug mit einem leckeren Mahl ausklingen zu lassen. Überall legt man besonderen Wert auf frische, regionale Küche. Und ein Besuch des Ortskerns mit seinen romantischen Überresten der mittelalterlichen Stadtbefestigung lohnt sich auf alle Fälle. Die Türme haben so klangvolle Namen wie „Seelennonnenturm" und „Strohbauernturm" und sind heutzutage bewohnt. Den Flurerturm kann man sogar als Urlaubsdomizil mieten und im Rossturm können historische Musikapparate bestaunt werden. Eine wahre Auszeit vom Alltag.

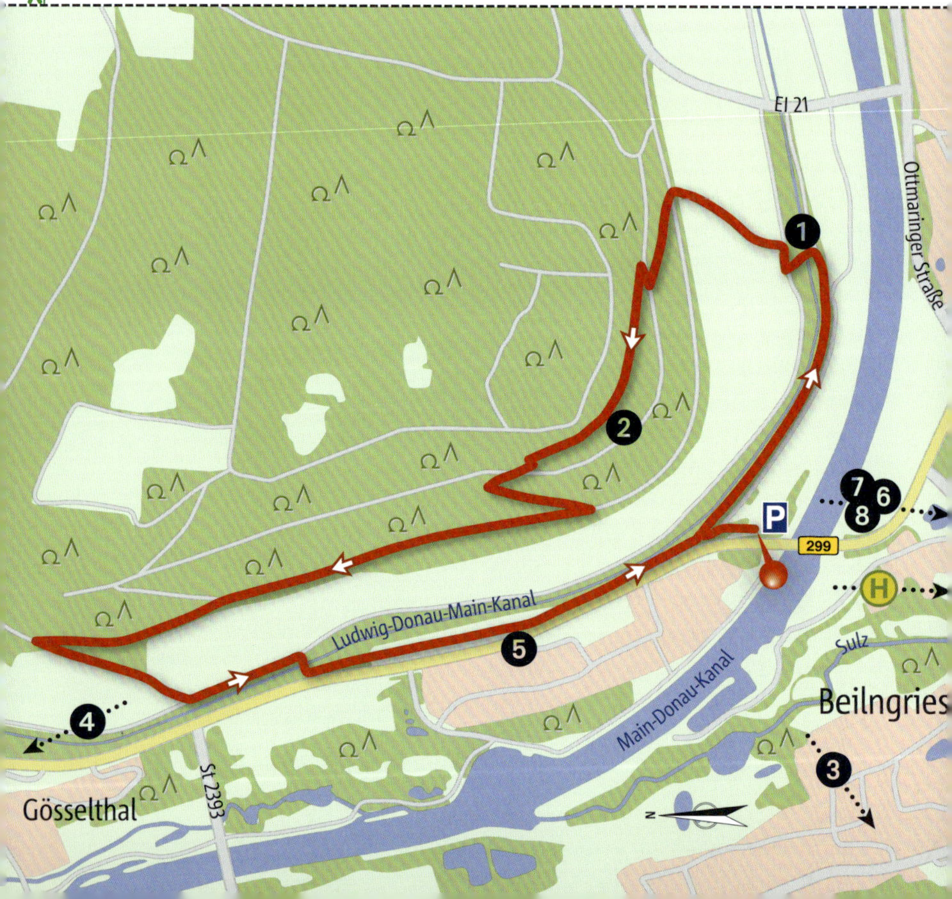

Entspannung ✱✱✱✱✱
Genuss ✱✱✱✱✱
Romantik ✱✱✱✱✱

WIE & WANN:
Waldweg, Schotterstraße, Asphaltstraße und Treidelpfad; zu jeder Jahreszeit reizvoll.

HIN & WEG:
Auto: Parkplatz B299 am Ludwigskanal, 92339 Beilngries (GPS: 49.042225, 11.472613)
ÖPNV: Bus 515 von Neumarkt Obpf. bis Beilngries Neumarkter Straße, dann ein Fußmarsch von ca. 10 Minuten

ESSEN & ENTSPANNEN:
Kloster Plankstetten ❹ Klosterplatz 1, 92334 Berching, Tel. (0 84 62) 20 60, www.kloster-plankstetten.de
Millipp ❻ Hauptstraße 9, 92339 Beilngries, Tel. (0 84 61) 12 03, www.millipp.de
Ringhotel Die Gams ❼ Hauptstraße 16, 92339 Beilngries, Tel. (0 84 61) 61 00, www.hotel-gams.de
Fuchsbräu ❽ Hauptstraße 23, 92339 Beilngries, Tel. (0 84 61) 65 20, www.fuchsbraeu.de

ENTDECKEN & ERLEBEN:
Brücke über den LDM-Kanal ❶
Wodansburg ❷
Schloss Hirschberg ❸
Hafengebäude des LDM-Kanals ❺

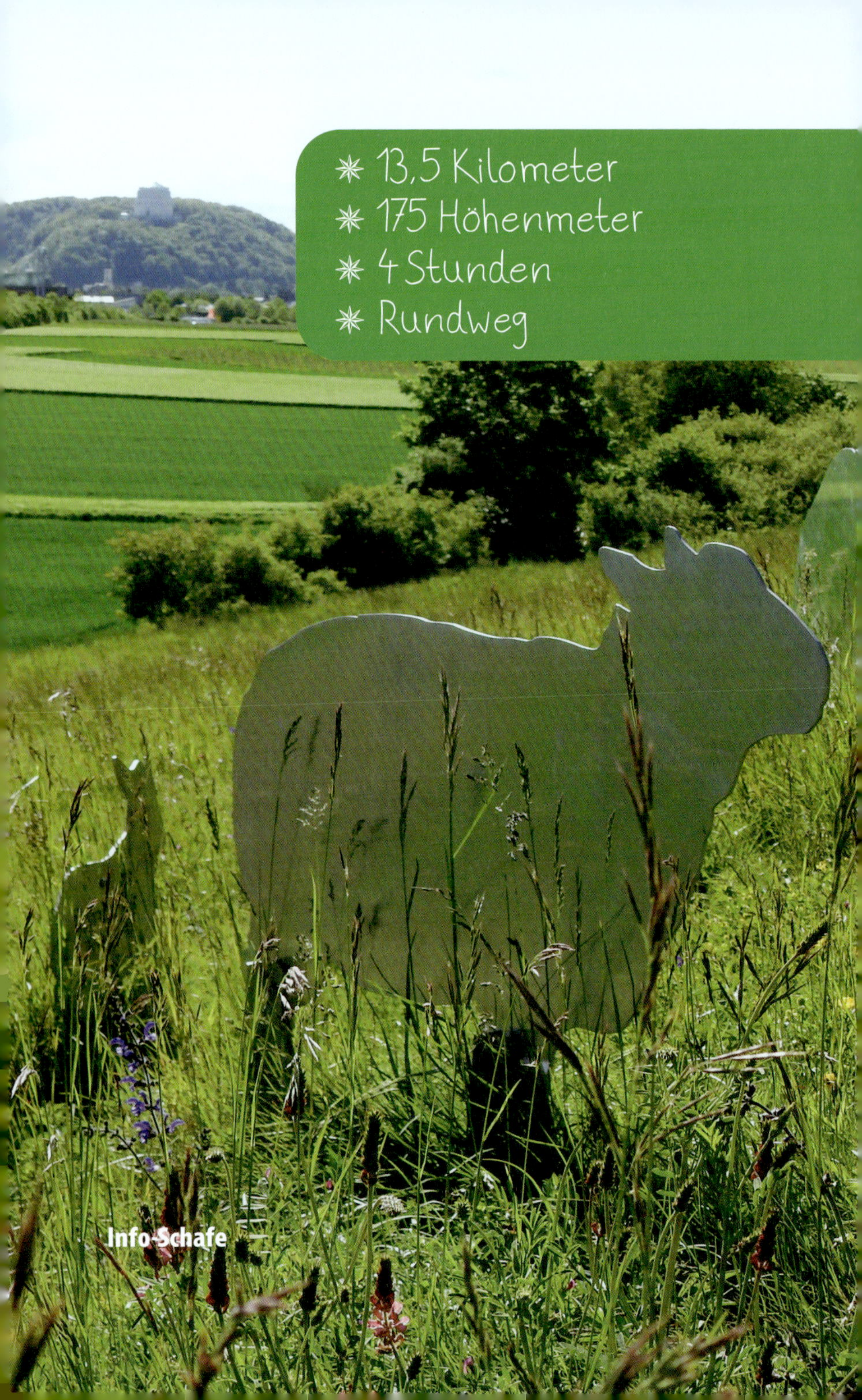

- 13,5 Kilometer
- 175 Höhenmeter
- 4 Stunden
- Rundweg

Info-Schafe

Um den Goldberg

Vom Frauenhäusl zu den Trullis

Wir starten unseren abwechslungsreichen Rundweg auf dem Parkplatz des Kelheimer **Frauenhäusls ①.** Der Duft von frischem Schweinebraten liegt in der Luft, doch will eine Brotzeit erst verdient sein. Mit der Gaststätte im Rücken gehen wir auf das Häuschen des Waldkindergartens zu, das an der Forststraße rechts vom Parkplatz liegt. Wir folgen dieser zunächst geschotterten Forststraße nach links für fast 2 Kilometer. Allmählich wird sie schmaler und geht in einen Waldweg über. Zartes Vogelzwitschern hüllt uns ein. Das Moos verzaubert den Waldboden zu einem weichen, grünen Teppich, auf dem wir in unserer Fantasie Elfen im Sonnenlicht spielen sehen. Nach einer versteckten Lichtung wird unser Weg wieder zu einer Schotterstraße und endet an einer T-Kreuzung. Wir biegen nach rechts ab und gehen für ein paar hundert Meter leicht bergan, bis unser Weg links abzweigt. Hier blicken wir aufmerksam in den Wald zu unserer Rechten, wo wir versteckt verschiedene lebensgroße Tiere entdecken können. Um ihrem Hobby, dem Bogenschießen, nachgehen zu können, haben Waldbesitzer hier einen **Parcours mit vielen Waldtieren ②** erstellt. So schleicht der Luchs durch das Unterholz und ein Häschen lugt hinter einem Baumstamm hervor.

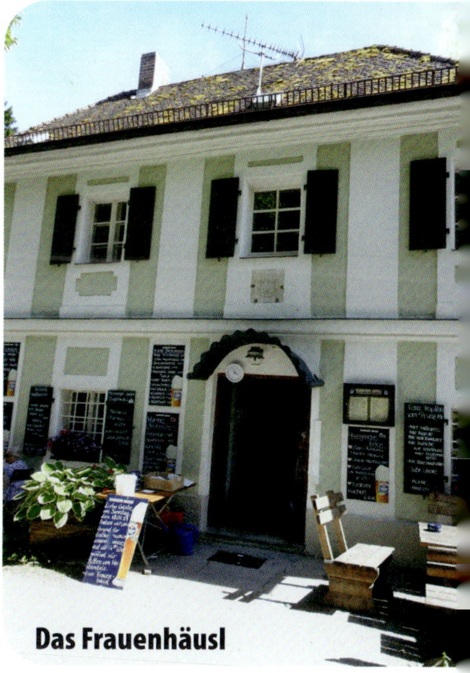

Das Frauenhäusl

Unser Weg führt uns nun bergauf bis an den Waldrand. Direkt bevor das offene Feld beginnt, befindet sich ein Bienenstand, an dem wir links abzweigen und zunächst noch unter dem Baumdach bleiben. Auch dieser Weg bringt uns schließlich an den Waldrand und vor uns liegt die weite Hochfläche, auf der einige Höfe verstreut liegen. Wir durchqueren eine Senke und halten direkt auf ein Gehöft zu. Hier geht unser Weg in den **Hausweg** über. An seinem Ende nach wenigen Metern biegen wir links ab und bleiben dann geradeaus, um wieder auf die Felder zu kommen. Wir passieren einen alten britischen Ambulance-Wagen, der als Holzlagerbus genutzt wird – ein Anblick zum Schmunzeln. Auf dem Höhenweg lassen wir unseren Blick schweifen und sehen die Äcker und Wälder bis in die Donauebene hinein. Am Ende der Felder knickt unser Weg nach rechts und windet sich bergab

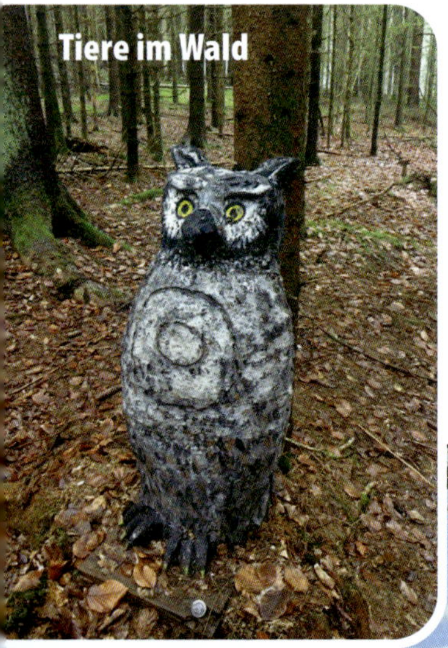

Tiere im Wald

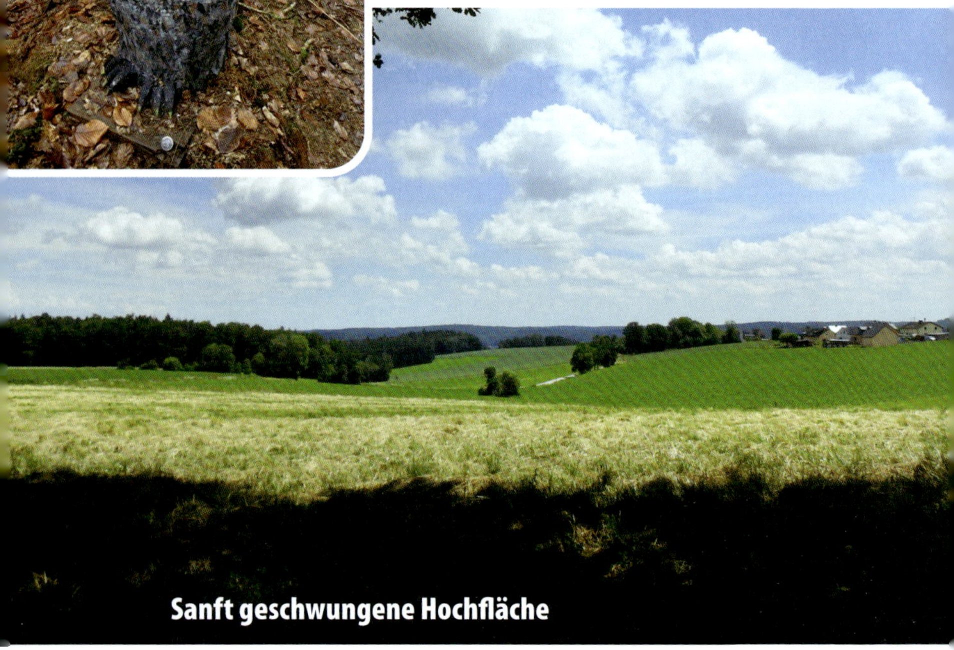

Sanft geschwungene Hochfläche

Für die Seele

Im zauberhaften Märchenwald treffen wir auf viele Tiere und staunen im Tal über liebevoll gestaltete Steintürmchen.

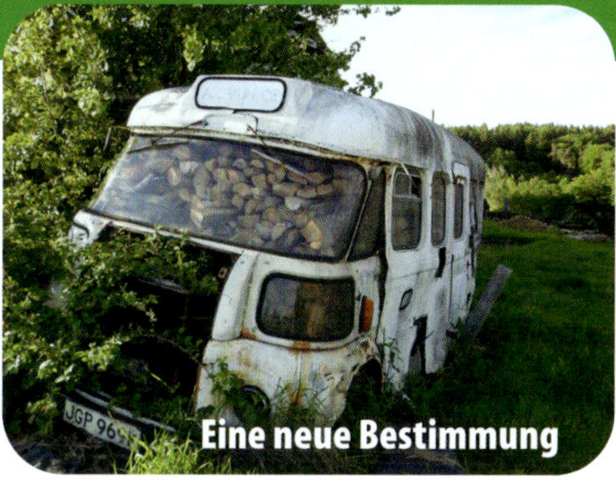

Eine neue Bestimmung

bis zur Asphaltstraße, der wir kurz nach rechts folgen. Nach etwa 50 Metern biegen wir vor einem Zaun links in den Wanderweg ein. Der malerische Hohlweg bringt uns hinunter ins Tal nach Kelheimwinzer – beinahe ein Bobbahn-Feeling. Ein Geheimtipp: An der zweiten Rechtskurve zweigt ein schmaler Trampelpfad nach links hinauf an den Wiesensaum. Hier steht eine Bank unter einem Kreuz und erlaubt eine Rast mit schönem Donaublick. Dann führt der Pfad weiter direkt wieder auf den Hohlweg zurück.

Rechts sehen wir bereits einige geschichtete Kalkplättchen, die früher in dieser Gegend abgebaut und zum Decken der Jurahäuser verwendet wurden.

Direkt am Fuß des Hohlwegs öffnet sich der Blick ins Tal, das vom Wahrzeichen Kelheims, der Befreiungshalle auf dem **Michelsberg,** beschlossen wird.

Unter einem Baum lädt eine weitere Bank dazu ein, diesen Anblick zu genießen. Wir überqueren den Parkplatz, der vor uns liegt, und nehmen an der Wegkreuzung den Weg schräg rechts, der als Nordic-Walkingroute „Goldbergrunde“ ausgezeichnet ist und auf halber Höhe das Tal entlang in Richtung Kelheim führt. Nach kurzer Zeit entdecken wir rechts an den Hängen die ersten **Trullis** ❸ aus weißem Kalkstein, die zwischen dem Grün hervorspitzen.

Hinter einer Buschreihe auf der Anhöhe nach etwa 600 Metern zweigt unser Pfad nach rechts ab. Nun

*Am Fuß des **Michelsbergs** mündete die Altmühl vor Kelheims Toren in die Donau. Auf dem Berg befand sich früher ein keltisches Oppidum. Weil die damals baumlose Landschaft König Ludwig I. an Griechenland erinnerte, ließ er hier die Befreiungshalle bauen.*

*Die **Steinskulptur-Trullis** wurden von Einheimischen in liebevoller Handarbeit aus Kelheimer „Plattln" errichtet. Einziges Hilfsmittel ist dabei eine Wasserwaage. Bis zu 160 Stunden dauert die Errichtung eines solchen Türmchens.*

kommen wir einigen Türmchen recht nah und staunen über die Kunstfertigkeit, mit denen die Plättchen geschichtet wurden, um sie zu stabilisieren. Ein paar Schritte weiter informieren uns drei Schafe über ihre Rolle bei der Erhaltung dieser Landschaftsform. Wir genießen den erhöhten Blick ins Tal, während wir durch alte Weinberge schlendern. In früheren Zeiten war Kelheim als Weinstadt bekannt und trug sogar eine Weintraube im Stadtwappen, bis ein damaliger Klimawandel den Wein zu sauer werden ließ.

Wir überqueren einen asphaltierten Wirtschaftsweg und folgen geschützt hinter einer Hecke dem Pfad, bis er schließlich in den **Traubenweg** mündet. Wir umrunden die **Goldbergklinik,** indem wir den Krankenhaus-Parkplatz überqueren und an seinem Ende nach rechts abbiegen. Dort stoßen wir auf ein weißes Häuschen am Fuß eines mit einigen Treppenstufen versehenen Anstiegs. Hier beginnt der Kreuzweg auf den **Kalvarienberg ④,** dem wir bis oben folgen. Bewundernd betrachten wir die Reliefs und die Zeichen lebendigen Glaubens. Die Kreuzigungs-

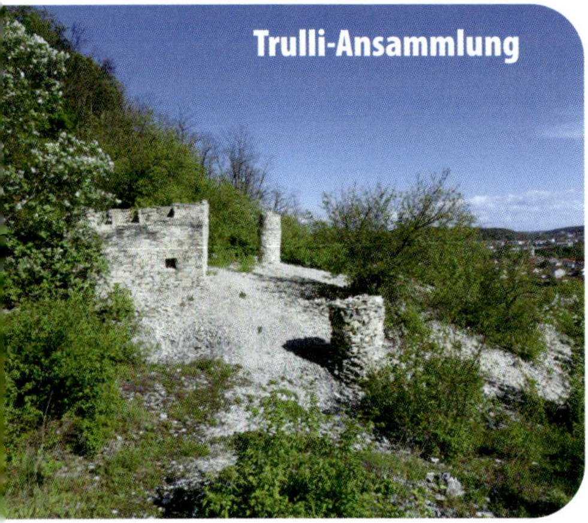

Trulli-Ansammlung

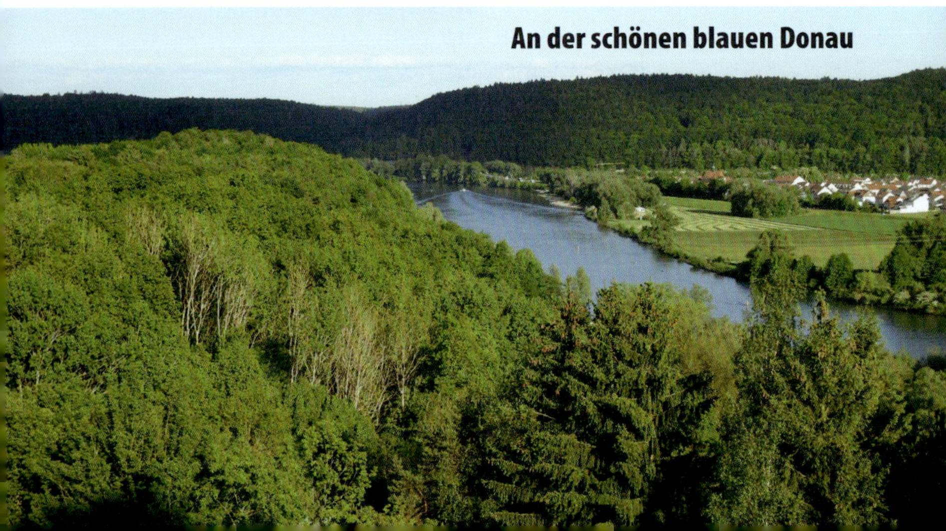

An der schönen blauen Donau

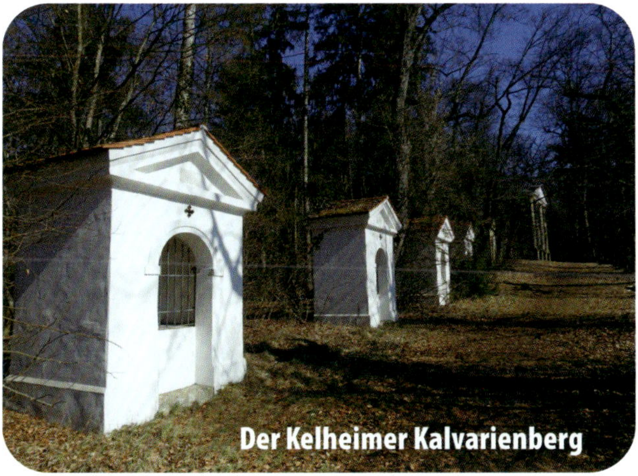
Der Kelheimer Kalvarienberg

gruppe schließlich ist in einem flachen Tempel vor den Unbilden des Wetters geschützt und bietet einen wunderbaren Blick ins Tal.

Wir folgen dann dem Jurasteig geradeaus an der Hangkante entlang. Hier wurde die **Waldarbeiterschule** ❺ gegründet, in der man alles über die Hege von Wald und Wild erlernen kann. Leichten Schrittes durchwandern wir den lichten Buchenwald parallel zum Abhang. Nachdem wir etwas über 1 Kilometer diesem Pfad gefolgt sind, nehmen wir an einer Abzweigung den linken Weg und folgen der Ausschilderung „Frauenhäusltour“. Kurz darauf gelangen wir an den Waldrand zu einem Marterl, halten uns links und bleiben dann auf dem rechten Weg, der den Waldrand entlangführt. Ab hier folgen wir der Bezeichnung Jurasteig, der zugleich auch der Jakobsweg ist. Die blaue Muschel auf gelbem Grund zeigt uns an, dass wir diese alte Pilgerstraße rückwärts wandeln. Wir bleiben am Waldrand, überqueren eine Wiese und halten uns am folgenden Waldsaum rechts, bis uns der Weg zwischen die Bäume führt. Immer wieder treffen wir hier auf **Dolinen** ❻ am Wegesrand.

Vom Waldweg gelangen wir auf einen Forstweg, dem wir aber nur kurz nach links folgen, bevor wir

***Dolinen** sind typische Karsterscheinungen im Jura. Es handelt sich um Vertiefungen im Boden. Hier wurden durch das Regenwasser Höhlungen im Gestein ausgewaschen, die eingebrochen sind. Nun versickert dort das Wasser und strömt im Tal als Quelltopf hervor.*

dann auf den Pfad nach rechts abbiegen. Wie angenehm der Waldboden unter unseren Füßen federt. Nach 900 Metern treffen wir wieder auf eine Forststraße, auf der wir wenige Meter nach links gehen. Dort verlassen wir den Jurasteig und folgen der Ausschilderung grünes Rechteck rechtwinklig nach rechts. Auch hier entdecken wir viele Bodensenken am Wegesrand. Wir kommen zu einem **Nepomuk-Marterl 7,** bevor unser Weg auf die geschotterte Forststraße trifft, die uns nach links zurück zu unserem Auto bringt. Jetzt endlich krönen wir unseren Ausflug mit einer Brotzeit im malerischen Biergarten des Frauenhäusls und genießen unser wohlverdientes Mahl unter alten Bäumen.

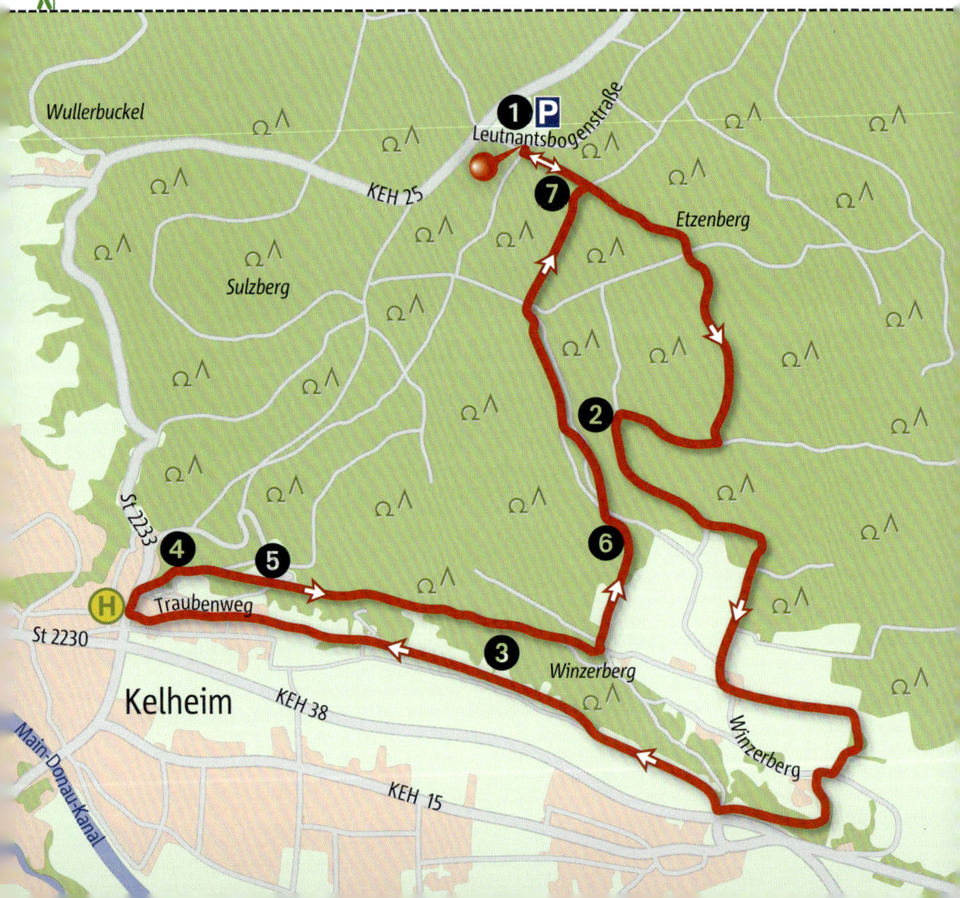

Alles auf einen Blick

Entspannung ★★★★☆
Genuss ★★★★☆
Romantik ★★★★★

WIE & WANN:
Waldweg, Asphaltstraße, Treppe und Jurasteige; zu jeder Jahreszeit reizvoll.

HIN & WEG:
Auto: Parkplatz Frauenhäusl, 93309 Kelheim (GPS: 48.942102, 11.907613)
ÖPNV: Bus 6036 von Bahnhof Saal bis Kelheim Krankenhaus, dann Einstieg bei ❹

ESSEN & ENTSPANNEN:
Frauenhäusl ❶ Frauenhäusl 1, 93309 Kelheim,
Tel. (0 94 41) 6 83 12 28, www.frauenhaeusl.de

ENTDECKEN & ERLEBEN:
Waldtierparcours ❷
Trullis ❸
Kalvarienberg ❹
Waldarbeiterschule ❺
Dolinen ❻
Nepomuk-Marterl ❼

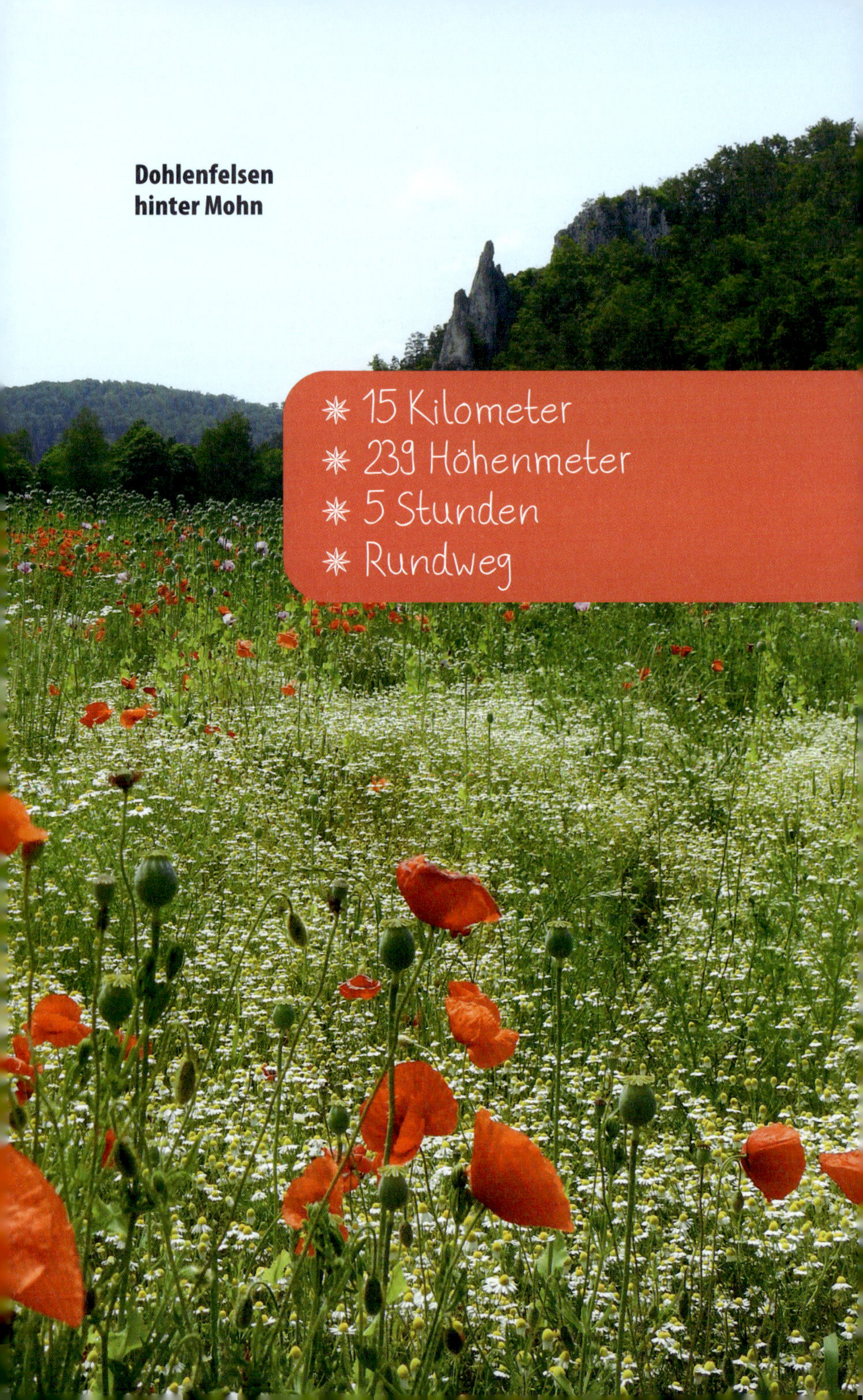

Dohlenfelsen
hinter Mohn

- 15 Kilometer
- 239 Höhenmeter
- 5 Stunden
- Rundweg

Das **Wellheimer Trockental,** ein Seitental der Altmühl, beeindruckt durch seine Breite und schroffe Felsen, die teilweise von Burgen bekrönt sind. Doch kein Fluss fließt hindurch, der für seine Ausgestaltung verantwortlich sein könnte. Vor etwa 80 Millionen Jahren nämlich suchte sich die Donau einen anderen Weg

Tal der Urdonau

Von Dollnstein zum Dohlenfelsen

und überließ ihr ursprüngliches Tal der Altmühl, die es aber erst bei Dollnstein übernahm und so diesen Abschnitt trocken ließ.

Um das zu erkunden, stellen wir unser Auto auf dem Parkplatz beim **Weiher 1** am Ortsrand von **Dollnstein** ab und gehen am Gewässer vorbei geradeaus durch die Felder, bis wir an die erste Gebüschreihe unterhalb der Wiesen gelangen. Hier erhebt sich ein Hochsitz. Wir biegen nach rechts in den Feldweg ein, der den Acker begrenzt. An seinem Ende geht er in den Jurasteig-Schlaufenweg 11 über, dem wir uns für längere Zeit anschließen. Kurz darauf entdecken wir zu unserer Linken einen **Skilift 2.** Bei geeigneter

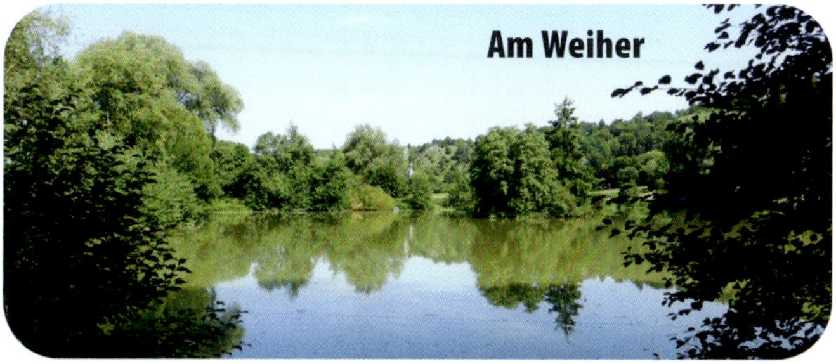
Am Weiher

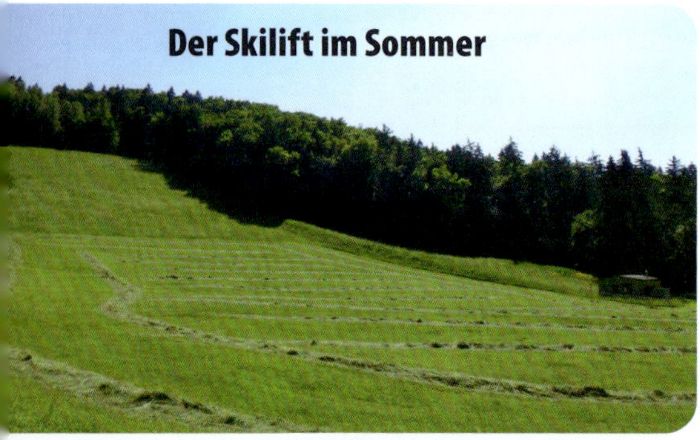

Der Skilift im Sommer

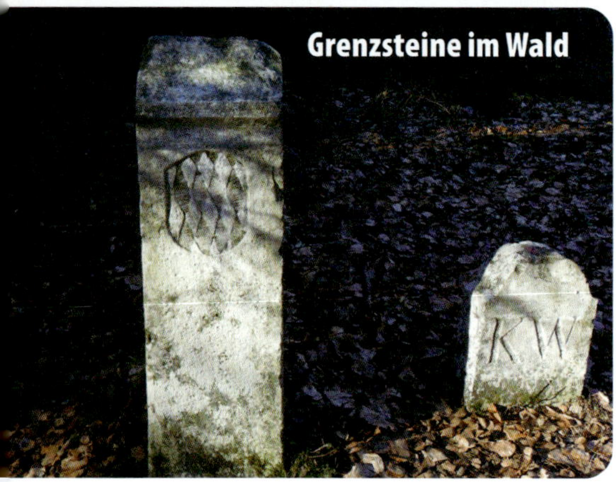

Grenzsteine im Wald

Schneelage kann man hier im Winter tatsächlich noch abfahren. Wir sehen das Liftgebäude mit den Bügeln, die über grünem Gras hängen. Die Zufahrtstraße queren wir und halten auf den Waldrand zu. Bevor die 11 zwischen die Bäume taucht, haben wir noch einen schönen Blick zurück auf die Wacholderhänge am Rand des imposanten Trockentals, deren spitze Felsnasen direkt in den Himmel weisen.

Zunächst schlängelt sich unser Weg durch den Rand des Waldessaums. Verschiedenfarbige Akelei erblüht am Wegesrand. Die erste Ansammlung an Forstwegen queren wir, an der zweiten gehen wir mit der 11 nach links. Die geschotterte Straße führt uns sanft, aber stetig bergauf auf den Römerberg. Nachdem wir einiges an Höhe gewonnen haben, halten wir uns mit der 11 geradeaus und verlassen die Straße zugunsten eines Waldwegs. Über den Hochsitz auf dem Gipfel des Römerbergs müssen wir leicht schmunzeln, erinnert er uns doch an einen römischen Wachposten mit Ausblick auf die „wilden Germanen". Unterwegs kommen wir an zwei alten **Grenzsteinen** ❸ vorbei, die uns durch ihr Rautenmuster daran erinnern, dass wir uns auf bayerischem Territorium befinden – und das KW deutet auf den „königlichen Wald" hin. Schließlich biegen wir an der T-Kreuzung nach links ab und folgen dem Weg Nr. 2. Nun kommen wir an einem hohen Funkmast vorbei und verstehen, warum wir mitten in der Natur so guten Handyempfang haben. Kurz darauf erspähen wir einen weiteren Turm – dieses Mal von emsigen Insekten erbaut und gute 1,5 Meter hoch. Insgesamt zählen wir sechs solcher Ameisenhaufen auf diesem kurzen Straßenstück. Nach einer lang gezogenen Rechtskurve treffen wir auf

Für die Seele

Beim Waldbaden finden wir zu uns selbst und lassen unsere Seele zwischen Felsen und Wacholder tanzen.

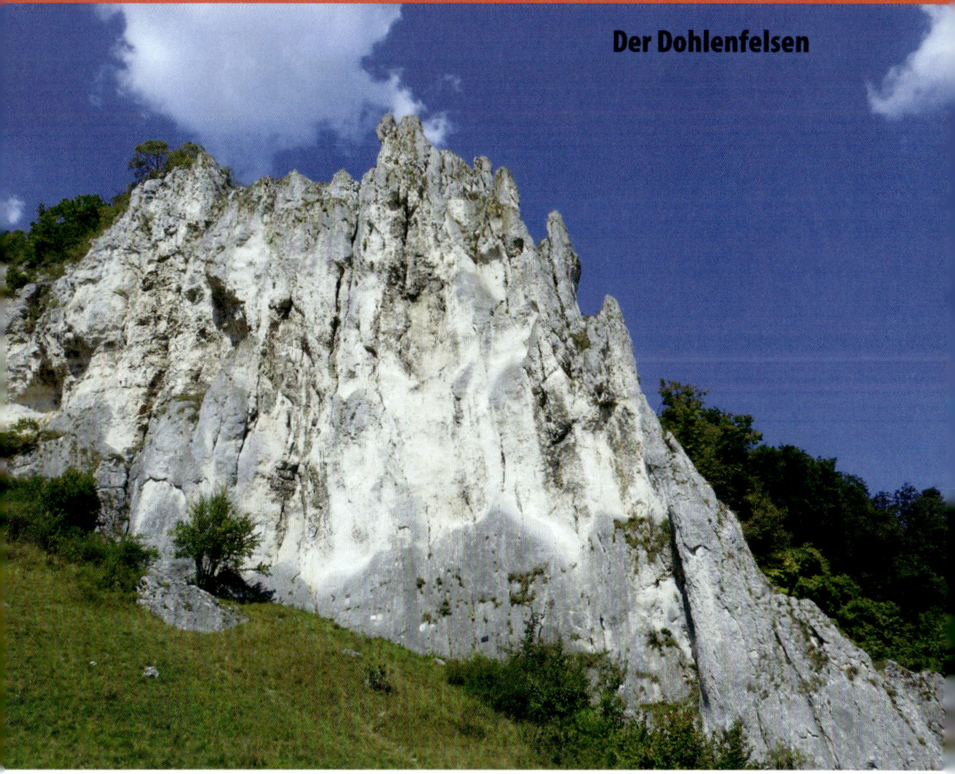

Der Dohlenfelsen

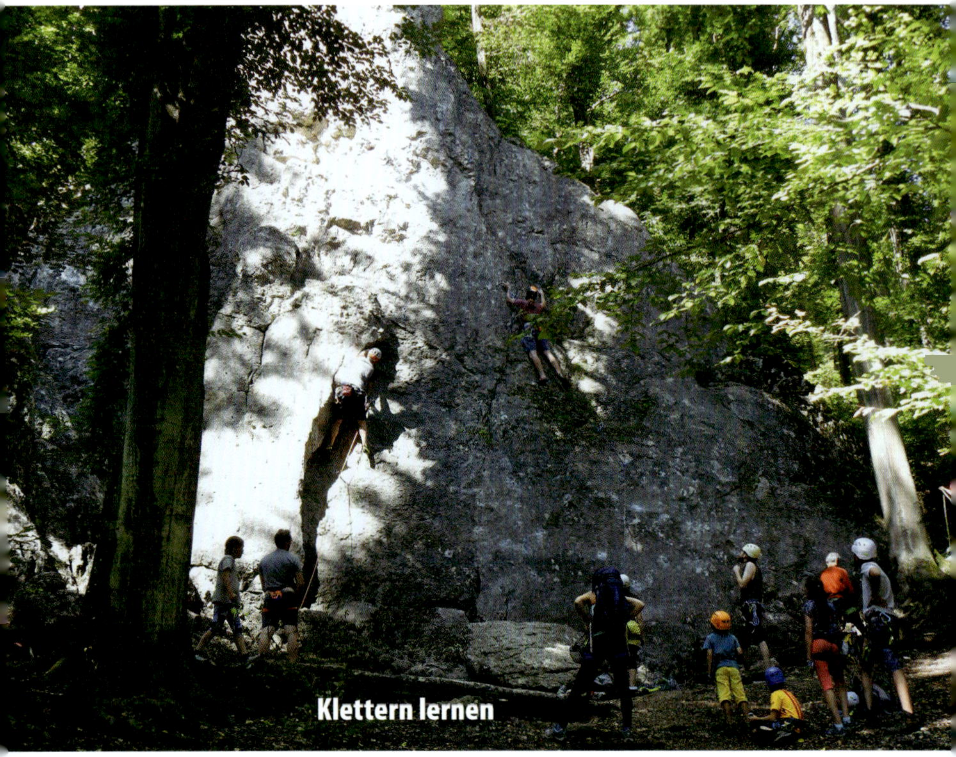

Klettern lernen

eine asphaltierte Forststraße, der wir nach rechts Richtung **Konstein** folgen. Mit dem Nordic-Walking-Powerweg 2 können wir kurz darauf ein Stück der Asphaltstraße umgehen, indem wir den linken Parallelweg wählen. Schließlich erreichen wir den Ortsrand von Konstein. Hier biegen wir links auf die Aichaer Straße ein. Hinter dem Ortsausgangsschild erhebt sich der mächtige **Dohlenfelsen** ❹. Er ist Teil eines bekannten und beliebten Klettergebiets. Bei genauerem Hinsehen entdecken wir bunte Tupfen hoch über uns zwischen den Steinen hängen, die sich als wagemutige Sportler entpuppen.

Kurz hinter dem Felsen zweigt ein Waldpfad nach links ab und bringt uns immer in der Nähe des Waldrands an etlichen Felsen vorbei in Richtung Aicha.

Ursprünglich war der ***Dohlenfelsen*** *beiderseits von der Donau umspült, was ihm seine an einen Schiffsbug erinnernde Gestalt gegeben hat. Um den markanten Stein ranken sich Sagen von Bischöfen und Drachen. Früher soll er von Dohlen umschwärmt gewesen sein.*

Zwischendurch haben wir nach rechts Ausblicke auf die imposante **Wellheimer Burg,** die über dem gegenüberliegenden „Ufer" auf einem Felsen das Tal bewacht. Mitten im Trockental erhebt sich ein Bergrücken, der **Galgenberg ❺.** Ihn hat die Urdonau einst umflossen und im Laufe der Zeit freigestellt. Heute liegt die Quelle der Schutter zu seinen Füßen, ein Quelltopf, aus dem das Wasser direkt aus dem Boden zu strömen scheint.

Hinter dem Kletterheim in Aicha zweigt der Urdonau-Steig, dessen Zeichen uns an eine rote Kaulquappe auf weißem Grund erinnert, nach links ab und führt uns steil bergauf. An einer Abzweigung verabschiedet sich dieser Wanderweg, während wir dem Wallfahrerweg (und auch wieder dem 11er) weiter bergauf über einige Abzweigungen folgen. Und wenn auf dem Bergrücken unser Blut rauscht und das Herz jubelt, dann wissen wir, dass wir die steilste Strecke unserer Tour geschafft haben. Verwundert erblicken wir einige Leitpfosten mitten im Wald. Ob die wohl nachts den Rehen den Heimweg weisen?

Quelltöpfe *sind typische Karsterscheinungen des Jura. Auf der Hochfläche versickert das Wasser in Dolinen und wird durch ein unterirdisches Höhlensystem geleitet. Im Tal tritt es dann in Form eines Sees wieder zutage.*

Galgenberg mit Schafen

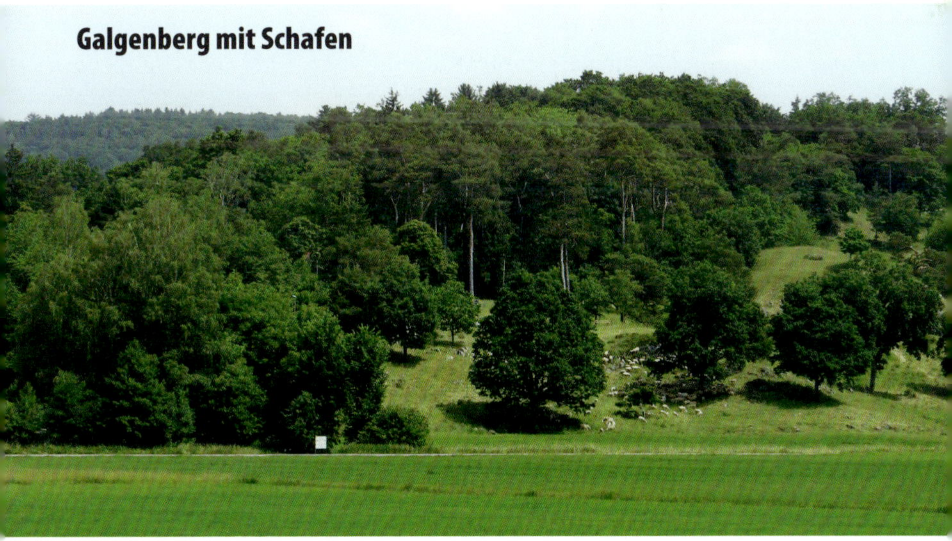

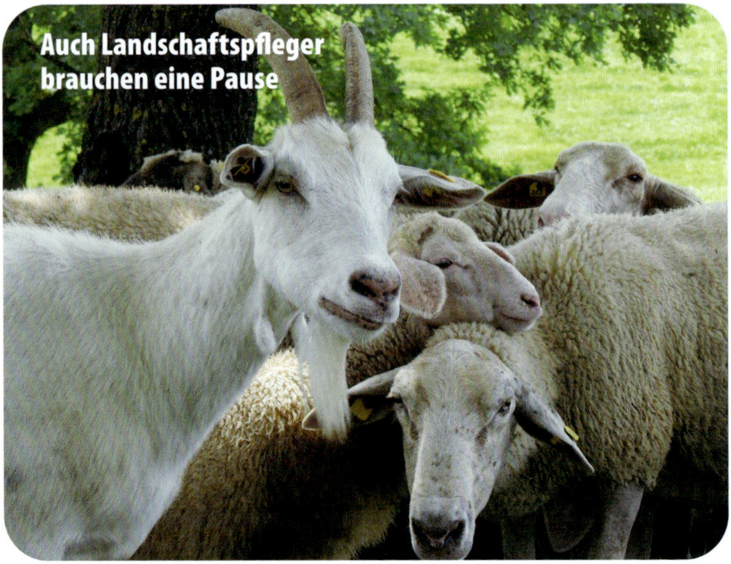

Auch Landschaftspfleger brauchen eine Pause

Wir kommen an einer Lichtung vorbei. Hier vereinigt sich unser Weg mit zwei anderen und führt leicht links als etwas breitere Waldstraße durch einen lichten hohen Nadelwald. Schließlich stoßen wir auf eine markante Kreuzung mit einer Ruhebank und überqueren diese immer noch auf dem Wallfahrerweg. Nach einer lang gezogenen Biegung halten wir direkt auf die Informationstafel zur **Römerstraße** ❻ zu.

Hier wenden wir uns nach links und wandern nun für 2 Kilometer auf dem uralten Weg. Dann öffnet sich der Wald und der Blick weitet sich über das vor uns liegende Altmühltal bis hin zum **Dollnsteiner Burgfelsen** ganz rechts, der wie eine Hand in den Himmel ragt. Zu unserer Linken steht eine kleine **Marienkapelle** ❼. Dort biegen wir nach links und erreichen nach Kurzem wieder den Urdonausteig mit einer betörenden Aussicht ins Wellheimer Trockental zu unseren Füßen. Wir folgen dem Steig nach rechts und haben immer wieder wunderbare Blicke auf die Felsen und die **Trockenhänge** ❽ – welch ein Genuss!

Wichtige Handels- und Militärzentren verbanden die ***Römer*** *durch gut ausgebaute Straßen. Dadurch war ein schneller Menschen- und Warenaustausch gewährleistet, der die Grundlage des Weltreichs bildete. Bis heute sind Spuren davon in der Landschaft zu finden.*

Mit dem Urdonausteig gelangen wir schließlich an den Ortsrand von Dollnstein, gehen auf die **Antoniuskapelle 9** zu und biegen an der Straße „Am Gänsbuck" nach links ab. Sie macht nach einiger Zeit eine Rechtskehre. An dieser Stelle führt ein schmaler Durchgang mit der Wegnummer 7 zwischen zwei Grundstücken hindurch. Auf halber Hanghöhe haben wir nun von unten einen herrlichen Blick auf die einzelnen Felsen zwischen den Wacholderbüschen, aber auch ins Tal. An der zweiten Picknickbank

Dollnsteiner Wacholderheide

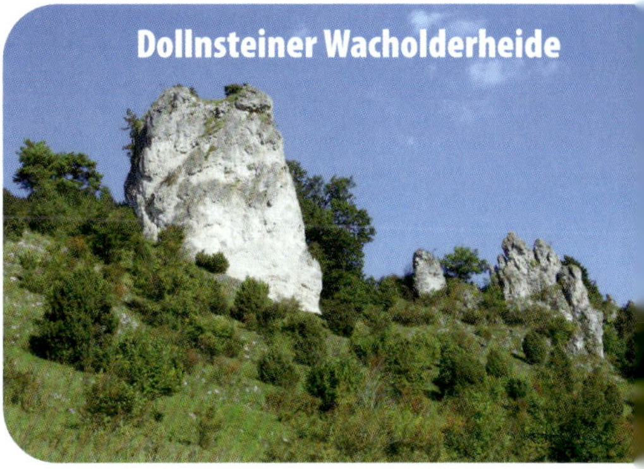

Das breite Tal der Urdonau

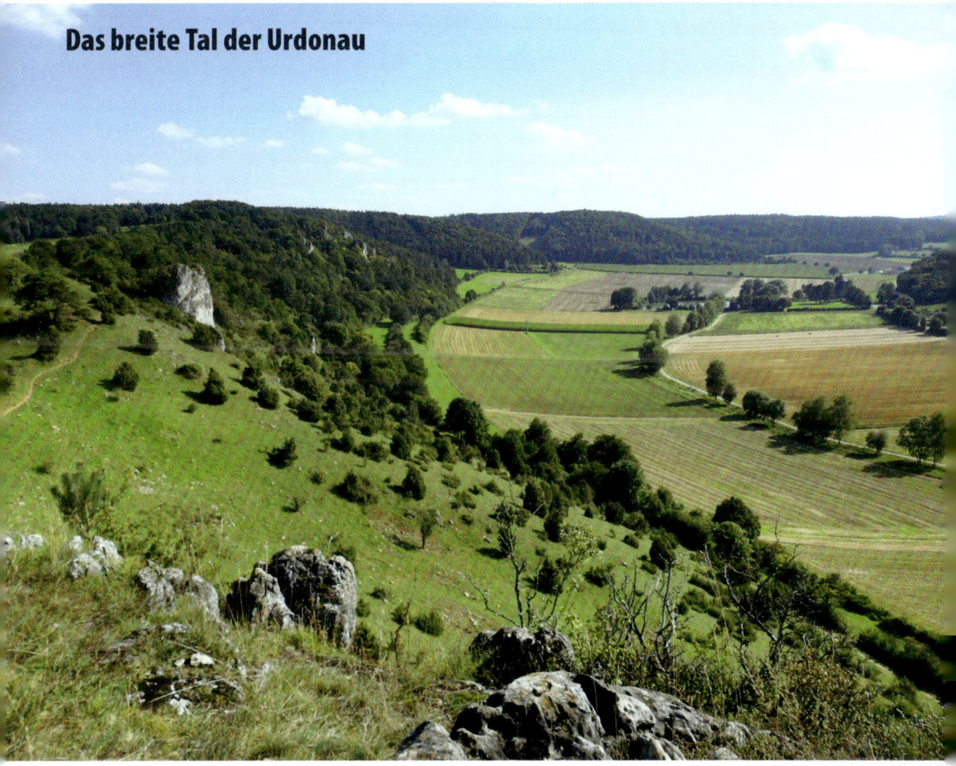

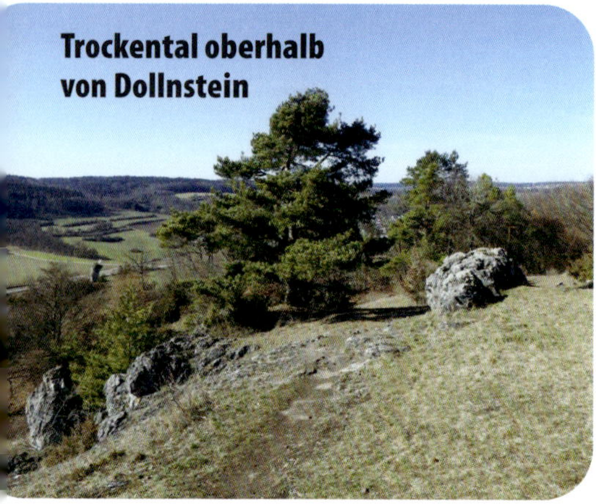

Trockental oberhalb von Dollnstein

biegen wir rechts Richtung Weiher ab. Dort lassen wir den wunderbaren Ausflug noch einmal an unserem inneren Auge vorüberziehen.

Übrigens startet an diesem Parkplatz auch der Weg zum bekannten **Jägersteig,** einem naturbelassenen Pfad direkt durch die Felsen – eine wunderschöne Gelegenheit für die Gämsen in uns – aber nur bei trockenem Untergrund und mit festen Wanderschuhen.

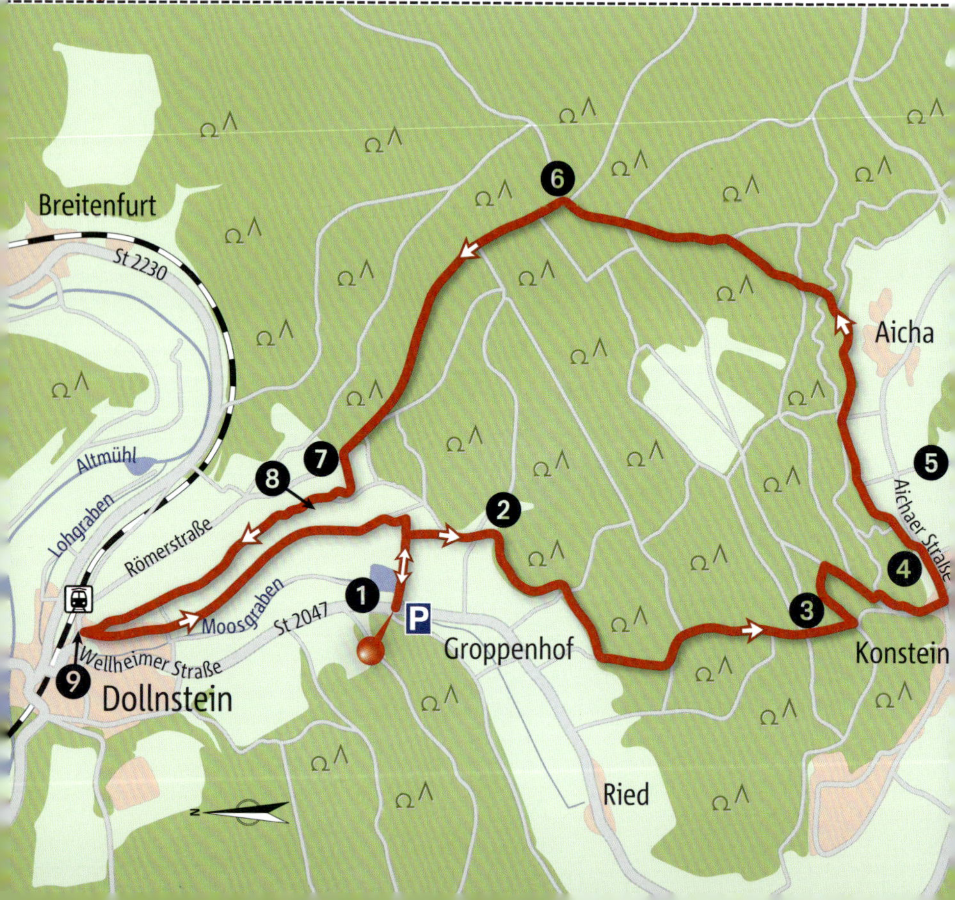

Alles auf einen Blick

WIE & WANN:
Asphaltstraße, Feld- und Waldwege, Schotterstraße; zu jeder Jahreszeit reizvoll.

HIN & WEG:
Auto: Parkplatz am Weiher an der St 2047, 91795 Dollnstein (GPS: 48.85474, 11.07868).
ÖPNV: Bahnhof Dollnstein, nach 700 Metern Fußmarsch Einstieg bei ❾

Entspannung ★★★☆☆
Genuss ★★★★☆
Romantik ★★★★☆

ESSEN & ENTSPANNEN:
Bitte an Rucksackverpflegung denken!

ENTDECKEN & ERLEBEN:
Weiher ❶
Skilift ❷
Grenzsteine ❸
Dohlenfelsen ❹
Galgenberg mit Schutterquelle ❺
Römerstraße ❻
Marienkapelle ❼
Trockenhänge des Urdonautals ❽
Antoniuskapelle ❾

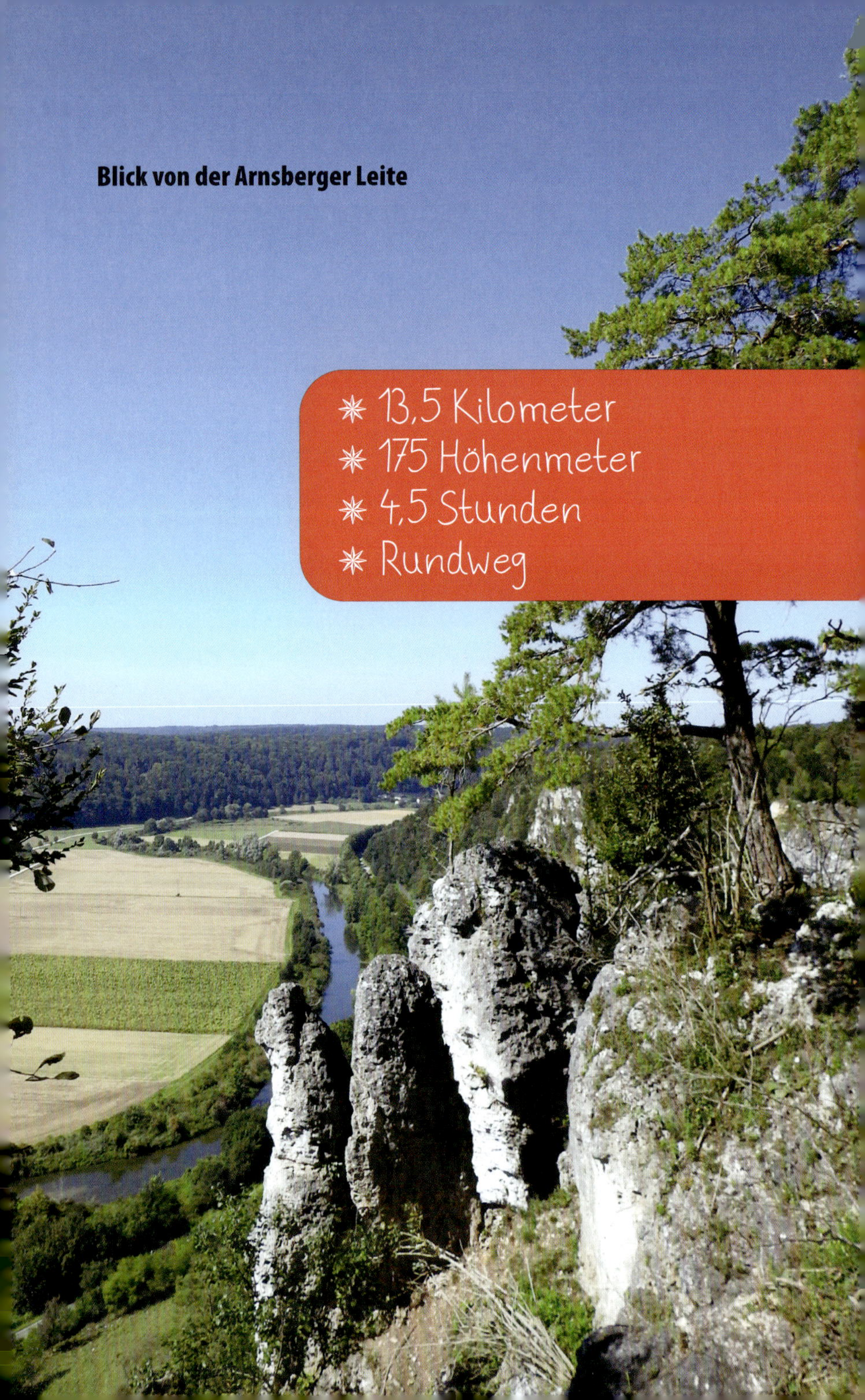

Blick von der Arnsberger Leite

- 13,5 Kilometer
- 175 Höhenmeter
- 4,5 Stunden
- Rundweg

Heute packen wir zu unserer Verpflegung auch eine lichtstarke Taschenlampe in den Rucksack und starten auf dem Wanderparkplatz beim **Ostaufstieg** auf den **Kipfenberger Michelsberg ❶.**

Wir beginnen mit einem kleinen Herz-Kreislauf-Training und erklimmen den Pfad, der mit etlichen

Husarenstück

Hoch über Kipfenberg

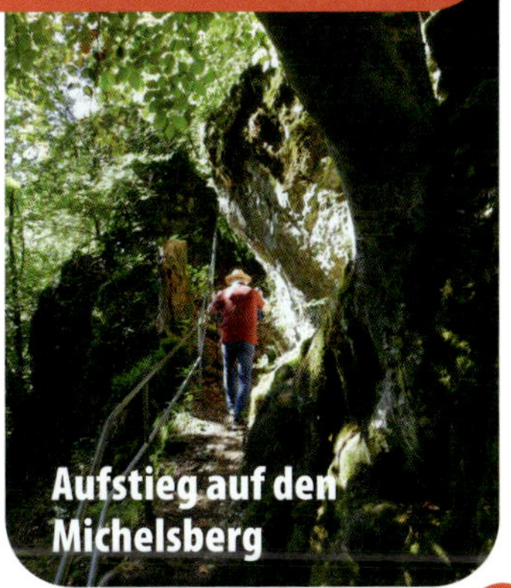

Aufstieg auf den Michelsberg

Stufen in den Felsen getrieben ist. An den schwierigsten Passagen unterstützen uns Geländer und geben Sicherheit. Jetzt sind wir auf Betriebstemperatur und genießen den Steig über Wurzelwerk und um Felsnasen herum. Eine kleine Aussichtsplattform lässt uns das bezaubernde grüne Birktal mit seinem Wacholderhang überblicken. Immer höher treibt es uns, schließlich klettern wir durch einen Felsdurchschlupf und erblicken ein Zickzackgeländer, mit dessen Hilfe wir bis in das alte Burggelände auf dem Michelsberg gelangen. Ein paar Mauerreste zeugen noch von der alten Festung. Wir biegen nach rechts und haben den Abhang zu unserer Rechten. Durch die Bäume erhaschen wir immer wieder bezaubernde Blicke ins Tal. Bänke laden zum Genießen und Krafttanken ein.

Da öffnet sich der Wald nach einer Linkskurve und vor uns wacht eine mächtige alte Linde über den Mauerresten der alten **Michaelskirche.** Dahinter erwartet

*Nahe der Burg **Kipfenberg** befindet sich Bayerns geografischer Mittelpunkt – würde man Bayern ausschneiden und auf eine Nadelspitze legen, müsste diese auf Kipfenberg zeigen, um das Bundesland ins Gleichgewicht zu bringen. Ein Gedenkstein erinnert dort daran.*

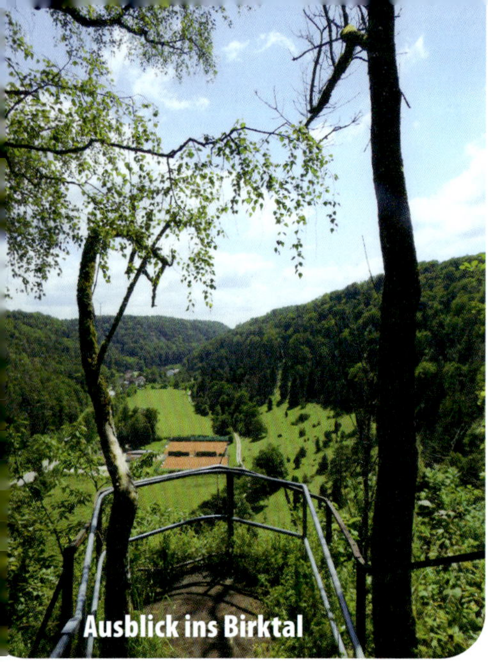
Ausblick ins Birktal

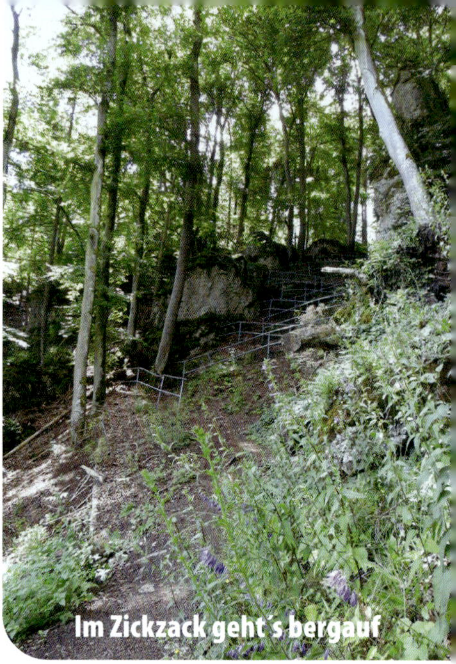
Im Zickzack geht´s bergauf

uns ein atemberaubender Blick über das weite Altmühltal und den Ort Kipfenberg. Kein Wunder, dass hier früher eine Burg stand, die wachsam über das Tal blickte und sogar eine Zuflucht vor den anstürmenden **Ungarn** war.

Wir befinden uns nun auf Augenhöhe mit der gegenüberliegenden Burg Kipfenberg – so mögen sich früher die Ritter gefühlt haben, wenn sie Ausschau hielten, was ihre Nachbarn trieben.

*Als im 10. Jahrhundert die nicht sesshaften **Magyaren** auf Beutezügen nach Westen strebten, kamen sie bis ins Altmühltal. Nach der verlorenen Schlacht auf dem Lechfeld bei Augsburg 955 kehrten sie schließlich nach Ungarn zurück und gründeten dort ihr Königreich.*

Immer mit dem Abhang zur Rechten durchqueren wir nun Wall und Graben der Festung, die sich auch heute noch deutlich im Waldboden abzeichnen, und gelangen auf eine breite Waldlichtung. Hier entdecken wir einen alten Findling, der Wanderern als Wegweiser zur Orientierung dient. Geradeaus queren wir die Wiese bis zum gegenüberliegenden Waldrand. Hier biegen wir nach rechts ab und bleiben so lange an der Baumgrenze, bis uns ein kleiner Waldweg mit der Nr. 2 geradeaus zwischen die Stämme führt. Nach Kurzem stoßen wir auf eine breitere Waldstraße und biegen nach links ab. Neben uns erhebt sich ein Waldwall und schirmt den Blick ab. An der folgenden Kreuzung steht rechter Hand ein kleines Marterl und wir gehen weiter geradeaus bergab. Kurz bevor dieser Weg sich steil den Berg hinabstürzt, folgen wir dem kleinen Waldpfad des Altmühl-Panoramawegs nach rechts zwischen den Bäumen hindurch. Nun erklimmen wir die Anhöhe vor uns und kommen an ein Gatter. Wir

Für die Seele

Wir tauchen tief ins kühle Erdinnere ein und spüren auf wildromantischen Waldpfaden den feurigen Ungarn nach.

schließen es sorgfältig hinter uns, denn es hält die Ziegen und Schafe, die hier als Landschaftspfleger und lebendige Rasenmäher tätig sind, von einem Abstecher in den Wald ab. Staunend stehen wir plötzlich mitten zwischen den Felsen der **Arnsberger Leiten** 2 und verfolgen den Verlauf der Altmühl mit den Augen. Wir erblicken die trutzige Burg Arnsberg, die uns im Son-

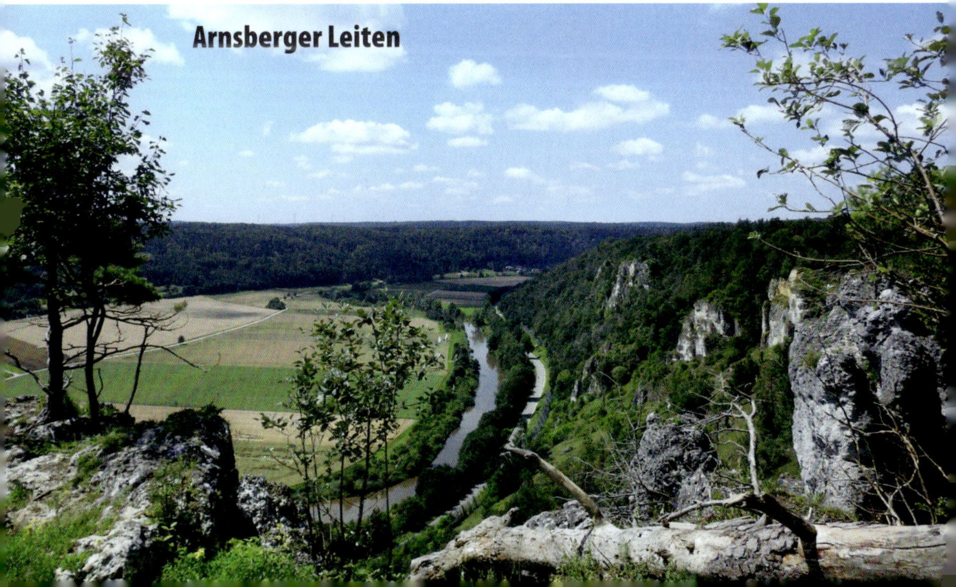

Arnsberger Leiten

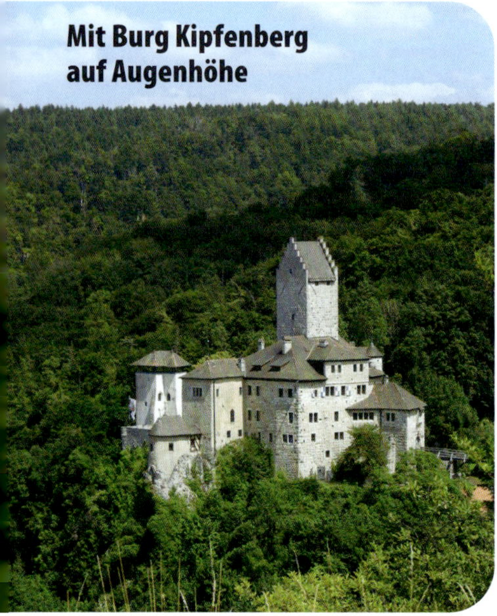

nenlicht einladend entgegenleuchtet. Hier lassen wir uns auf der Bank nieder. An dieser Stelle lohnt es sich, länger zu verweilen.

Panoramabeglückt bleiben wir dann auf dem Leitenweg bis zum nächsten Gatter, das wir wiederum sorgfältig hinter uns schließen. Ein Schwarzspecht fliegt auf, offenbar haben wir ihn erschreckt. Geradeaus gehen wir auf eine Lichtung zu, biegen aber vor ihr nach rechts ab und kehren wieder zum Marterl zurück. Wiederum gehen wir geradeaus, dieses Mal die Schotterstraße leicht bergauf. Nach einem halben Kilometer zweigt ein schmaler Pfad nach rechts ab – eine Abkürzung zur **Arnsberger Burg ❸.** Wir treffen auf einen breiteren Wanderweg und folgen diesem nach rechts. Nun haben wir den Parkplatz des Burghotels vor uns. Vor dem Tor der riesigen Festungsanlage führt uns ein Pfad zu einer bezaubernden Aussicht auf das Tal und die eben besuchten Arnsberger Leiten.

Nachdem wir uns sattgesehen haben, kehren wir zum Parkplatz zurück. Gegenüber vom Burgtor hinter dem großen Weidenbaum führt ein Wiesenweg durchs Gehölz an den Rand eines Feldes. Daran gehen wir zunächst nach links entlang, an seinem Ende beim Wald-

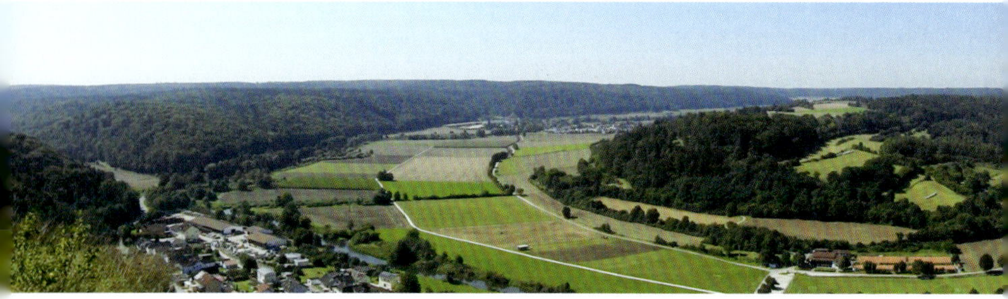

rand biegen wir rechts ab und genießen den schönen Blick über die Jurahöhe für weitere 270 Meter. Dann tauchen wir links zurück in den Wald und erreichen bald einen romantischen, herzförmigen **Waldsee.** An der nun folgenden Kreuzung halten wir uns rechts und durchqueren eine Senke. Im Frühling gestaltet die Natur diese Kurve mit Anemonen und Leberblümchen in den bayerischen Landesfarben weiß-blau aus. Wir wandern nun immer geradeaus. Allmählich verjüngt sich die Schotterstraße zu einem Waldweg, bis wir die Dächer von Attenzell vor uns erblicken. Unter dem **Wegkreuz** ❹ bietet eine Bank müden Wanderern eine Pause. Wir folgen dem Waldrand nach links und grüßen die Rinder auf der Weide, die uns neugierig beäugen. An der T-Kreuzung wenden wir uns nach links und gelangen auf diesem Schotterweg nach einer Rechtskurve zur **Arndthöhle** ❺. Eine Picknickgelegenheit wird von einem hölzernen Hundewesen bewacht und der Einstieg ins Erdinnere ist durch ein Geländer gesichert. Der Höhlenschlund tut sich vor uns auf und wir klettern vorsichtig auf 80 Stufen treppab unter den Erdboden (Achtung: Von Oktober bis März dient die Höhle verschiedenen Fledermausarten als Winterquartier.

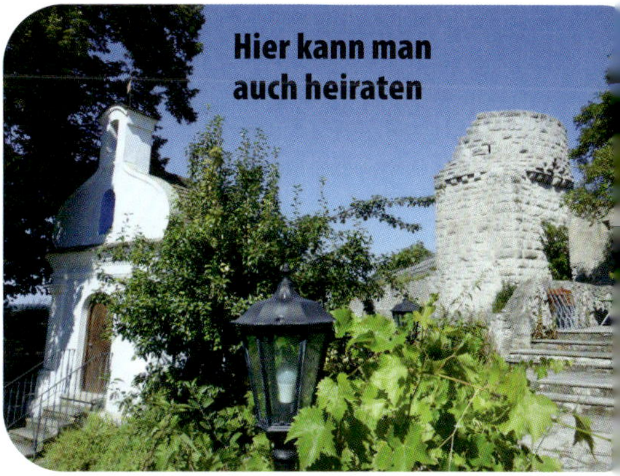

Hier kann man auch heiraten

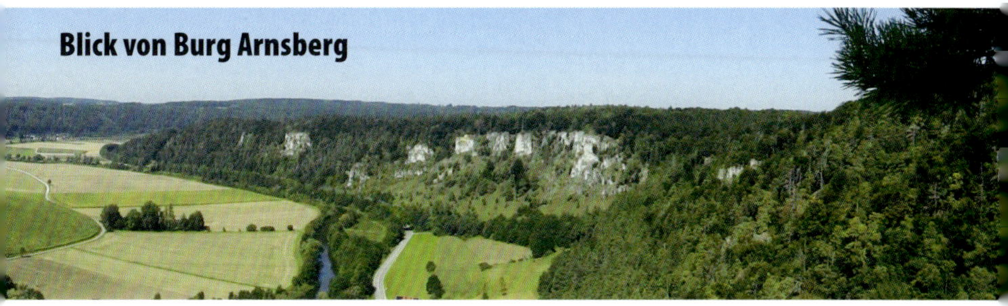

Blick von Burg Arnsberg

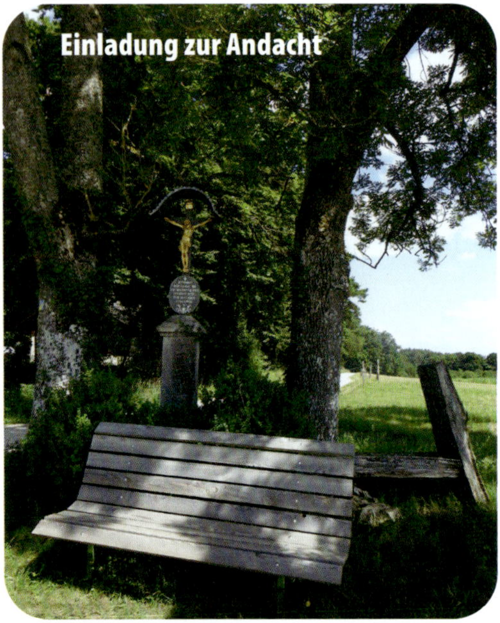

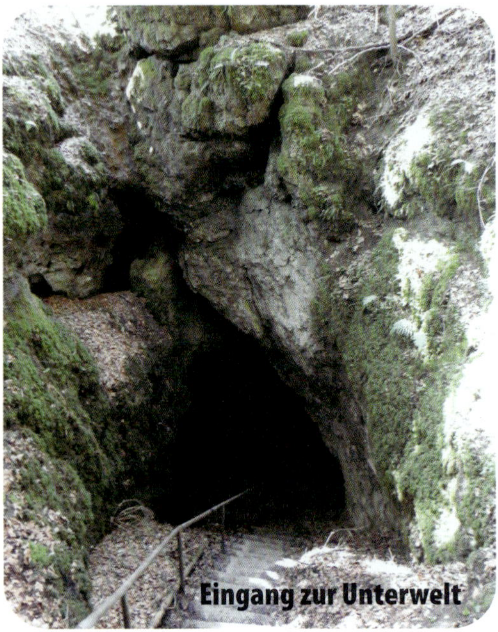

Diese dürfen dann nicht gestört werden und das Tor ist verschlossen). Immer dunkler und geheimnisvoller wird es, je tiefer wir kommen, und ein kühler Schauer überläuft uns, schon allein durch den Temperaturwechsel bedingt. Schließlich herrscht hier ein eigenes Mikroklima. Unten brauchen wir unsere Taschenlampe, um die riesige Halle zu erleuchten, die sich wie ein Kirchenschiff über uns erhebt. Hier wurden Funde gemacht, die vermuten lassen, dass die Höhle dereinst als Kultort gedient hat.

Schließlich kehren wir aus der Unterwelt zurück ans Tageslicht. Geblendet müssen wir zunächst blinzeln und uns wieder an die Helligkeit gewöhnen. Dann kehren wir zum geschotterten Wanderweg zurück und folgen ihm weiter nach rechts. Wir passieren ein Brombeerfeld, das im Sommer verführerisch süß duftet. An der Lichtung biegen wir nach links, an ihrem Ende wiederum nach links und bei der nächsten größeren Abzweigung ein drittes Mal nach links ab. Wir überqueren einen Bergrücken und kommen noch einmal ordentlich ins Schwitzen. Am Fuß angelangt, biegen wir rechts ab. Hier müssen wir aufpassen, denn kurz darauf verlassen wir mit der 16 die breite Forst- auf einer Waldstraße nach links. Diese wird bald schmaler und führt durch geheimnisvolle Baumtunnel und an bemoosten Felsen vorbei. Im Frühjahr wetteifern verschiedenfarbige Buschwindröschen mit Leberblümchen darum, den noch braunen Boden mit fröhlichen Farben zu schmücken.

An einem Baum entdecken wir den Namen **Husarensteig** ❻. Der Name erinnert noch heute an die schneidigen ungarischen Soldaten, die sich hier einst im Wald versteckten. An einer Stelle durchschneidet eine moderne Forststraße unseren Pfad, aber schon bald befinden wir uns wieder im Reich der Bäume. Plötzlich windet sich der Weg zwischen steil aufragenden Kalkfelsen hindurch. Gut gesichert schmiegt sich der Steig eng an die bemoosten Felsen. Klein und unscheinbar fühlen wir uns neben den steinernen Giganten und gleichzeitig leicht und frei. In einer kleinen, liebevoll gestalteten Grotte steht eine Marienstatue. Viele Wanderer haben kleine Geschenke für die Gottesmutter hinterlassen.

Kurz darauf treffen wir erneut auf einen Querweg. Dieses Mal nehmen wir die Gelegen-

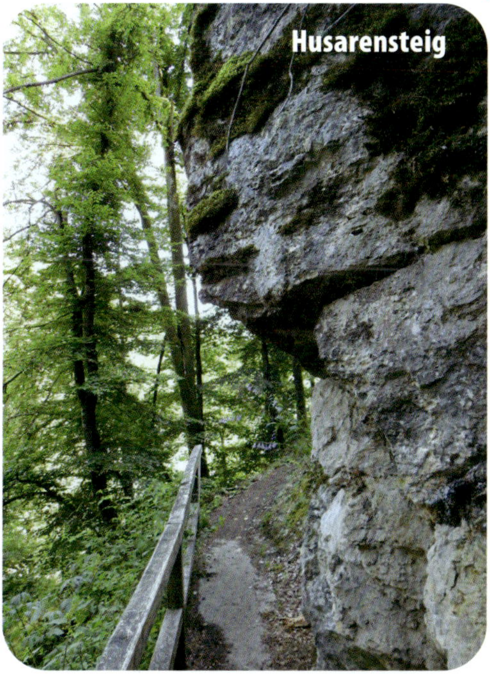
Husarensteig

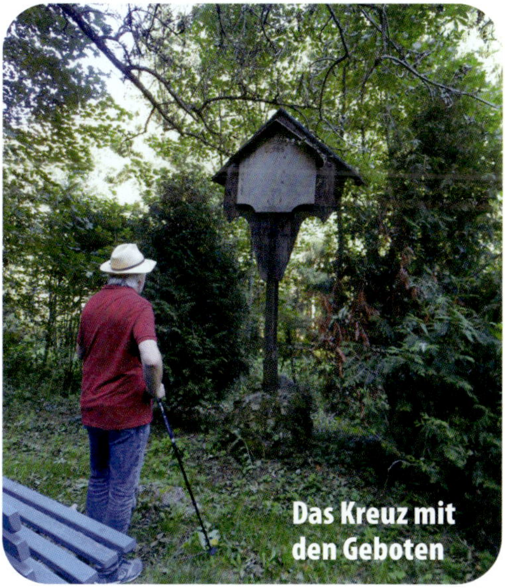
Das Kreuz mit den Geboten

Panoramatour 6

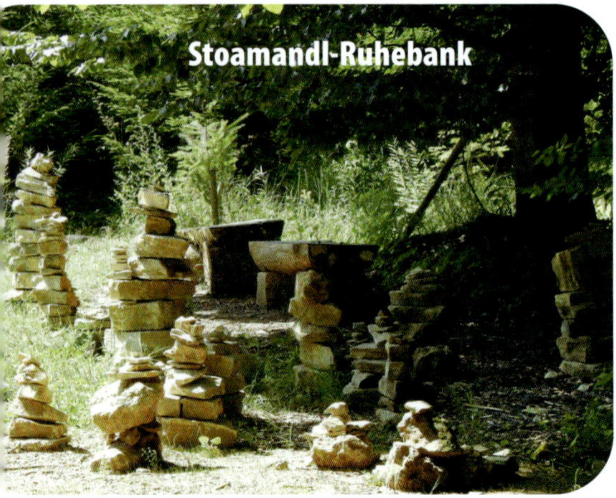

heit zum Talabstieg wahr. Unten erwartet uns ein besonderes Marterl: Statt des Gekreuzigten hängen hier die Zehn Gebote. Der Talweg bringt uns nach links bequem an der Birktalmühle und einem wunderbaren Wacholderhang vorbei zu unserem Ausgangspunkt zurück.

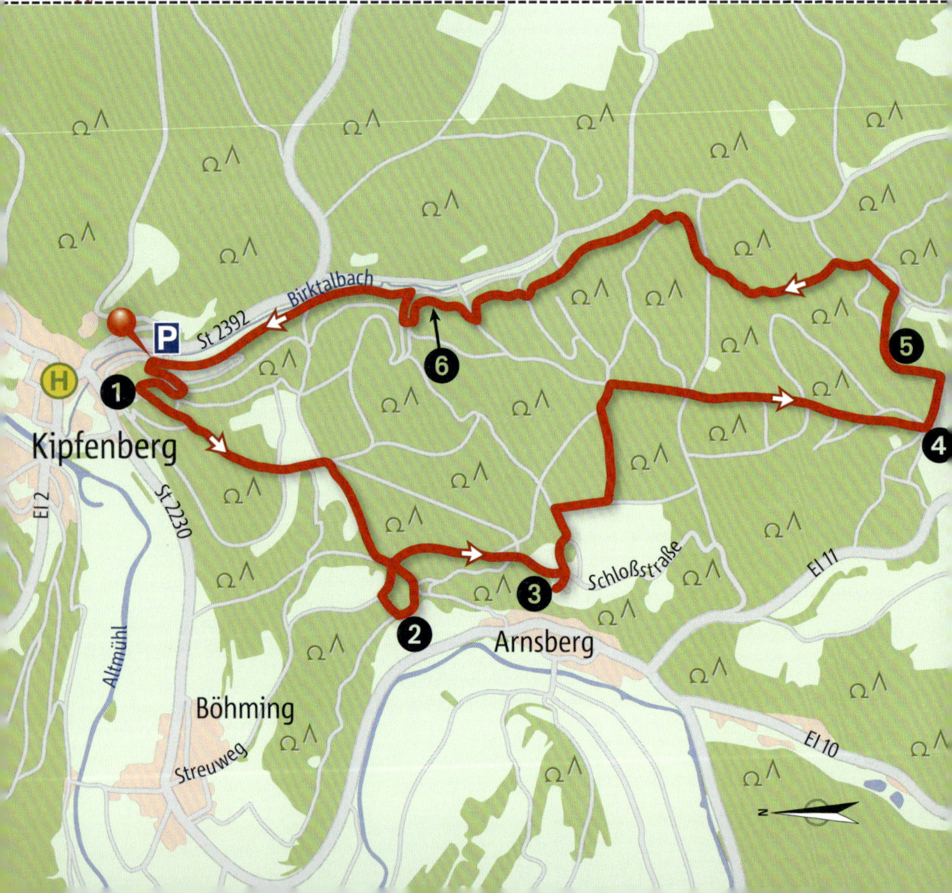

Alles auf einen Blick

WIE & WANN:
Wald- und Feldwege, Wiesen- und Jurasteige; zu jeder Jahreszeit bei trockenem Boden möglich, Arndthöhle nur von April bis September begehbar.

Entspannung ✱✱✱✱✱
Genuss ✱✱✱✱✱
Romantik ✱✱✱✱✱

HIN & WEG:
Auto: Wanderparkplatz Ostaufstieg Michelsberg, Bachgasse, 85110 Kipfenberg (GPS: 48.94560, 11.39497).
ÖPNV: Bus 9223 von ZOB Ingolstadt nach Kipfenberg, Parkplatz, dann 5 Minuten Fußweg bis zum Ausgangspunkt

ESSEN & ENTSPANNEN:
Achtung, kein Restaurant unterwegs, daher Rucksackverpflegung mitnehmen!

Einkehrmöglichkeiten in der Nähe:
Zum blauen Hecht, Irlahüller Weg 2, 85110 Kipfenberg, Tel. (0 84 65) 10 66, www.zumblauenhecht.de
Hotel-Gasthof Zur Linde, Bachweg 2, 85119 Kipfenberg-Schambach, Tel. (0 84 65) 94 15 40, www.linde-altmuehltal.de
Landhotel Zum Raben, Schlossleite 1, 85119 Kipfenberg-Arnsberg, Tel. (0 84 65) 94 040, www.zum-raben.de

ENTDECKEN & ERLEBEN:
Kipfenberger Michelsberg ❶
Arnsberger Leiten ❷
Burg Arnsberg ❸
Wegkreuz ❹
Arndthöhle ❺
Husarensteig ❻

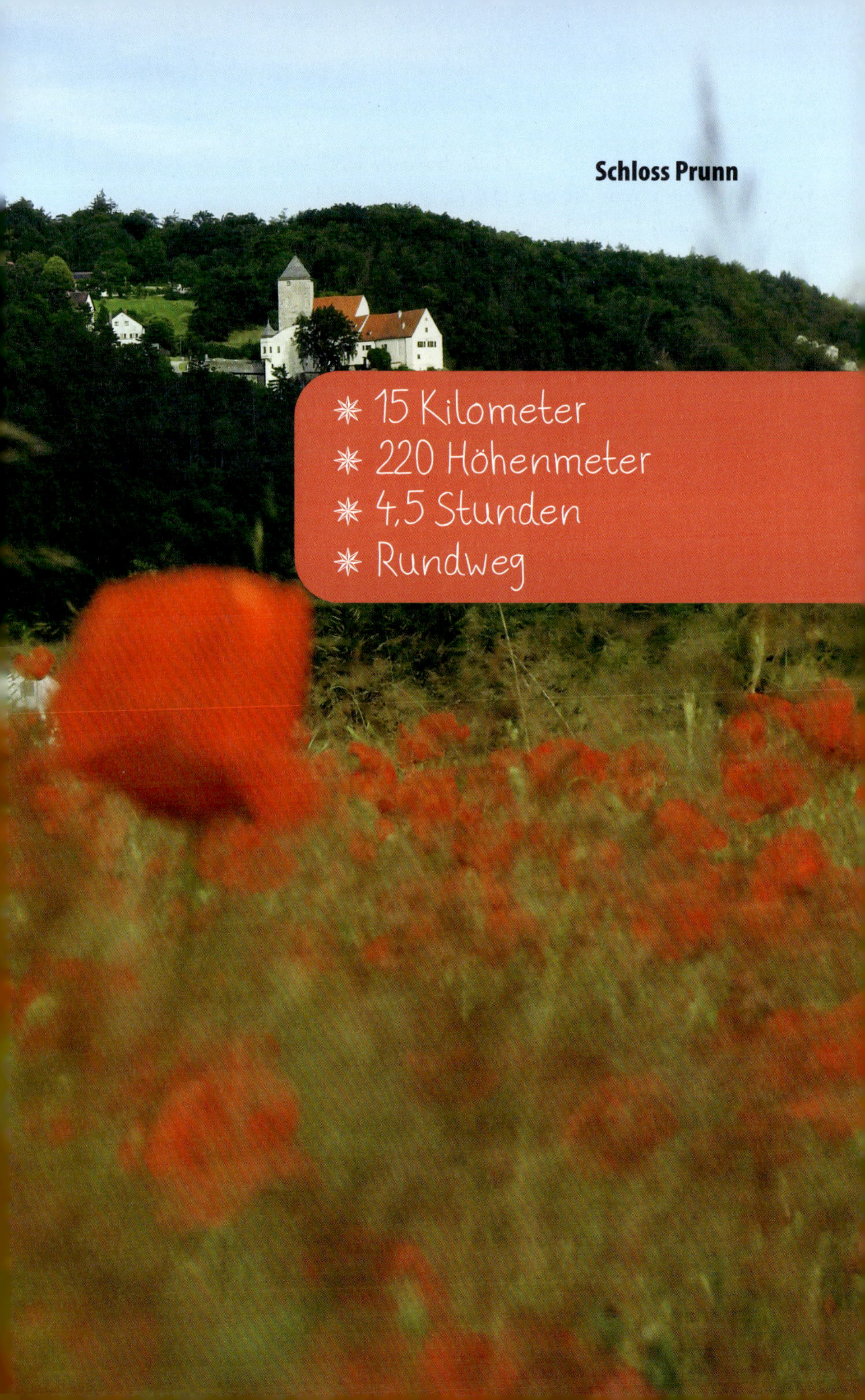
Schloss Prunn
* 15 Kilometer
* 220 Höhenmeter
* 4,5 Stunden
* Rundweg

In der Drei-Burgen-Stadt Riedenburg haben vor vielen Jahrhunderten Minnesänger gedichtet. Auf ihren Spuren wandelnd, lassen wir uns inspirieren.

Unser Fahrzeug stellen wir auf den Parkplatz bei der kleinen Kapelle, an der die Straße nach Hemau von der Staatsstraße nach Riedenburg abbiegt, überqueren

Burgen & Drachen

Über Riedenburg zum Falkenhorst

diese Abzweigung und gelangen auf den Weg zum Emmerthal. Hier haben wir einen wunderbaren Blick auf die Nibelungenburg **Schloss Prunn** ①, die waghalsig auf einer Felsnase thront. Eine Besichtigung merken wir uns für später vor. Wir streben mit dem Wanderweg 17 links über einen Wiesenpfad dem Waldrand zu. Flache Holzstufen erleichtern uns dort den Aufstieg. Nun wandern wir immer am Waldessaum entlang auf Riedenburg zu, bis wir zu einem asphaltierten Parkplatz kommen. Hier folgen wir nur wenige Schritte rechts der geschotterten Forststraße, zweigen dann nach links ab und folgen dem Wegweiser Richtung „Schwammerl". Der Pfad führt uns in Serpentinen auf die Wacholderheide, die uns einen großartigen Ausblick über Riedenburg mit seinen drei Burgen auf der gegenüberliegenden Flussseite gewährt. Etliche Bänke laden zum Ruhen und Betrachten ein und mit etwas Glück sehen wir über der **Rosenburg** ② einen Greifvogel majestätisch seine Kreise ziehen.

Schließlich erreichen wir das **„Schwammerl"** ③, einen beliebten Aussichtspunkt, der mit seinem weißgepunkteten Dach an einen Fliegenpilz erinnert,

*Von den drei Burgen ist nur noch die **Rosenburg** als Gebäude erhalten. Sie beherbergt ein Museum mit Café und eine sehenswerte Greifvogelschau. Der Drei-Burgen-Steig verbindet sie mit den Ruinen der Burgen Tachenstein und Rabenstein.*

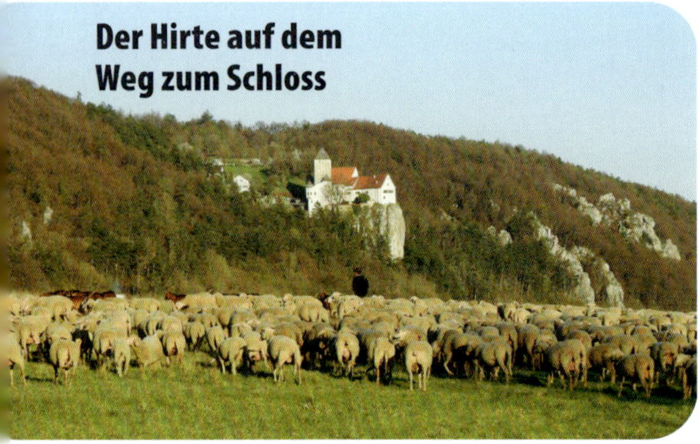

Der Hirte auf dem Weg zum Schloss

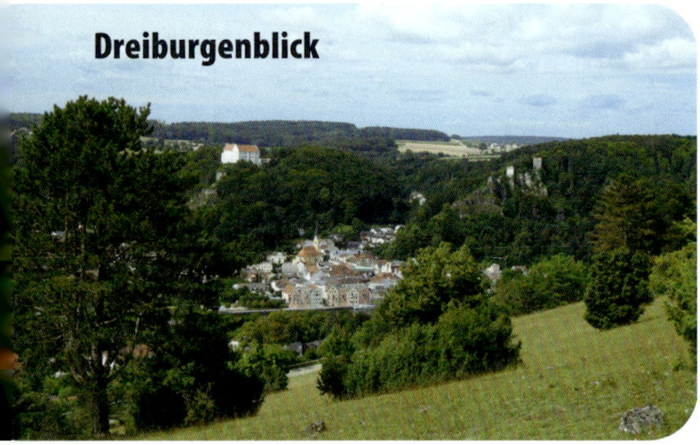

Dreiburgenblick

woher er auch seinen Namen hat – auf Bayerisch bedeutet „Schwammerl" Pilz. Wir können verstehen, warum sich im Mittelalter zwei Grafen hier zu herzergreifenden Gedichten inspiriert fühlten, und spüren selbst einen leichten Musenhauch in uns aufsteigen. Mit klangvollen Worten im Sinn folgen wir beschwingt nach rechts dem Zaun des Schullandheims. Der Weg geleitet uns durch ein Waldstück bis zu einer Kreuzung, an der wir uns nach rechts wenden. Wir haben die Hochfläche erreicht und atmen die gute Höhenluft. Am Marienmarterl halten wir kurz inne und folgen dann dem Feldweg weiter geradeaus, bis wir die ersten Gebäude von **Dieterzhofen** erreichen. Beim Ortsschild queren wir die asphaltierte Straße und streben am Feldrain dem Waldrand zu. An einer Neuanpflanzung halten wir uns links und tauchen in ein mystisches Nadelgehölz ein. Nun ignorieren wir die folgenden Abzweigungen, queren die befahrene Straße und folgen dem Wanderweg Richtung Riedenburg. Nach wenigen Metern öffnet sich der Wald und wir betreten die Trockenrasenfläche an der bewaldeten Hangkante. Hier wenden wir uns nach rechts und passieren eine gemütliche Picknickgelegenheit. Das Schild mit der Aufschrift „Loipe" zaubert uns mitten im Sommer ein Lächeln ins Gesicht und lässt in uns das Bild einer verschneiten Winterlandschaft entstehen, durch die wir dick eingemummelt auf Skiern gleiten.

Bald gelangen wir an den **Teufelsfelsen** 4 und sehen die weite Schleife der Altmühl zu unseren Füßen. Hier haben tollkühne Menschen eine Holzrampe gebaut, von der aus sie sich wagemutig mithilfe von Drachen in die Luft schwingen, um die Welt von oben zu betrachten.

Für die Seele

Wo Minnesänger ihren Holden Ständchen darbrachten und wilde Drachen zähmten, verleiht uns die Fantasie Flügel.

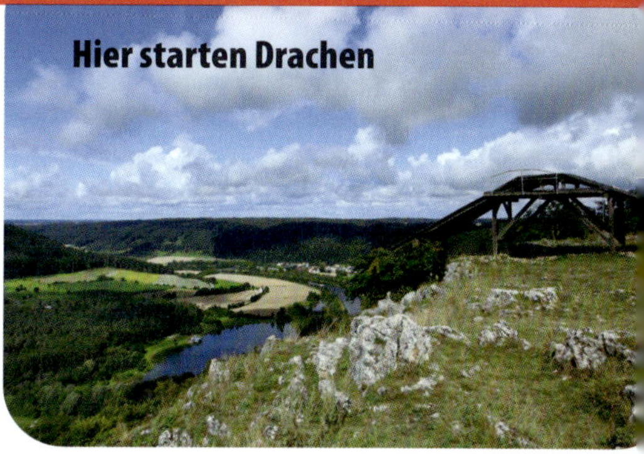

Wir hingegen nehmen auf einer Bank Platz und lassen unseren Blick über die Weite der Landschaft schweifen. Was wohl die Ritter zu dieser modernen Drachenart gesagt hätten, fragen wir uns dabei. Dann folgen wir weiter der Hangkante und lassen uns von den Schildern des Altmühltal-Panoramawegs den Weg zum Falkenhorst weisen. Hier ist der Pfad zunächst von Steinen durchsetzt, doch dann gelangen wir in einen lichten Buchenwald und erspüren den federnden Boden unter den Füßen. Mächtige bemooste Felsformationen begleiten unseren Marsch. Ein paar Treppenstufen führen uns nach links bergab. Bei einer talwärts ausgerichteten Bank folgen wir der Ausschilderung „Aussicht“ und **„Falkenhorst“** 5. Dieser Abstecher ist ein unbedingtes Muss. Wir gelangen mithilfe einiger Holztreppen und Steine zu einem vorspringenden Felsen, der tatsächlich an ein Raubvogelnest

*In den 60er-Jahren des vorigen Jahrhunderts wurde das **Drachenfliegen** entwickelt. Unter einer Segeltuchplane liegt man dabei auf einem festen Aluminiumgestell und steuert das Fluggerät durch Gewichtsverlagerung mithilfe eines Steuerbügels.*

denken lässt. Mit Geländern gesichert, scheinen wir gleichsam über den Bäumen zu schweben. Unter uns erblicken wir den **Agatha-See** **6**, ein in der ganzen Umgebung beliebtes Badegewässer, die Sommerrodelbahn und die kleine St. Agatha-Kirche – ein Moment der Vollkommenheit. Direkt am Scheitel der Altmühlschleife erscheint der gegenüberliegende Speckelsberg wie eine trutzige Wasserburg. Zu unserer Linken grüßt nochmals die Rosenburg herüber, rechts begrenzt **Schloss Eggersberg** **7** den Horizont.
Berauscht von diesem Panoramablick kehren wir zum Wanderweg zurück und setzen unseren Weg nach links fort, bis er auf eine geschotterte Forststraße trifft. Hier halten wir uns rechts und lassen die Hangkante hinter uns. Am Ende des Waldes beginnen grüne Wiesen und Felder. An der nächsten Kreuzung nehmen wir die rechte Abzweigung und folgen diesem Feldweg bis zur kleinen Ortschaft **Jachenhausen.** Vorsichtig queren wir die Kreisstraße und gehen auf die **Oswald-**

__Schloss Eggersberg__ war früher eine Hofmark. Heute ist hier ein Hotel untergebracht, in dem man in liebevoll eingerichteten Zimmern romantisch nächtigen, speisen und feiern kann. Zudem informiert ein Museum über die Geschichte wdes Schlosses.

Blick vom Falkenhorst

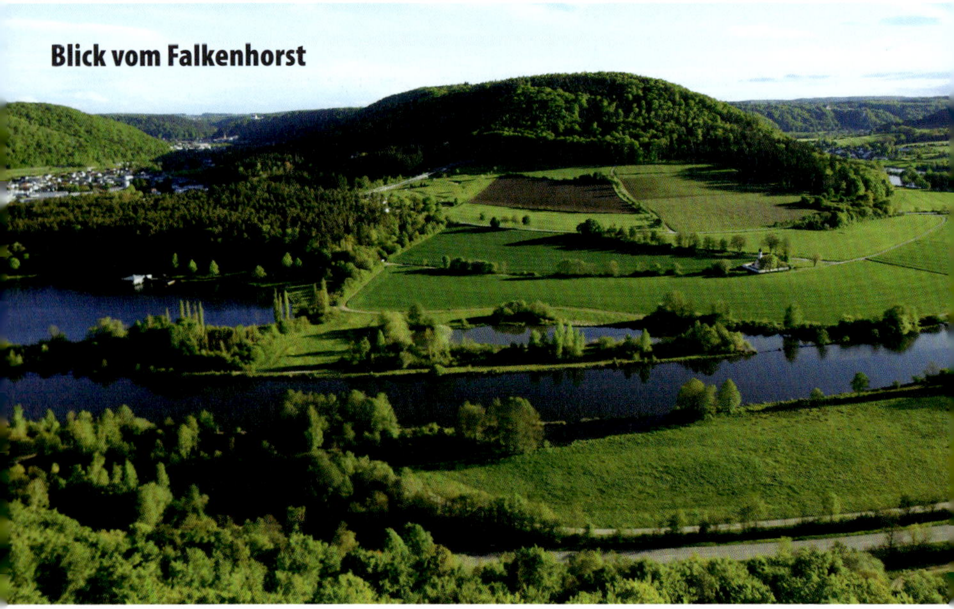

Kirche ❽ zu, deren Dach uns schon seit Längerem den Weg weist. Im Innern empfängt uns barocke Pracht.

Auf dem Rieder Weg verlassen wir das Dorf. Vor uns in der Ferne tauchen bereits die Dächer von **Schaitdorf** auf, auf das wir nun zustreben. Wir bleiben geradeaus auf der eingeschlagenen Straße, die an einem Feld endet. Hier zweigen wir links und gleich wieder rechts ab und erreichen kurz darauf die ersten Häuser. Über uns geben die Lerchen ein wahres Sommerkonzert. In Schaitdorf queren wir die Dorfstraße und wandern zwischen zwei Höfen hindurch.

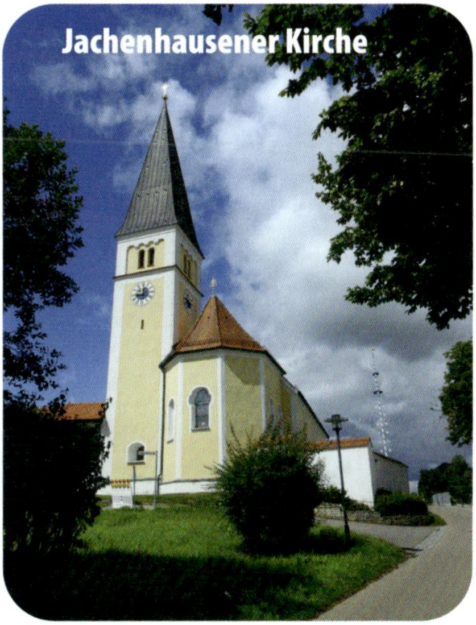
Jachenhausener Kirche

Beim Feldkreuz unter zwei mächtigen alten Linden nehmen wir Abschied von der Hochfläche und halten uns links. Nun führt uns der Weg stetig bergab in den Wald. Die Vögel begrüßen uns mit fröhlichem Gesang und ein Specht trommelt seinen Gruß dazu. Im Tal endet der Weg an einer kleinen Lichtung. Hier wählen wir die rechte Abzweigung und folgen dem Verlauf des **Emmerthals.** Frisch und munter wandern wir zwischen den Hängen hindurch, begleitet von himmlischer Ruhe und dem Geräusch unserer Schritte. Kurz vor dem Talende entdecken wir rechter Hand einen alten, stillgelegten **Steinbruch** ❾. Vorsichtig nähern wir uns der Absperrung und betrachten fasziniert die steilen Abhänge, wo sich die Natur allmählich ihr Reich zurückerobert. Eine vielseitige Tier- und Pflanzenwelt kann

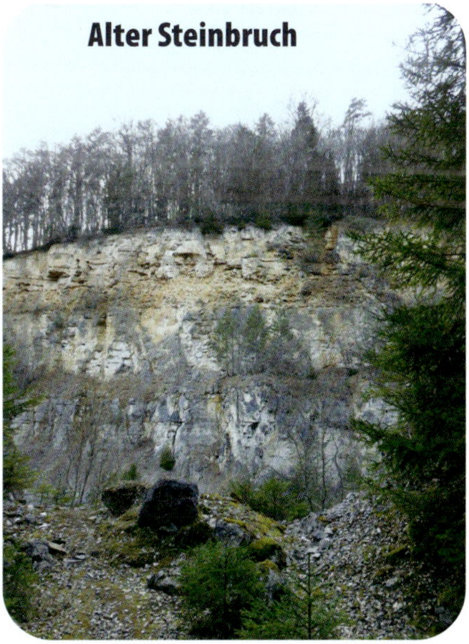
Alter Steinbruch

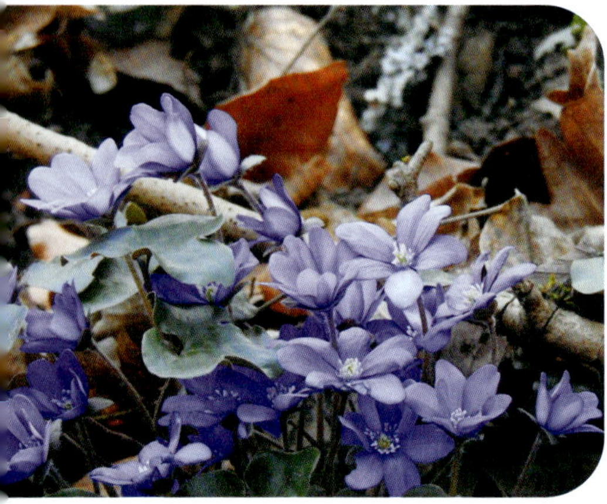

hier in der Abgeschiedenheit entstehen. Wir entdecken wagemutige Bäume, die sich an winzigen Felsvorsprüngen festklammern, und eine vorwitzige Fledermaus auf der Jagd.

Nach wenigen Minuten erreichen wir schließlich den Ausgangspunkt unserer Wanderung. Zum Abschied blicken wir in die Kapelle und lassen die vielen Eindrücke des Tages noch einmal Revue passieren.

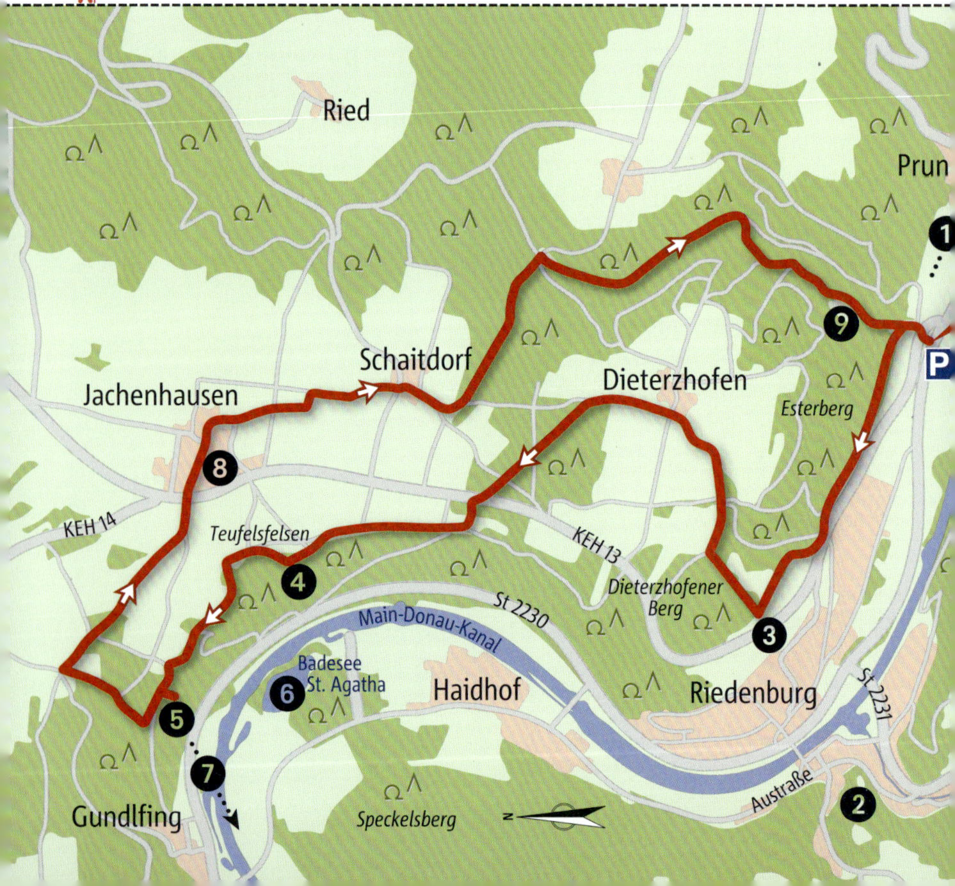

Alles auf einen Blick

WIE & WANN:
Waldwege, Schotter- und Asphaltstraße, steinige Jurapfade; beste Zeit März bis Oktober.

Entspannung ✱✱✱✱✱
Genuss ✱✱✱✱✱
Romantik ✱✱✱✱✱

HIN & WEG:
Auto: Parkplatz Maria-Hilf-Kapelle Emmerthal, Abzweigung von der St 2230 nach Hemau (GPS: 48.957355, 11.714727)
ÖPNV: Keine direkte Anbindung an die Strecke

ESSEN & ENTSPANNEN:
Rucksackverpflegung bitte nicht vergessen!

Einkehrmöglichkeiten in der Nähe:
Gasthaus zur Krone, Prunner Hauptstraße 13, 93339 Riedenburg, Tel. (0 94 42) 15 07, www.zur-krone-prunn.de
Gasthaus Schwan, Marktplatz 5, 93339 Riedenburg, Tel. (0 94 42) 12 72, www.schwan-riedenburg.de
Schloss Eggersberg ❼, Obereggersberg 18, 93339 Riedenburg, Tel. (0 94 42) 9 18 70, www.schloss-eggersberg.de

ENTDECKEN & ERLEBEN:
Schloss Prunn ❶ Rosenburg ❷ Aussichtspunkt „Schwammerl" ❸ Teufelsfelsen ❹ Falkenhorst ❺ Agatha-See ❻ Oswald-Kirche in Jachenhausen ❽ Alter Steinbruch ❾

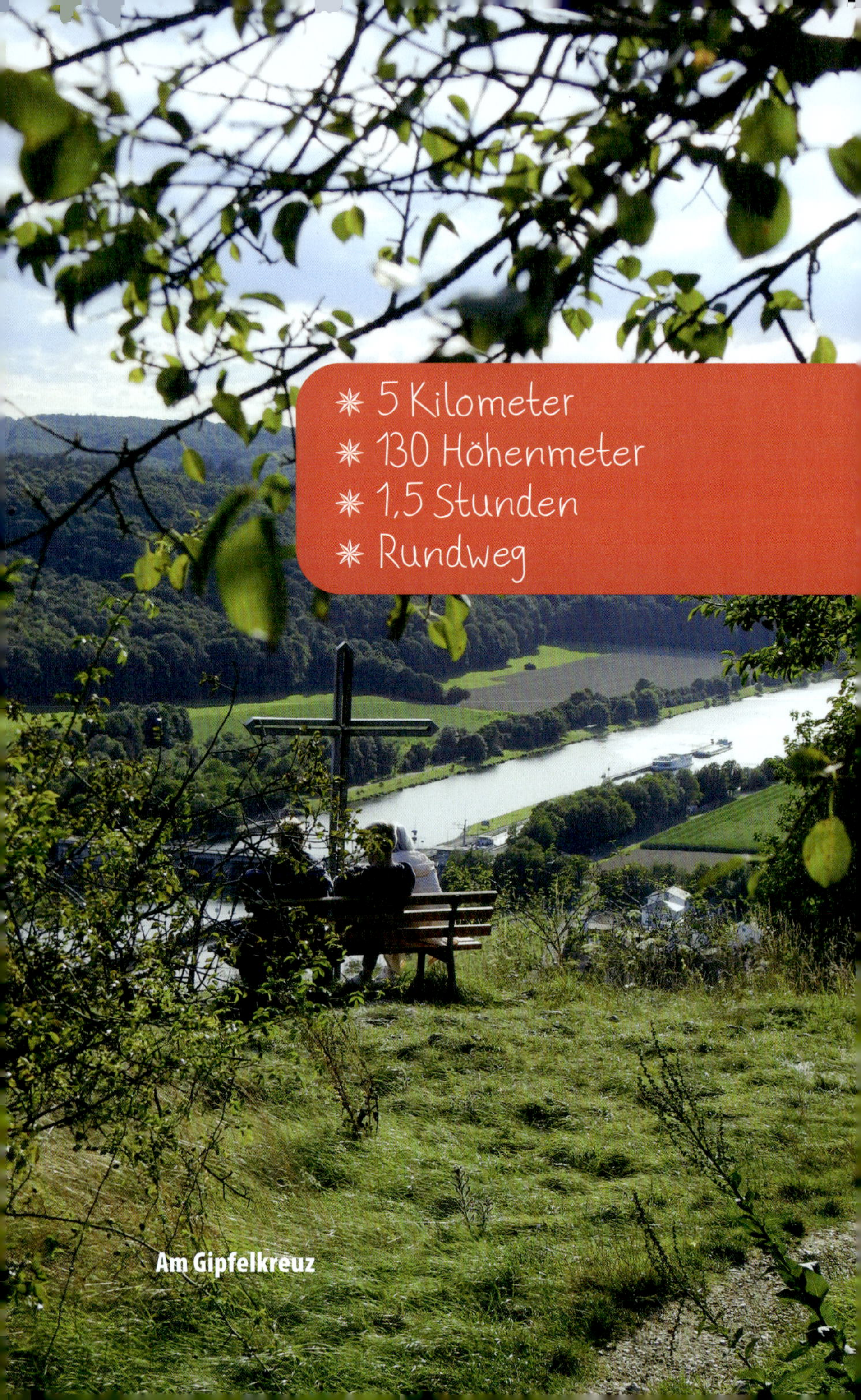

Am Gipfelkreuz

Unsere Tour führt uns auf die „Brand" nach Ihrlerstein. Wir starten auf dem Parkplatz Aumühle in Kelheim (P6). Achtung: Ein Teil der Stellplätze ist mit Parkuhr auf nur zwei Stunden limitiert. Direkt hinter den Stellflächen fließt der Main-Donau-Kanal – und in diesem Bereich fließt er wirklich, denn er ist ab hier

Natur & Kultur

Über die Ihrlersteiner Platte

schleusenlos mit der Donau verbunden. Wir gehen auf den Uferweg und wenden uns nach rechts. Nach etwa 200 Metern erreichen wir die halbkreisförmig gebogene **Pylonenbrücke 1.**

Rechts sehen wir das **Altmühltor 2** und daneben das Gasthaus **Berzl 3** mit einladendem Biergarten. Hier könnten wir uns für den Aufstieg stärken, aber die Vorfreude auf das, was uns erwartet, ist stärker. Wir erklimmen das Brückenrund der Fußgängerbrücke und entdecken auf der Anhöhe des Michelsbergs

Um die künstliche Wasserstraße harmonisch ins Tal einzupassen, hat man jede einzelne ***Brücke*** *individuell gestaltet. Die Kelheimer Fußgängerbrücke ist einseitig an Stahlseilen aufgehängt. Nachts wirkt sie durch die indirekte Beleuchtung.*

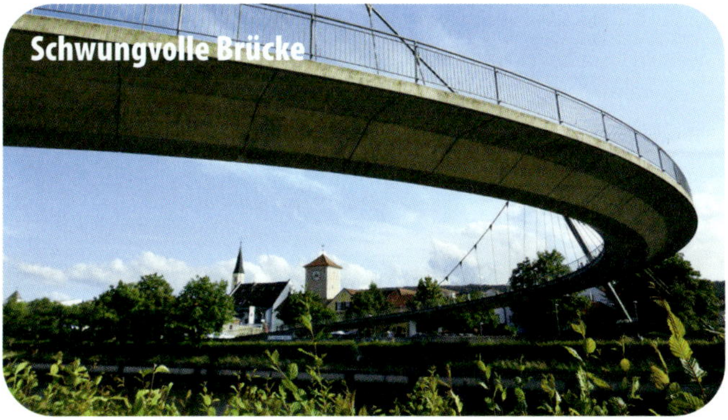
Schwungvolle Brücke

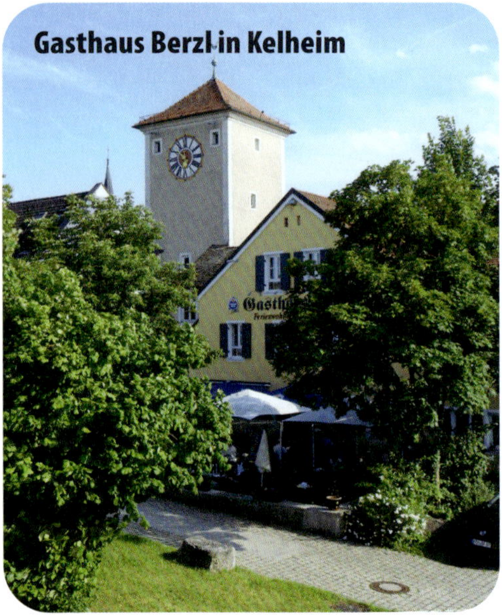

Gasthaus Berzl in Kelheim

links vor uns das Kelheimer Wahrzeichen, die **Befreiungshalle ❹** – welch wunderschöner Anblick.

Am Fuß der Brücke lockt ein weiteres Gasthaus, der **Stockhammer ❺.** Wir wenden uns nach links und durchqueren beim Fitnessstudio eine kurze Fußgängerpassage, erreichen einen Parkplatz, kreuzen die dortige Straße zum Möbelgeschäft und folgen ihr nach links bis zur Einmündung in die stärker befahrene **Riedenburger Straße.** Auch diese queren wir und entdecken gleich rechts ein paar schiefe Stufen aus Stein, die zu einem Absatz im Gebüsch führen, auf dem ein **Marterl ❻** steht, das auf das Kriegsjahr 1916 verweist. Andächtig halten wir inne und lassen den Spruch auf uns wirken. Vorsichtig erklimmen wir dann die restlichen Stufen, erreichen die Dr.-Weber-Straße, folgen ihr links ein paar Meter und steigen den Brander Steig bergauf. Nach 140 Metern sehen wir am linken Fahrbahnrand eine Ruhebank. Hier zweigt der Waldweg nach links ab. Diesem folgen wir den Berg hinan. Mächtige Kastanien zeugen davon, dass dieser Pfad einst ein beliebter Ausflugsweg war. Heute tauchen wir hier in die Ruhe des Waldes ein. Friede und Entspannung umgibt uns. Ab und zu sind ein paar Stufen zu ersteigen. Am Waldrand schließlich erreichen wir nach ein paar

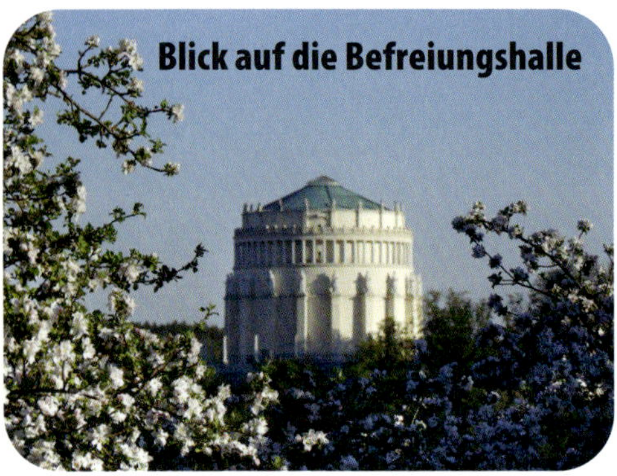

Blick auf die Befreiungshalle

letzten Treppen zur Linken einen Felsen, auf dem die runde **Maria-Fels-Kapelle** 7 errichtet wurde. Durch den vergitterten Eingang erspähen wir das Marienbild, das mit frischen Blumen geschmückt ist. Auf der Rundbank vor dem Gotteshaus lassen wir uns nieder und erfreuen uns am grandiosen Ausblick auf Kelheim

Für die Seele

Die kräuterduftende Luft der Jurahänge gibt uns einen Frischekick und unser befreiter Blick schweift in weite Ferne.

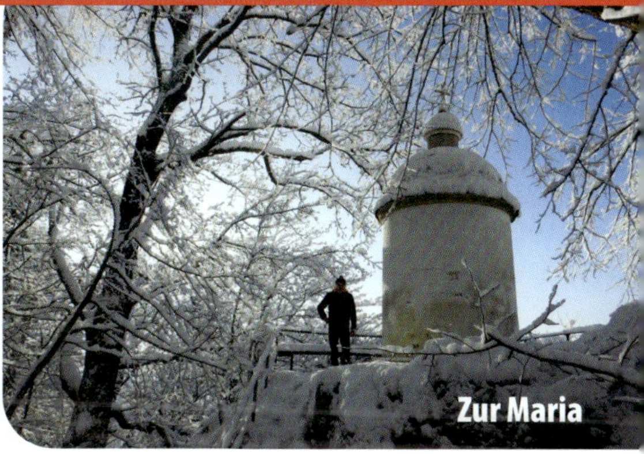

Zur Maria

und den alten Kanalhafen – fernab inmitten der Natur und doch so nah am Leben.

Erholt wagen wir uns nun weiter den Berg hinauf. Jetzt wird der Waldweg vom Felssteig abgelöst. Gut, dass wir festes Schuhwerk angelegt haben. Mitten durch den **Trockenrasen** führt der alte Steig auf die Ihrlersteiner Platte. Ab und an gewährt ein Gebüsch etwas Schatten – und immer wieder blicken wir herunter ins Tal und bewundern das sich stetig erweiternde Panorama.

Nach einer Linkskurve entdecken wir eine **Höhle** 8 im Gestein. Bisweilen suchen Menschen hier bei Regen Unterschlupf oder genießen die besondere Atmosphäre. Nach weiteren Metern des Aufstiegs haben wir es schließlich geschafft. Der Weg endet an den Gärten der hier oben mit wunderbarer Sicht erbauten Häuser. Wir gehen zunächst etwa 100 Meter nach

*Um die Felsen von gefährlichem Baumbestand zu befreien und Flächen zum Grasen des Viehs zu haben, brannte man früher die Hänge ab. Dadurch entstand die juratypische Landschaftsform: der **Trockenrasen**, der „Brand", wie Ihrlerstein bei den Einheimischen heißt.*

rechts zu einer atemberaubenden **Aussicht ⑨** auf Kelheim, die Befreiungshalle bis nach Saal. An besonders klaren Tagen kann man von hier aus sogar die **Alpen** sehen. Um dies richtig auskosten zu können, nehmen wir auf einer der Steinbänke Platz und lassen die Weite auf uns wirken.

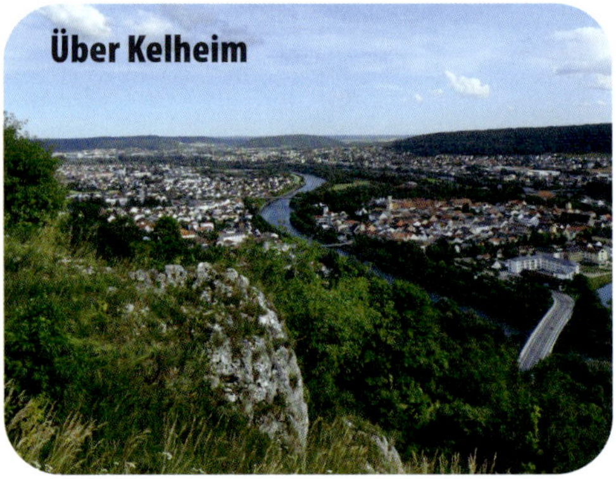
Über Kelheim

Dann kehren wir auf dem Weg, den wir gekommen sind, zurück, gehen aber nicht wieder talwärts, sondern bleiben geradeaus oben auf der **Hangkante.** Die Bäume und Büsche zu unserer Linken malen im Frühjahr ein Bild in vielen wunderbaren Flieder-Pastelltönen. Vor uns sehen wir ein **Gipfelkreuz ⑩,** von dem aus uns der Blick Richtung Westen das Altmühltal aufwärts entzückt. Wir folgen dem Weg weiter über weiße Kalksteine und grünes Gras. Immer wieder laden Bänke zum Verweilen und Schau-

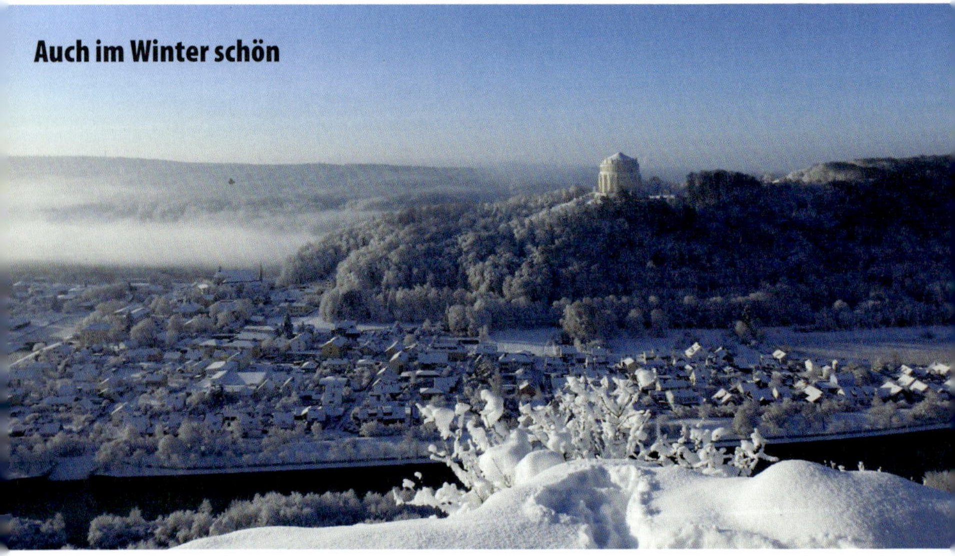
Auch im Winter schön

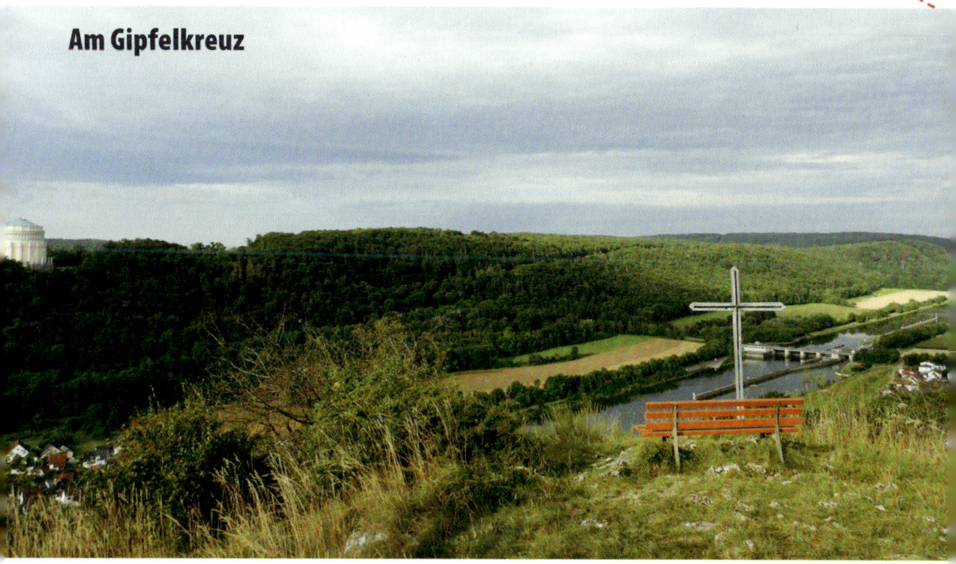

Am Gipfelkreuz

en ein. Besonders eindrucksvoll sind hier im Frühjahr die vielen **Küchenschellen,** die zwischen den Felsen wachsen und mit lila-gelben Farbtupfern Akzente setzen. Nach etwa 400 Metern verlässt unser Weg die Hangkante, durchquert ein kleines Waldstück und führt am Rand einer Wiese entlang, bevor wir die Straße **Am Kager** erreichen. Dieser folgen wir links weiter den Berg hinab an Feldern, Streuobstwiesen und Häusern vorbei. Bevor die Straße schließlich in den **Cramannsdorfer Weg** mündet, führt sie eine steile Kurve hinab. Wir bleiben links auf dem Fußweg und folgen der Straße bergabwärts, bis sie in einer scharfen Rechtskurve oberhalb der Riedenburger Straße endet. Hier gibt es für Fußgänger eine kleine Treppe, die wir hinuntersteigen, und überqueren vorsichtig die **Riedenburger Straße.** Durch einen kleinen Durchlass gelangen wir in den Mühlenweg. Rechts und links sehen wir noch einige alte **Jurahäuser** ⓫ mit ihren Legschieferdächern. Romantisch wirken diese geduckten Gebäude – Natur und Kultur im Einklang.

Früher waren die meisten Häuser im Altmühltal mit einheimischen Steinen gedeckt, die auch in Kelheim abgebaut wurden. Weil Kalksteine recht schwer sind, mussten die Dachstühle dieser ***Jurahäuser*** *sehr stabil und flach sein.*

Am Ende der Straße treffen wir wieder auf den Main-Donau-Kanal. Wir wenden uns nach rechts und überqueren die Wasserstraße bei der **Eingangsschleuse ⓬.** Mit etwas Glück können wir zusehen, wie ein Schiff durchgeschleust wird. Dann wird, je nach Schleusungsrichtung, die Kammer mit Wasser gefüllt oder entleert und das Schiff allein durch die Wasserkraft gehoben oder gesenkt, sodass es hinterher seinen Weg fortsetzen kann. Staunend spüren wir, welch eine Kraft hierbei freigesetzt wird, wenn die Strudel die Schleusentore durchspülen.

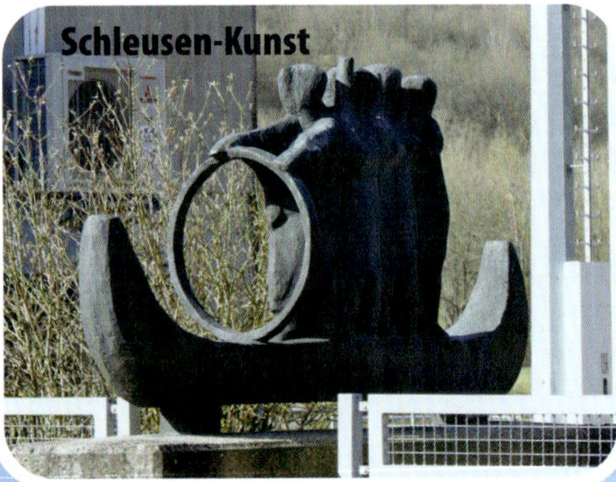
Schleusen-Kunst

Auf der anderen Seite der Brücke steigen wir die Treppe

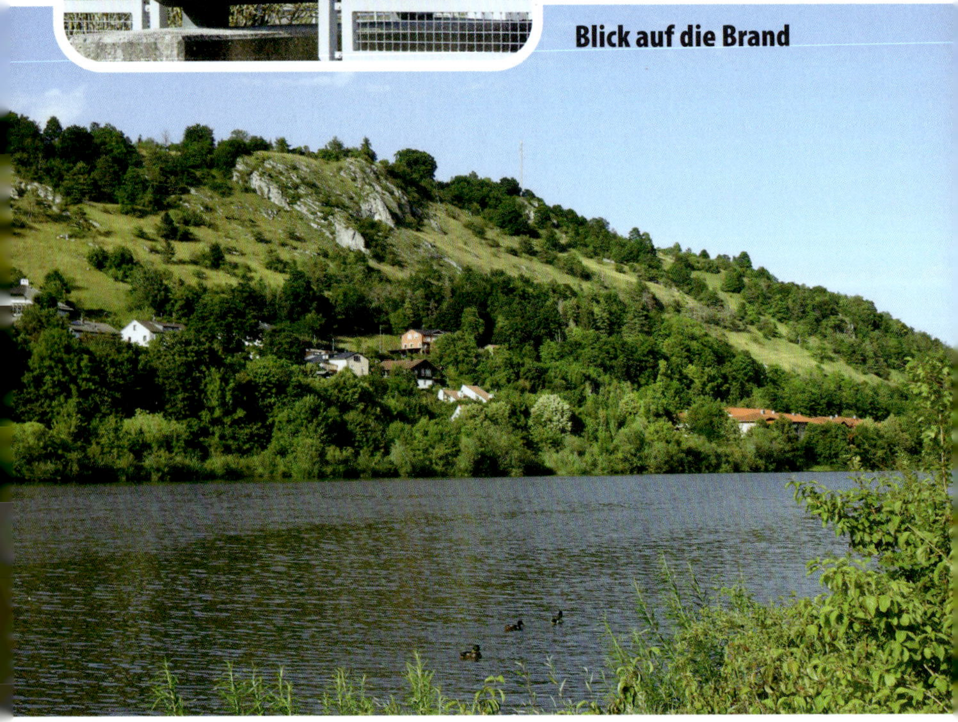
Blick auf die Brand

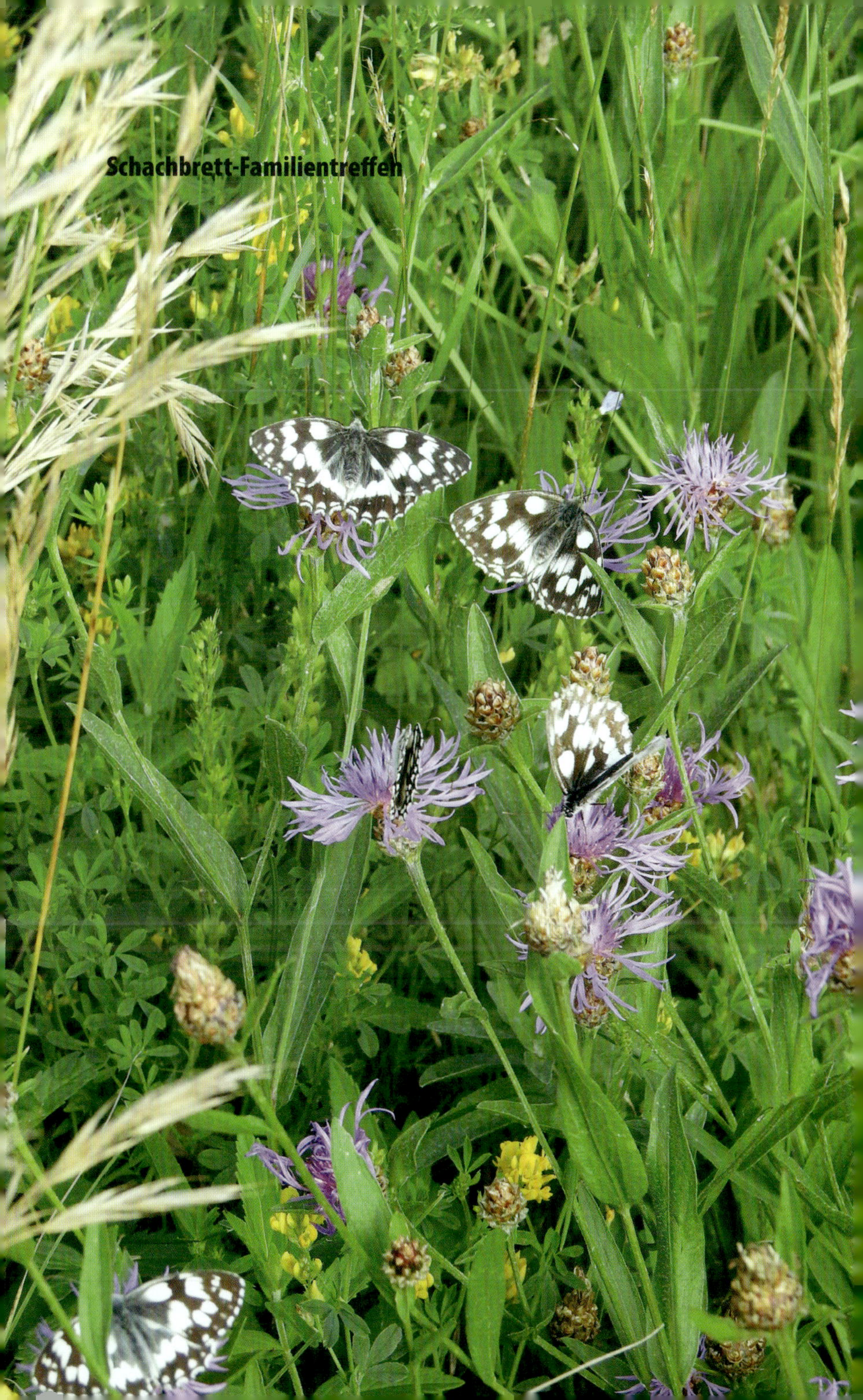

Schachbrett-Familientreffen

Panoramatour 8

*Mit der **Schleuse** beginnt der 171 Kilometer lange Main-Donau-Kanal, der die Nordsee mit dem Schwarzen Meer verbindet. Nach weiteren 15 Schleusen mündet er in Bamberg in den Main und führt von dort in den Rhein.*

links herab und folgen dem Weg immer direkt am Kanal entlang. Von dort aus haben wir einen schönen freien Blick auf die Abhänge der Brand, auf denen wir gerade entlanggewandert sind. Noch immer spüren wir die Wärme der Sonne auf unserer Haut und den Duft der Kräuter in der Nase. So unterqueren wir nach etwa 1400 Metern die Kanalbrücke und haben unseren Ausgangspunkt schon wieder erreicht.

Doch bevor wir diesen malerischen Ort verlassen, wollen wir uns in der Innenstadt im **Weißen Brauhaus** 13 ein Bier aus der ältesten Weißbierbrauerei Bayerns gönnen und auf diesen gelungenen Tag anstoßen.

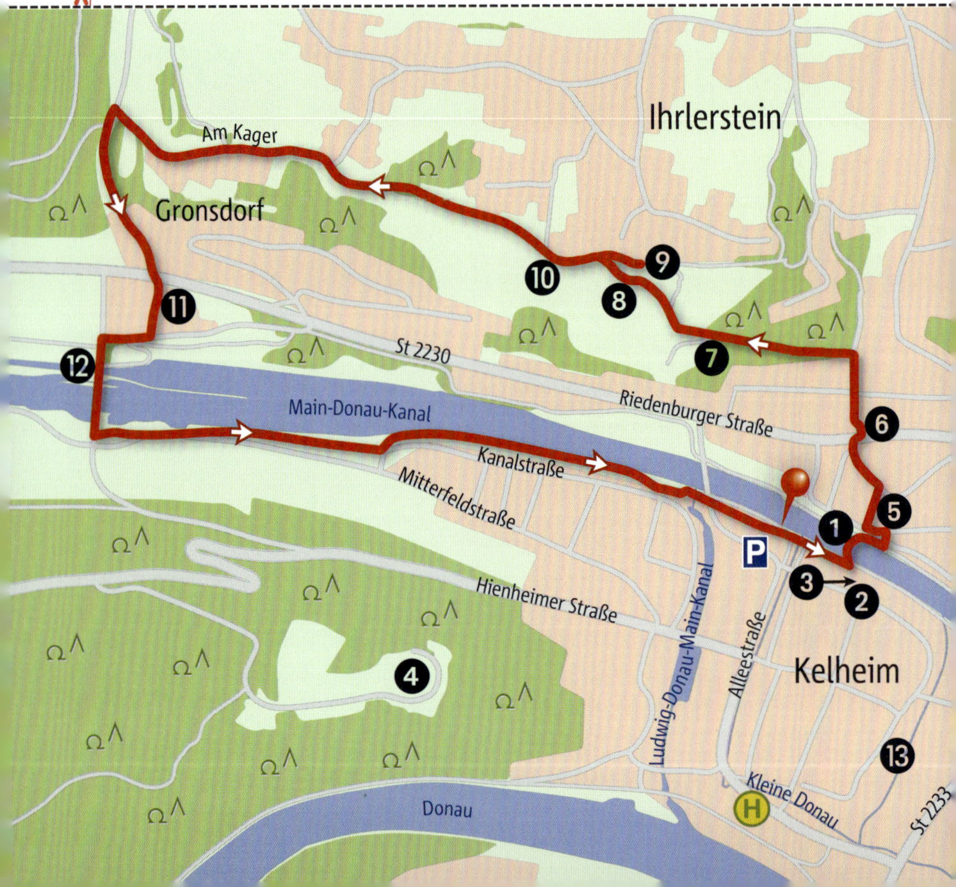

WIE & WANN:
Asphaltstraßen, geschotterte Wege, Waldweg und Jurasteig; die Wanderung ist zu jeder Jahreszeit reizvoll, besonders aber im Frühling zur Küchenschellenblüte. Bei Regen und Glätte ist der Steig schlecht zu begehen.

Entspannung ✱✱✱✱✱
Genuss ✱✱✱✱✱
Romantik ✱✱✱✱✱

HIN & WEG:
Auto: Parkplatz P6, Aumühle, Alleestraße, 93309 Kelheim (GPS: 48.921178, 11.870066)
ÖPNV: Bus 6022 vom Bahnhof Saal/Donau zum Wöhrdplatz in Kelheim, dann 7 Minuten Fußweg

ESSEN & ENTSPANNEN:
Gasthaus Berzl ❸ Hafnergasse 2, 93309 Kelheim, Tel. (0 94 41) 14 52, www.gasthof-berzl-kelheim.de
Gasthaus Stockhammer ❺ Am Oberen Zweck 2, 93309 Kelheim, Tel. (0 94 41) 7 00 40, www.gasthof-stockhammer.de
Weißes Brauhaus ⓭ Emil-Ott-Straße 3, 93309 Kelheim, Tel. (0 94 41) 34 80, www.weisses-brauhaus-kelheim.de

ENTDECKEN & ERLEBEN:
Pylonenbrücke ❶ **Altmühltor** ❷ **Befreiungshalle Kelheim** ❹
Marterl ❻ **Maria-Fels-Kapelle** ❼ **Höhle** ❽
Ausblick ❾ **Gipfelkreuz** ❿ **Jurahäuser** ⓫
Kanalschleuse ⓬

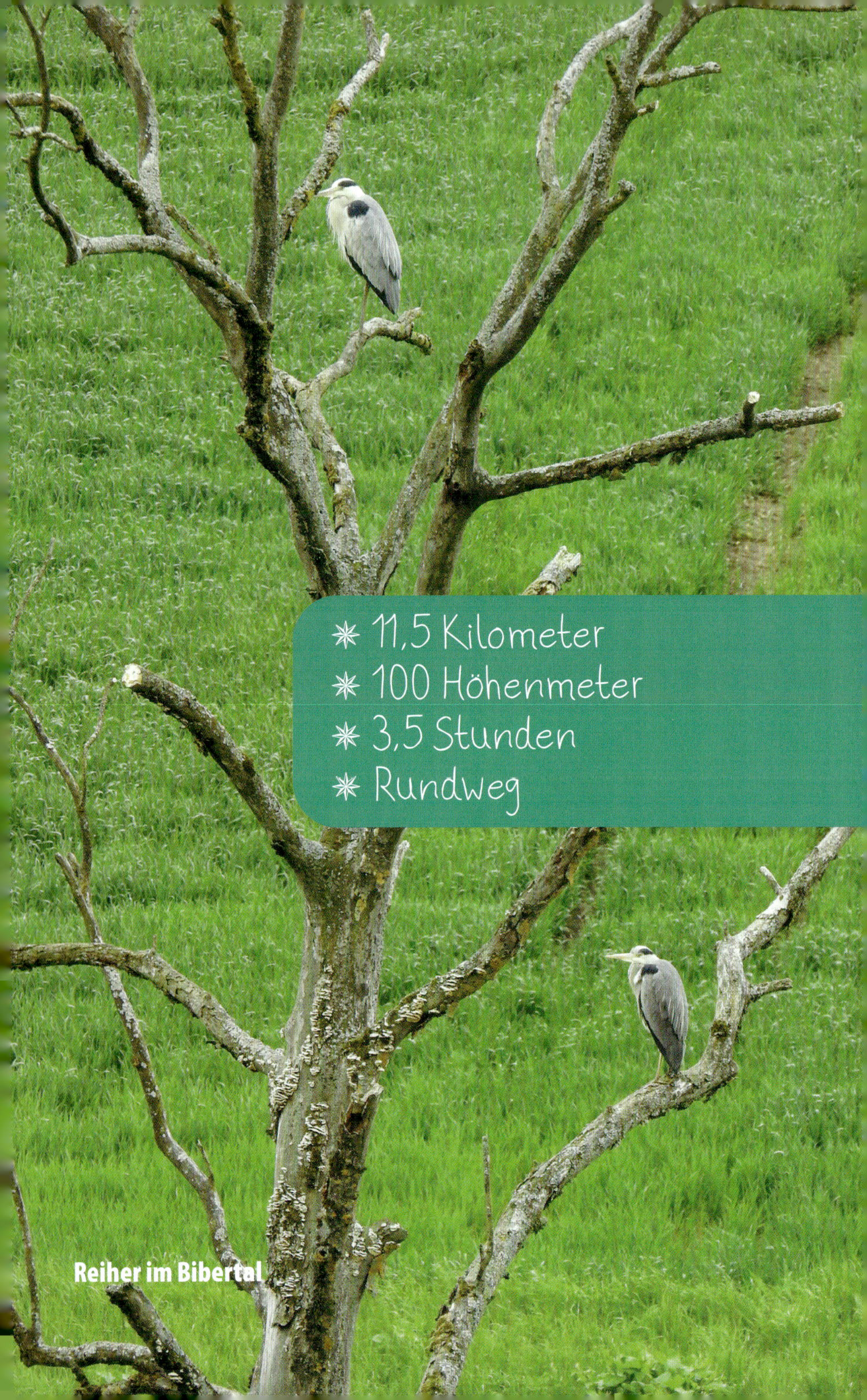

Reiher im Bibertal

Weit über die regionalen Grenzen hinaus bekannt ist der **Wettelsheimer Keller 1**, in dem man das Bier der örtlichen Brauerei direkt vom riesigen Fass zu einer deftigen Brotzeit genießen kann. Seinen Parkplatz nehmen wir als Ausgangspunkt einer feucht-fröhlichen Tour zu Meister Bockert, dem Biber.

Zunächst kehren wir zur Straße zurück und biegen dort nach links Richtung **Wettelsheim.** Wir lassen den Blick über das vor uns liegende Tal schweifen und erkennen den Kirchturm von Bubenheim. Hier mündet die Rohrach, das Flüsschen, das uns heute erfrischen wird, in die Altmühl.

An der Abzweigung fällt uns ein **alter Keller** auf, der aus grobem Jurastein in den Berg hineingebaut

Ins Tal der Biber

Wettelsheim und die Rohrach

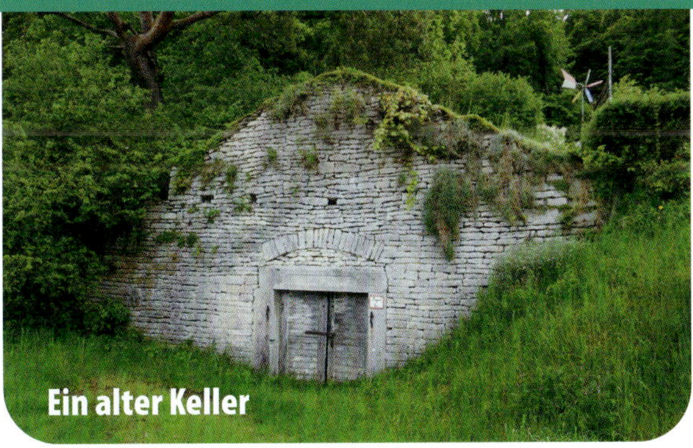

Ein alter Keller

worden ist. Nach einigen Metern zweigt ein Wanderweg nach links ab, der dann nochmals links in den Wald hineinführt. Vor uns sehen wir eine hohe Kalksteinmauer zwischen den Bäumen, aus deren Fenster-

*Vor der Erfindung des Kühlschranks wurde Bier in unterirdischen **Kellern** frisch gehalten – meist mit Eis, das man im Winter aus Teichen schnitt. In Franken schenkt man den kühlen Gerstensaft bis heute direkt im Biergarten „auf dem Keller" aus. Zum Wohl!*

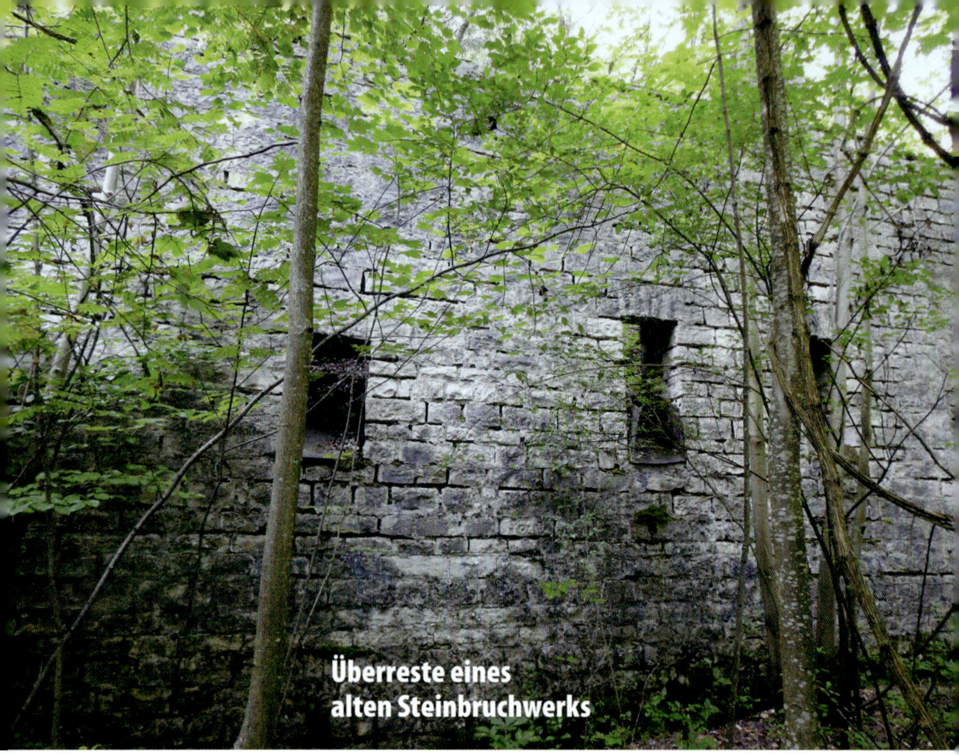

Überreste eines alten Steinbruchwerks

Seit vielen Jahren leben **Gämsen** in den Steinbrüchen in der Gegend von Wettelsheim. Sie haben hier keine natürlichen Feinde und fühlen sich in der felsigen Umgebung wohl. So kann man in Mittelfranken auf typische Alpenbewohner stoßen.

löchern rostige Schütten ragen. Vor gar nicht langer Zeit wurden vor diesem **Steinbruchgebäude 2** verschiedene Schotterkörnungen des nahen **Steinbruchs** auf dem Berg Patrich verladen. Heute hat die Natur das Regiment übernommen. Bisweilen kann man hier mit etwas Glück sogar auf Gämsen treffen. Ihre Spuren finden sich jedenfalls im Waldboden.

Wir passieren einen weiteren Keller, von dem wir nur noch das verfallende Dach sehen, bis wir wieder aus dem Wald treten und nun der schattigen Promenade folgen. Weit schweift der Blick über die sanft gewellte, grüne Ebene, in der die Altmühl langsam dahinzieht, bevor sie bei Treuchtlingen das alte Urmaintal okkupiert. Bis uns der Weg nach einer Rechtskurve durch die Felder zum Ortsrand von **Wettelsheim** leitet, bleiben wir am Waldrand. Vor den Häusern biegen wir dann nach links ab und gehen auf den **Friedhof mit der romanischen Martinskirche 3** zu. Wir durchqueren den Gottesacker. Ein Blick in das kleine Kirchlein lohnt sich. Beim Verlassen des Friedhofs entdecken wir eine würdevoll gestaltete Erinnerungsstätte für die Opfer der Kriege.

Durch die Pfarrgasse gelangen wir zur heutigen Pfarrkirche, der barocken **Christuskirche 4.** Schon von außen bemerken wir den merkwürdigen Grundriss des Kirchenschiffs als Quersaal. Gespannt treten wir in das frisch renovierte Gebäude ein. Dass Altar, Kanzel und Orgel übereinander angeordnet sind, zeichnet sie als typisch protestantische Markgrafenkirche aus.

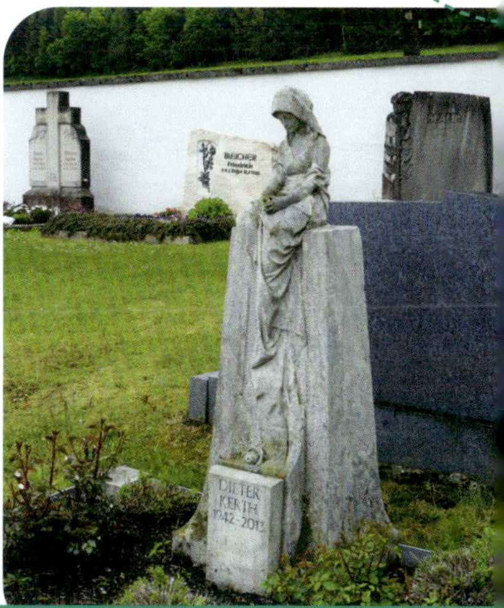

Für die Seele

Wir erkunden das Ergebnis fleißiger Biberbaumeister und kommen dem feuchten Geheimnis fränkischer Keller genussvoll auf die Spur.

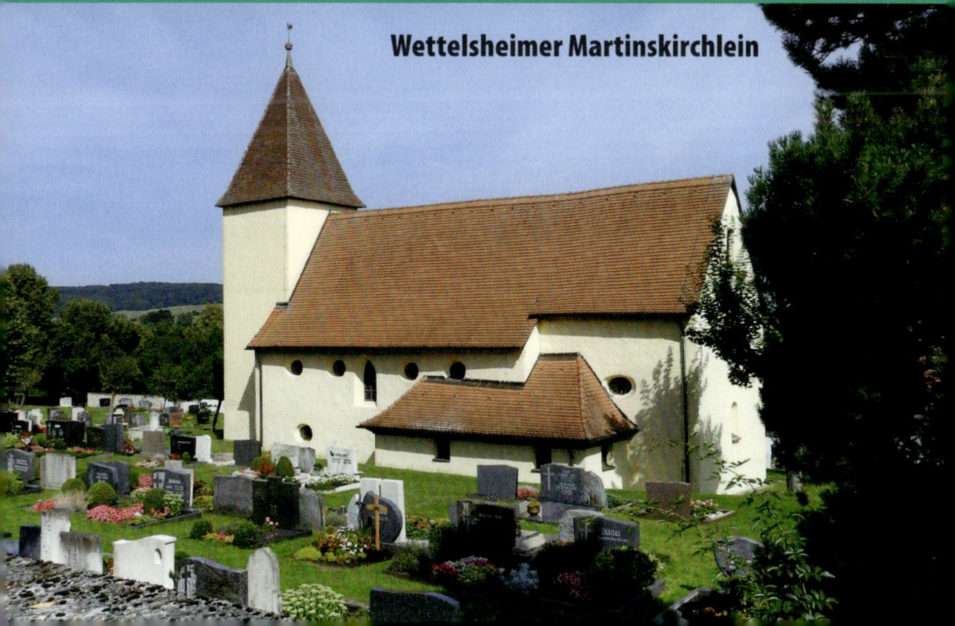

Wettelsheimer Martinskirchlein

Wir kehren auf das Kopfsteinpflaster der Pfarrgasse zurück und kommen an der Ortssammlung, einem liebevoll gestalteten **Heimatmuseum,** vorbei. Nun schließen wir zum ersten Mal mit der **Rohrach** Bekanntschaft, die uns ab jetzt mit ihrem fröhlichen Plätschern begleitet. Wir biegen nach links ab und bleiben auf dem linken Ufer. Zu jeder Hofeinfahrt führt ein eigenes Brücklein. Welch pittoresker Anblick. Unterschiedliche Haustypen stechen uns ins Auge: Neben Neubauten sind auch noch regionaltypische Jurahäuser mit ihren flachen, massiven Dachstühlen erhalten geblieben. Wettelsheim ist übrigens der letzte Ort, an dem Gebäude mit Legschiefer eingedeckt wurden. Weiter wurden diese Steine aus den Altmühltalsteinbrüchen nicht transportiert.

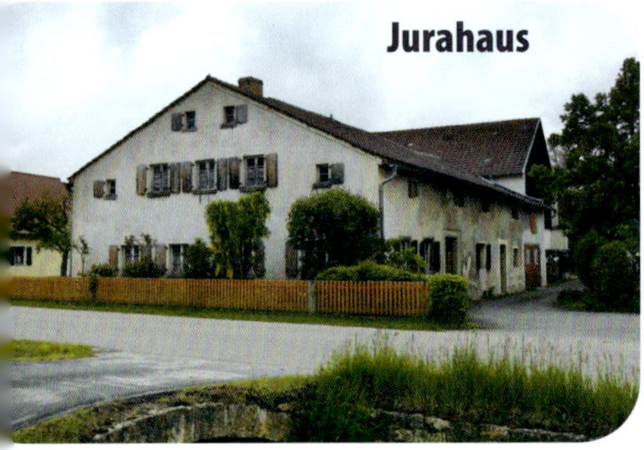
Jurahaus

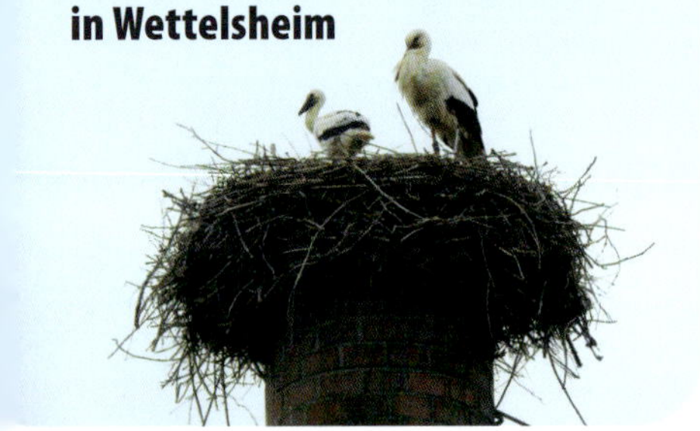
Nachwuchs bei Familie Storch in Wettelsheim

Einladend schaut uns der Biergarten des **Landgasthof Zum Hirschen** ❺ entgegen und bereits wenige Meter weiter nach rechts möchte uns der **Gasthof Zum Goldenen Lamm** ❻ mit selbst gemachten Bratwürsten und Spezialitäten vom Altmühltaler Lamm verwöhnen.

Am letzten Rohrach-Brücklein überqueren wir die Dorfstraße und setzen unseren Weg am gegenüberliegenden Ufer fort. Schließlich taucht der Bach nach links unter der Straße durch. Wir aber bleiben noch kurz auf dem Fußweg und wenden uns erst vor dem **Schützenhaus Germania** nach links auf den **Hirschfeldweg.** Wir erklimmen den Berg zum Sportplatz mit einer traumhaften Aussicht, passieren ihn und biegen nach dem Gehölz links in den Schotterweg ein.

Nun befinden wir uns auf der **Wettelsheimer Schafhutung** ❼. Vor über 80 Jahren wurden hier zudem etliche Walnussbäume gepflanzt, um die Bevölkerung mit gehaltvollen Nüssen versorgen zu können. Inzwischen haben sie sich zu mächtigen Bäumen entwickelt. Rechts am Wegesrand ist noch eine alte **Schaftränke** erhalten. Hier nehmen wir auf einer Bank Platz, um bei toller Aussicht all die wunderbaren Eindrücke zu verarbeiten. Das muntere Plätschern des Wassers erfrischt uns und spendet Kraft für die nächste Etappe.

Unser „Höhen"-Weg macht einen kleinen Rechts-Links-Schwenk und geht dabei in einen Wiesenweg über. Schließlich erreichen wir wieder einen Schotterweg. Hier liegt das **Biberwerk** ❽ direkt zu unseren Füßen: Wir sehen die angestaute Rohrach mit vielen im Wasser stehenden, teils kahlen Bäumen. Verschiedene

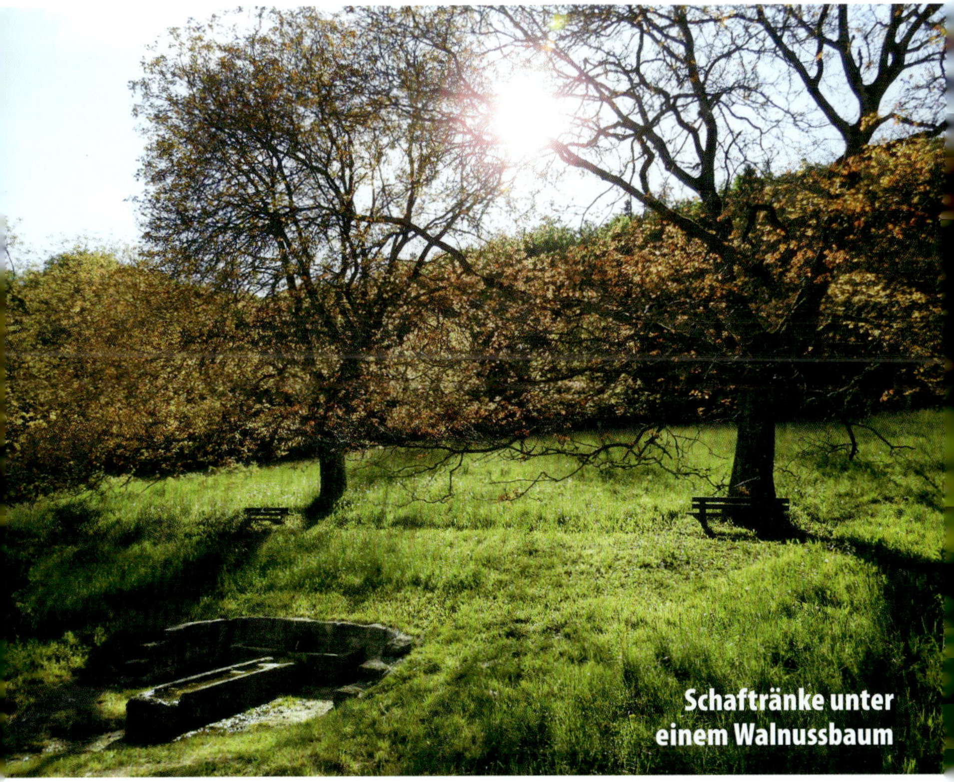

Schaftränke unter einem Walnussbaum

Wasservögel haben hier eine Heimat gefunden. Mit dem Fernglas können wir uns das alles in Ruhe ansehen. Dann biegen wir nach rechts ab und wandern den Bachlauf entlang an Wiesen und Feldern vorbei. Eine Rinderherde wird von ihrem Vatertier bewacht und grast zufrieden am Wasser.

Kurz bevor wir die **Untermühle** erreichen, überqueren wir die Rohrach an der ersten Brücke. Dem Waldrand folgend erreichen wir eine Ruhebank, nehmen an der dortigen Gabelung den rechten Weg mit der Nr. 1 und werden

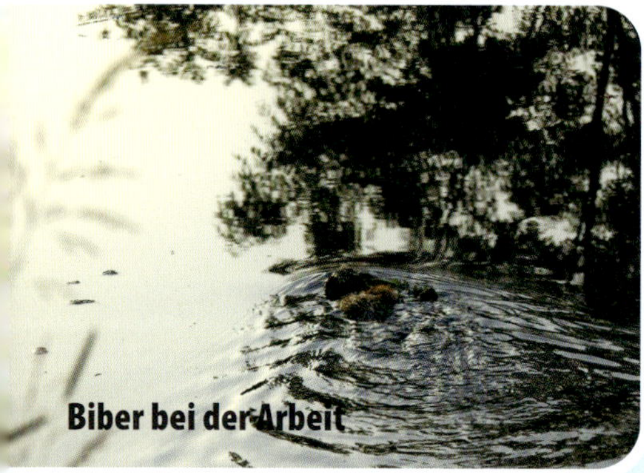

Biber bei der Arbeit

Biberwerk

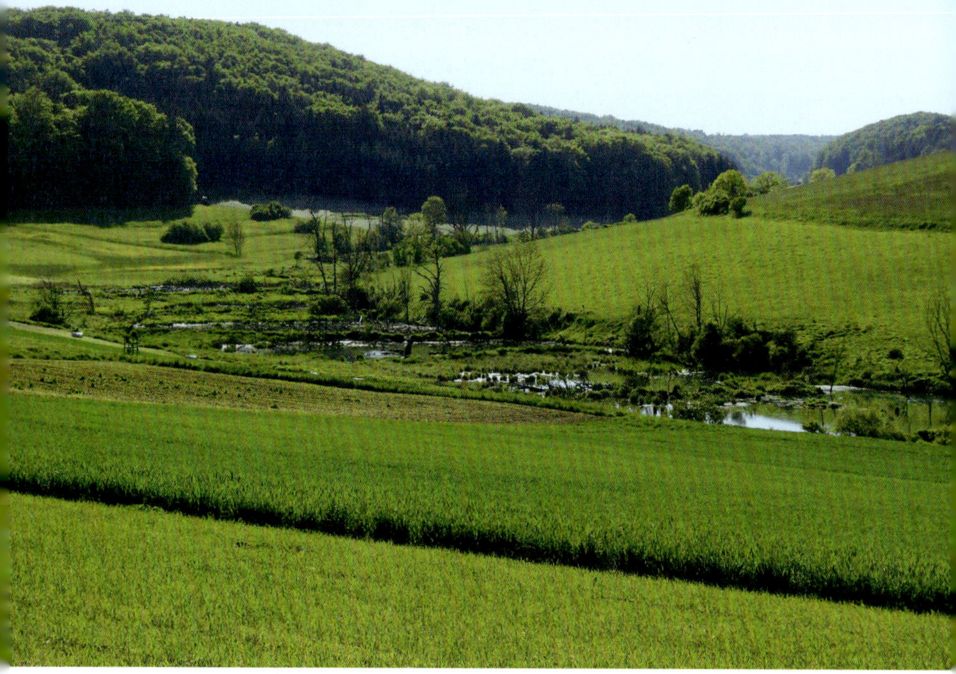

Blick auf Wettelsheim

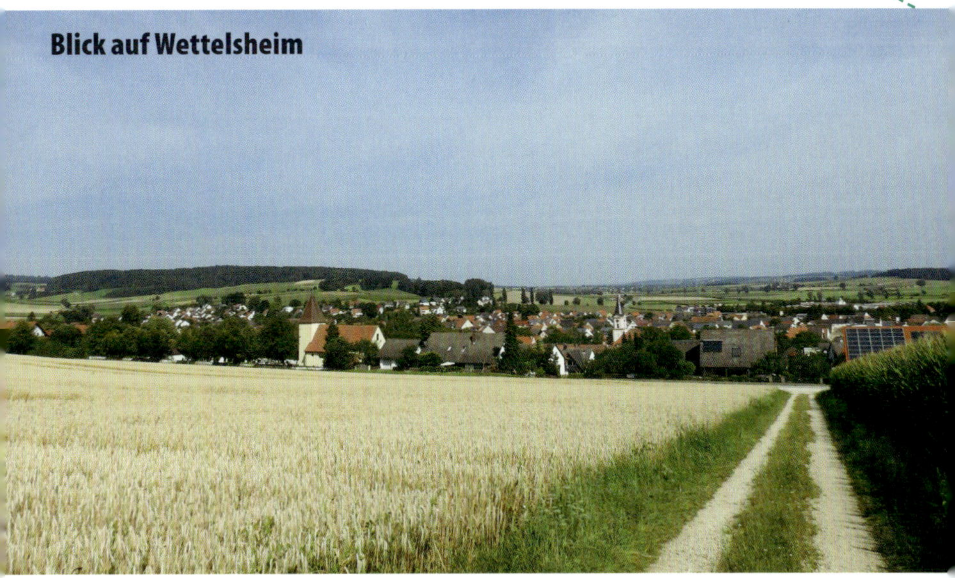

von Bäumen umfangen. Am Ende dieses Waldstücks haben wir einen erneuten Blick auf die Biberbauten. Dort knickt unser Weg zwischen den Bäumen nach links und kurz darauf wieder nach rechts ab. Nun bleiben wir bis zur Straße am Waldrand, überqueren diese vorsichtig und gehen den gegenüberliegenden Weg in den Wald. Hier nehmen wir Abschied vom Biberparadies. An der folgenden Wegteilung wählen wir die linke Alternative, die uns am Waldrand mit schönem Blick Wettelsheim entgegenführt.

Wir erreichen eine **Streuobstwiese** **9**, wo ein Grünspecht sich bei unserem Anblick flugs in einen Apfelbaum rettet.

Dann wendet sich der Weg in einer lang gezogenen Linkskurve dem Ortsrand zu. Hier folgen wir der 1 nach rechts und bleiben weiterhin am Waldrand. Schließlich gelangen wir wieder auf eine Strecke, die wir bereits vom Hinweg kennen. Hinter dem Wasserbehälter zweigen wir nochmals nach rechts in den Wald ab, kommen am verfallenen Keller vorbei und erken-

*Wiesen, auf denen hochstämmige **Obstbäume** verstreut herumstehen, sind für ihren herausragenden Artenreichtum bekannt, denn sie werden nur ein bis zwei Mal im Jahr gemäht. Daher werden sie als die „Regenwälder" Frankens bezeichnet.*

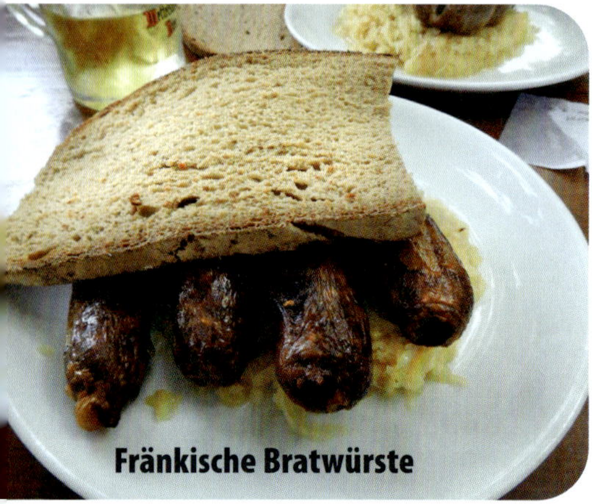
Fränkische Bratwürste

nen das alte Steinbruchgebäude wieder. Dahinter bemerken wir nun Stufen, die rechts den Abhang hinaufführen. Neugierig erklimmen wir sie und stehen erneut vor einem **alten Bierkeller ⑩.**

Jetzt aber überwältigt uns der Durst und wir kehren rasch im Wettelsheimer Keller ein, bestellen die berühmten fränkischen Bratwürste und lassen uns mit einem kühlen Bier verwöhnen.

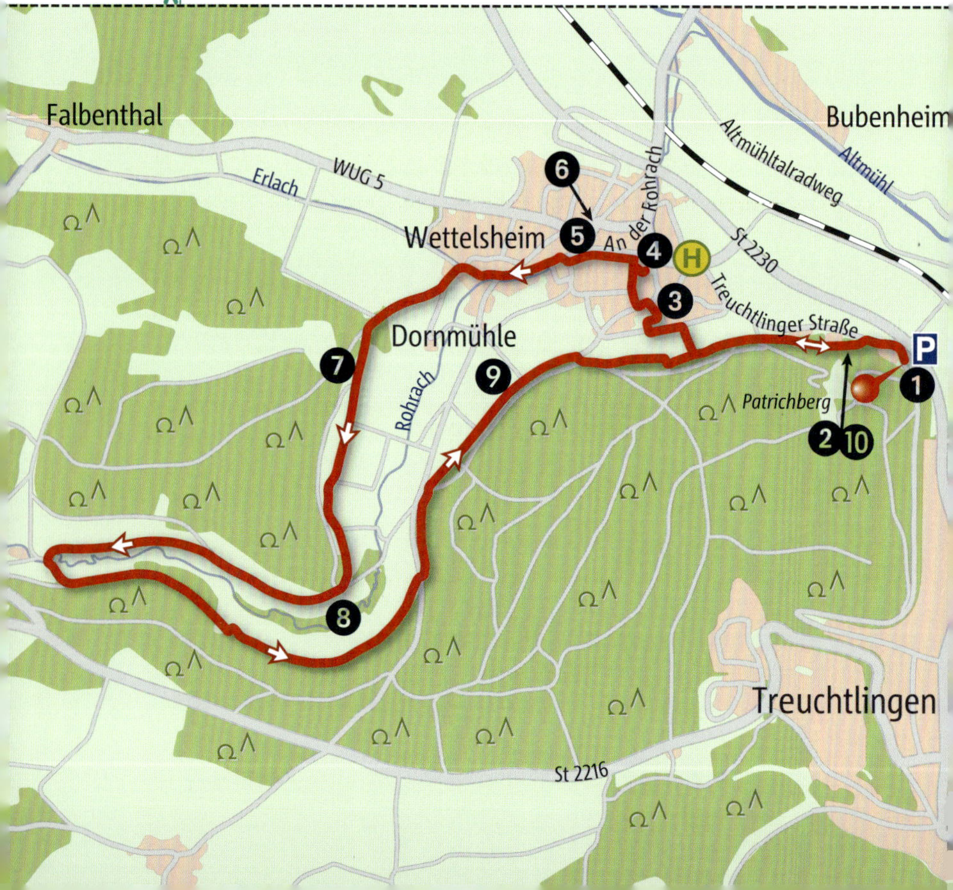

Alles auf einen Blick

WIE & WANN:
Asphaltstraße, Wald- und Wiesenwege, Schotterwege und ein Stück Kopfsteinpflaster; der Keller hat von Mai bis September geöffnet.

HIN & WEG:
Auto: Parkplatz am Wettelsheimer Keller, Treuchtlinger Straße 26, 91757 Treuchtlingen (GPS: 48.975833, 10.904184)
ÖPNV: Bus 801 von Bahnhof Treuchtlingen bis Wettelsheim Steinwerk, dann Einstieg bei ❹

ESSEN & ENTSPANNEN:
Wettelsheimer Keller ❶ Treuchtlinger Straße 26, 91757 Treuchtlingen, Tel. (0 91 42) 77 40, www.wettelsheimer-keller.de

Entspannung ✱✱✱✱✱
Genuss ✱✱✱✱✱
Romantik ✱✱✱✱✱

Landgasthof Zum Hirschen ❺ An der Rohrach 46, 91757 Wettelsheim, Tel. (0 91 42) 76 78, www.zum-hirschen-wettelsheim.de
Gasthof Zum Goldenen Lamm ❻ Marktstraße 16, 91757 Wettelsheim, Tel. (0 91 42) 9 68 90, www.goldeneslamm-wettelsheim.de

ENTDECKEN & ERLEBEN:
Altes Steinbruchgebäude ❷ Friedhof mit Martinskirche ❸ Christuskirche ❹ Wettelsheimer Schafhutung ❼ Biberbauten ❽ Streuobstwiese ❾ Alter Bierkeller ❿

Die drei elenden Heiligen

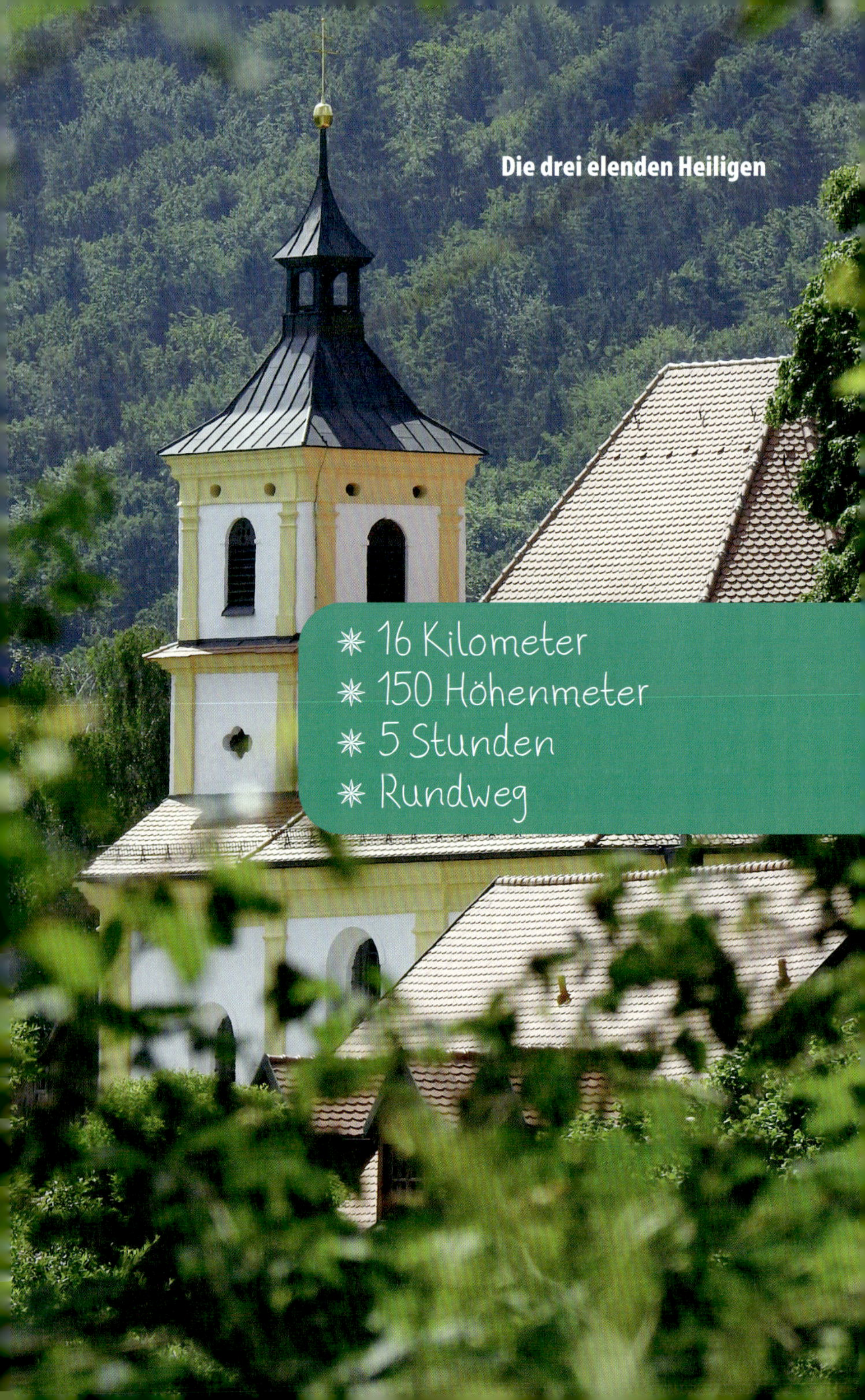

- 16 Kilometer
- 150 Höhenmeter
- 5 Stunden
- Rundweg

Wir lassen unser Auto auf dem Wallfahrerparkplatz direkt am Ortseingang von **Griesstetten** und gehen auf das **Gasthaus zu den 3 Heiligen ❶** zu.

Im Biergarten über dem Main-Donau-Kanal können wir uns für den Marsch stärken. Anschließend zweigen wir dahinter nach links Richtung Kanal ab und bleiben auf dem Wirtschaftsweg. Schon bald tauchen rechts die ersten Altwasser der Altmühl auf und verzaubern uns mit ihrer Tier- und Pflanzenwelt. Da ziehen Wildgänse schnatternd ihre Runden, während sich eine Kröte träge von den ersten Sonnenstrahlen wärmen lässt. Noch liegt Dietfurts Hafen zu unserer Linken, doch kaum haben wir das Gewerbegebiet hinter uns gelassen, fühlen wir uns wie in einer anderen

*Kurz vor **Griesstetten** mündet die Altmühl in den Kanal und ist ab hier kein natürlicher, freier Fluss mehr, sondern ein schiffbares Gewässer. Ein Wehr regelt den Höhenunterschied und dient gleichzeitig zur Energiegewinnung.*

Zum Himmelreich

Von Griesstetten zum Rosskopfsteig

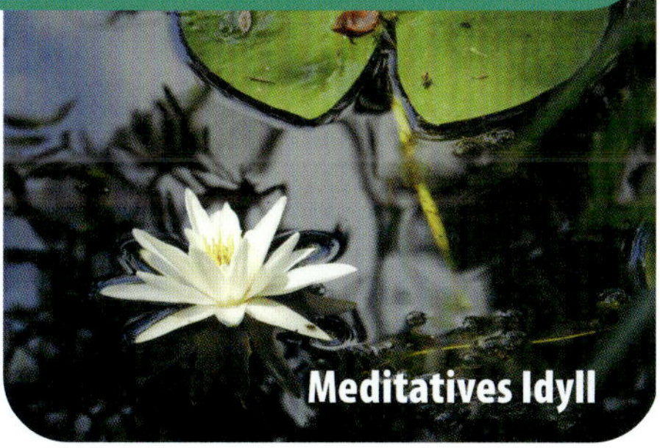

Meditatives Idyll

Welt aus Wasser und Grün. Unverhofft schrecken wir einen Reiher aus seiner Starre; er breitet die mächtigen Flügel aus und schwebt majestätisch davon. Welch ein Paradies, kommt es uns in den Sinn. Schließlich endet unser Weg nach einer Rechts-S-Kurve an einer **Fischtreppe ❷.**

Die frische Luft und das Plätschern des Wassers lassen uns den Alltag vergessen. Nun wagen wir den kühnen Schritt über die kleine Brücke an der Fischtreppe und wandern auf die kleine Ansammlung von

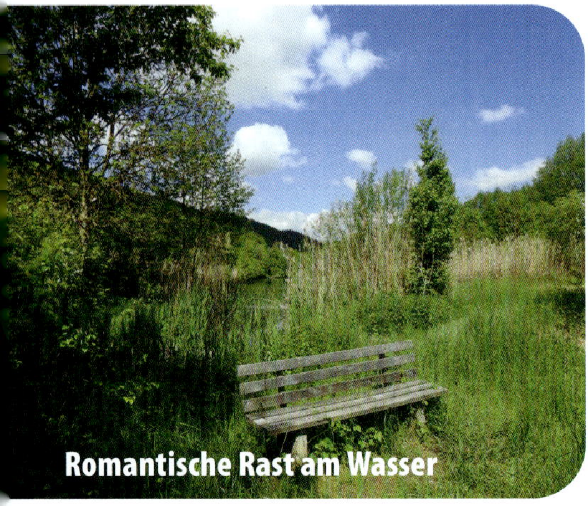
Romantische Rast am Wasser

Häusern zu, die den bezeichnenden Namen **Einsiedel** ❸ trägt. Die meisten Einwohner sind übrigens Schafe, die als Landschaftspfleger einen wertvollen Dienst für die Allgemeinheit leisten.

An der Abzweigung halten wir uns mit dem Altmühltal-Panoramaweg zweimal links und folgen dem Kanal. Zur Linken sehen wir den **Wolfsberg** (vgl. Tour 18).

Staunend nehmen wir die Weite des Tals in uns auf. Nach gut 2 Kilometern stoßen wir auf einen befestigten Wirtschaftsweg und biegen nach links ab. Er bringt uns geradewegs nach Deising. Dazu halten wir uns bei der Weggabelung vor dem Sportplatz rechts und betreten den kleinen Ort. Etliche Gärten sind fantasievoll gestaltet. Vor uns sehen wir die Schulbushaltestelle mit touristischen Informationen und dahinter lacht uns bereits der Biergarten des Gasthauses **Zum Himmelreich** ❹ entgegen. Das bietet uns die Gelegenheit, uns für den vor uns liegenden Aufstieg auf den Rosskopf mit einer leckeren bayerischen Brotzeit zu stärken.

*Als Umlaufberg steht der **Wolfsberg** heute frei in der Landschaft. Einst hing er mit den Berghängen zusammen und wurde von der mächtigen Urdonau auf der uns abgewandten Seite umflossen, bis die Gewalt des Wassers durch stetes Fließen die Verbindung durchbrach.*

Amüsiert entdecken wir beim Aufbruch auf der gegenüberliegenden Straßenseite ein **Denkmal für König Ludwig II. von Bayern, den sogenannten Märchenkönig ❺,** unter dem traditionellen Maibaum. Wir folgen der Thanner Straße weiter bis zum Ortsausgang. Hier nehmen wir den Radweg links neben der Straße, überqueren mit ihm nach 400 Metern eine kleine Holzbrücke und wenden uns dann scharf nach rechts, um nach **Altmühlmünster ❻,** dem „Oberammergau des Altmühltals“, zu gelangen.

*Um den Zusammenhalt in der Gemeinde zu stärken, beschloss man 1982, mit Laienschauspielern die **Passion Christi** in der Kirche nachzuspielen. Übrigens ergeht sogar ein sogenannter Barterlass. Die Spiele sind immer ausverkauft und überregional bekannt.*

Wir durchwandern das kleine Straßendorf begleitet vom munter plätschernden Bächlein. Der unverhältnismäßig hohe Kirchturm erzählt von seiner abwechslungsreichen Geschichte als ehemaliges Münster. 200 Meter hinter dem Gotteshaus knickt am Ortsende ein Pfad scharf nach rechts Richtung Rosskopf ab. In zunächst mäßiger Steigung erklimmen wir den Abhang. Nach einigen Serpentinen ändert sich die Vegetation spürbar. Kiefern und Wacholderbüsche stehen einzeln verstreut auf magerem Rasen – wir haben den **Kühberg** 7 mit seiner einzigartigen Wacholderheide erreicht. Nun biegen wir auf den Pfad scharf nach rechts ab und folgen ihm durch die duftenden Blumen und Kräuter, bis wir wieder auf den Panoramaweg stoßen. Es ist wie ein Spaziergang durch unser Gewürzregal: Salbei, Thymian, Wacholder – alles, was eine gut sortierte Küche braucht. An der Bank bei der Informationstafel drehen wir uns zum Abschied noch einmal um und nehmen das friedliche Bild der sanften Heidelandschaft in uns auf; dann folgen wir den Hinweisschildern zum Rosskopf. Zu unserer Rechten erhaschen wir bereits erste Eindrücke des Ausblicks, der uns erwartet. Wir durchqueren ein kleines Waldstück und halten uns nach der anschließenden Lichtung rechts. Der Waldboden, der mit Jurasteinen durchsetzt ist, massiert wohltuend unsere Füße. Nach gut 150 Metern

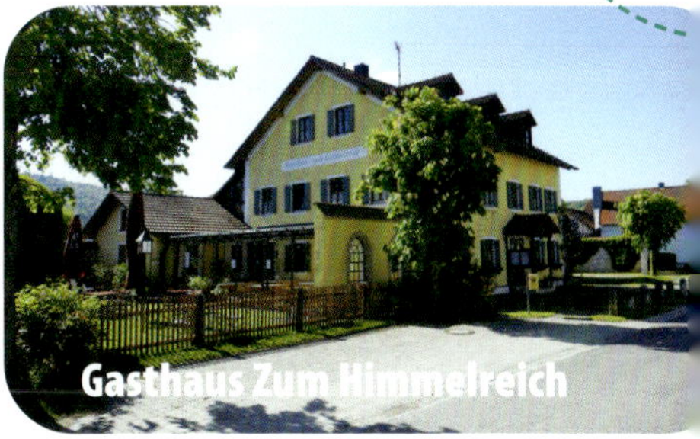
Gasthaus Zum Himmelreich

Für die Seele

Inmitten von Altwassern tanken wir frische Energie und lassen uns von der Weite des Altmühltals gefangen nehmen – eine Wohltat für Körper und Seele.

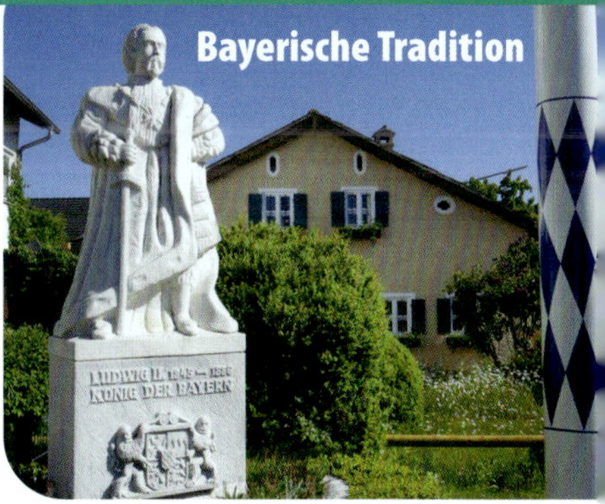
Bayerische Tradition

gelangen wir auf das kleine Plateau des **Rosskopfs** ⑧, von dem aus wir einen einmaligen Blick auf das Altmühltal genießen können. Überwältigt sinken wir auf einer Bank nieder und lassen das Panorama auf uns wirken. Das Schild „Lieblingsplatz", das jemand in einen Baum gehängt hat, hätten auch wir anbringen können.

Beschwingt treten wir den Rückweg an und nehmen dazu den rechten Pfad, der vom Rosskopf führt. Wir gelangen an der bewaldeten Hangkante entlang zu einer kleinen Lichtung mit Bank. Diese überqueren wir und nehmen den Altmühl-Panoramaweg, der auf der linken Seite geradeaus führt. Er windet sich bergab und stößt auf einen Forstweg, dem wir nach rechts ins Tal folgen. Unten überqueren wir die Asphaltstraße nach rechts. Nach wenigen Schritten erreichen wir linker Hand ein **Wegkreuz** ⑨. Christus hängt vor vier stilisierten Lilien.

Hier zweigt der Altmühl-Panoramaweg nach links von der Straße ab und führt uns direkt an den Grenzen der Gärten entlang. Schließlich gelangen wir an

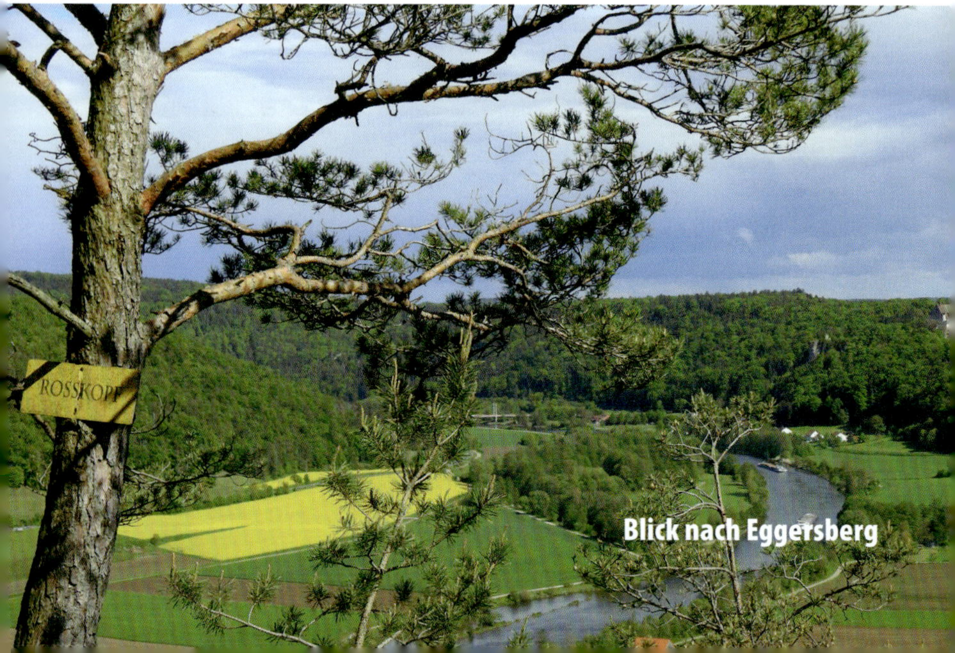

Blick nach Eggersberg

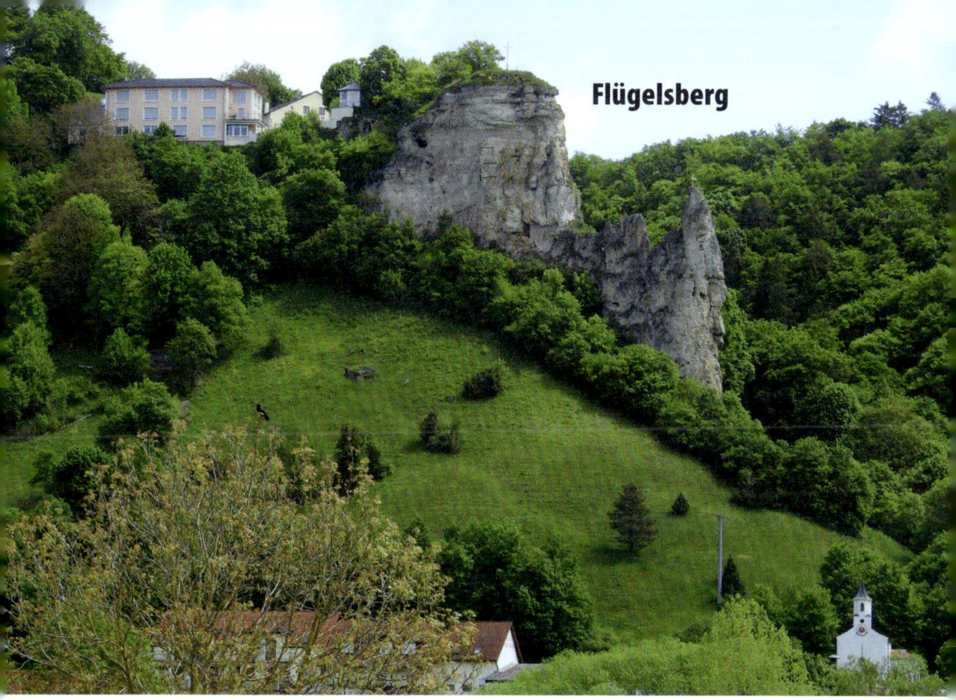

den Waldrand und haben einen herrlichen Blick auf den gegenüberliegenden **Flügelsberg ⑩** mit seinem malerischen Aussichtsfelsen. Er hat seinen Namen seiner markanten Form zu verdanken.

Wir bleiben etwa 1 Kilometer auf der aussichtsreichen halben Hanghöhe, dann folgen wir dem Panoramaweg leicht nach rechts und anschließend dem Feldweg direkt ins Tal. An der folgenden Abzweigung biegen wir kurz nach rechts ab und nehmen gleich anschließend den nächsten Feldweg nach links entlang der Hecke. So gelangen wir schnurstracks auf den befestigten Wirtschaftsweg nach Einsiedel, in den wir nach links einbiegen. Nach einem guten Kilometer steht rechts am Wegesrand ein Marterl zwischen großen Felsbrocken. Es erinnert an einen Felssturz vom **Rappenfelsen ⑪.**

Hinter der anschließenden lang gezogenen Linkskurve biegen wir links ab und folgen dem Waldsaum. Wie Spielzeughäuser wirken die Ortschaften ringsum mit ihren Dächern und Kirchtürmen. Oberhalb von Einsiedel halten wir uns rechts und gelangen auf eine

!

*Früher stand auf dem Felssporn die **Flügelsburg,** heute kann man hier die Aussicht genießen. Besonders sehenswert ist ein kleines, frei zugängliches „Freiluftmuseum" mit Gemälden auf Kalkplatten, die Sehenswürdigkeiten aus dem gesamten Altmühltal zeigen.*

Verwöhntour 10

asphaltierte Straße, der wir nach links folgen. Wir haben einen wunderbaren Überblick auf die Altmühl-Altwasser. Nach einem guten Kilometer führt rechts ein Hohlweg ab, der uns in einer S-Kurve zur **Kirche der drei elenden Heiligen ⓬** bringt. Der recht seltsame Name macht uns neugierig; so besuchen wir das Gotteshaus und erfahren den Grund dieses „Elends", das ursprünglich „Ausland" bedeutete. Ein paar Schritte die Straße entlang erregt eine kleine **Höhle mit neugotischer Predigtkapelle** unsere Aufmerksamkeit.

Gut, dass wir kurz vor dem Parkplatz nochmals am **Gasthaus zu den 3 Heiligen ❶** vorbeikommen, denn eine Erfrischung ist der perfekte Ausklang unserer genussreichen Wanderung.

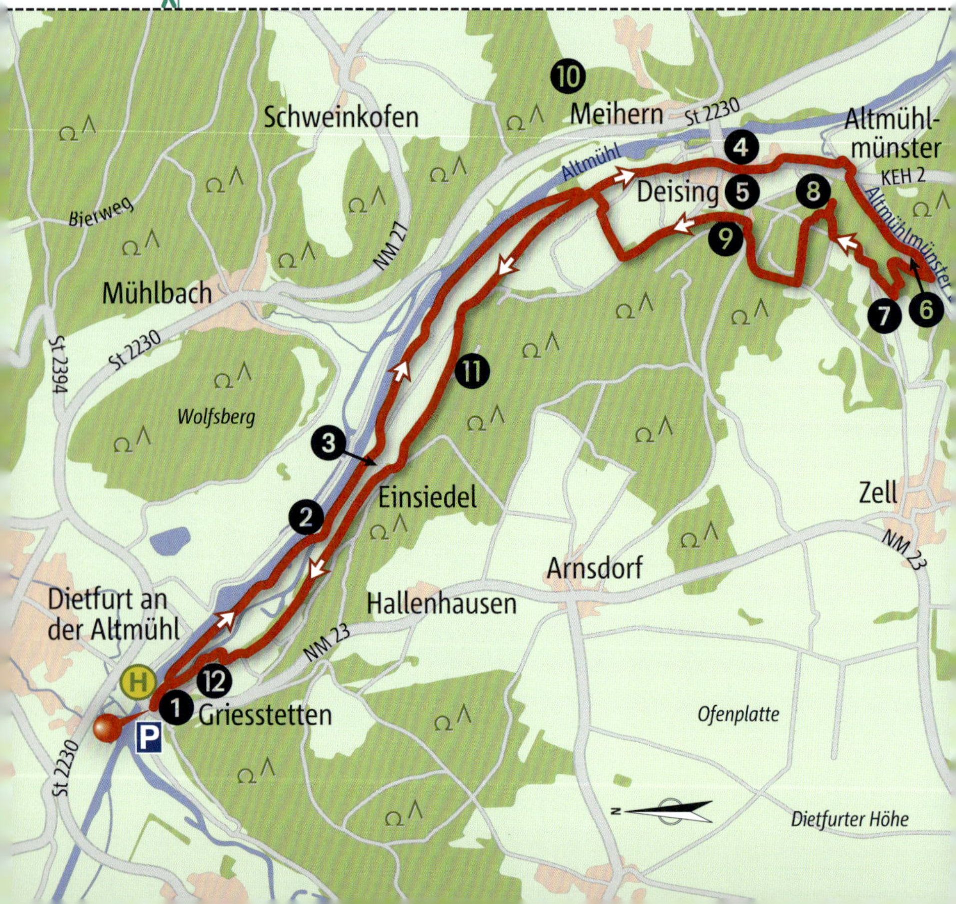

Alles auf einen Blick

WIE & WANN:
Asphaltstraße, Schotterwege, Wald- und Wiesenwege, Jurasteig, Trockenrasen; zu jeder Jahreszeit reizvoll.

HIN & WEG:
Auto: Wallfahrer-Parkplatz Griesstetten, 92345 Dietfurt an der Altmühl (GPS: 49.02644, 11.58023)
ÖPNV: Ruf-Bus 546 ab Dietfurt bis Griesstetten

ESSEN & ENTSPANNEN:
Gasthaus Zu den 3 Heiligen ❶ Griesstetten 11 1/2, 92345 Dietfurt an der Altmühl, Tel. (0 84 64) 7 71, www.gasthof-meier.de
Zum Himmelreich ❹ Thanner Straße 1, 93339 Riedenburg, Tel. (0 94 42) 12 15, www.gasthaus-himmelreich.de

Entspannung ✱✱✱✱✱ (3 von 5)
Genuss ✱✱✱✱✱ (4 von 5)
Romantik ✱✱✱✱✱ (5 von 5)

ENTDECKEN & ERLEBEN:
Fischtreppe ❷
Einsiedel ❸
König-Ludwig-Denkmal ❺
Altmühlmünster ❻
Kühberg ❼
Rosskopf ❽
Wittelsbachisches Wegkreuz ❾
Flügelsberg ❿
Rappenfelsen ⓫
Kirche der drei elenden Heiligen ⓬

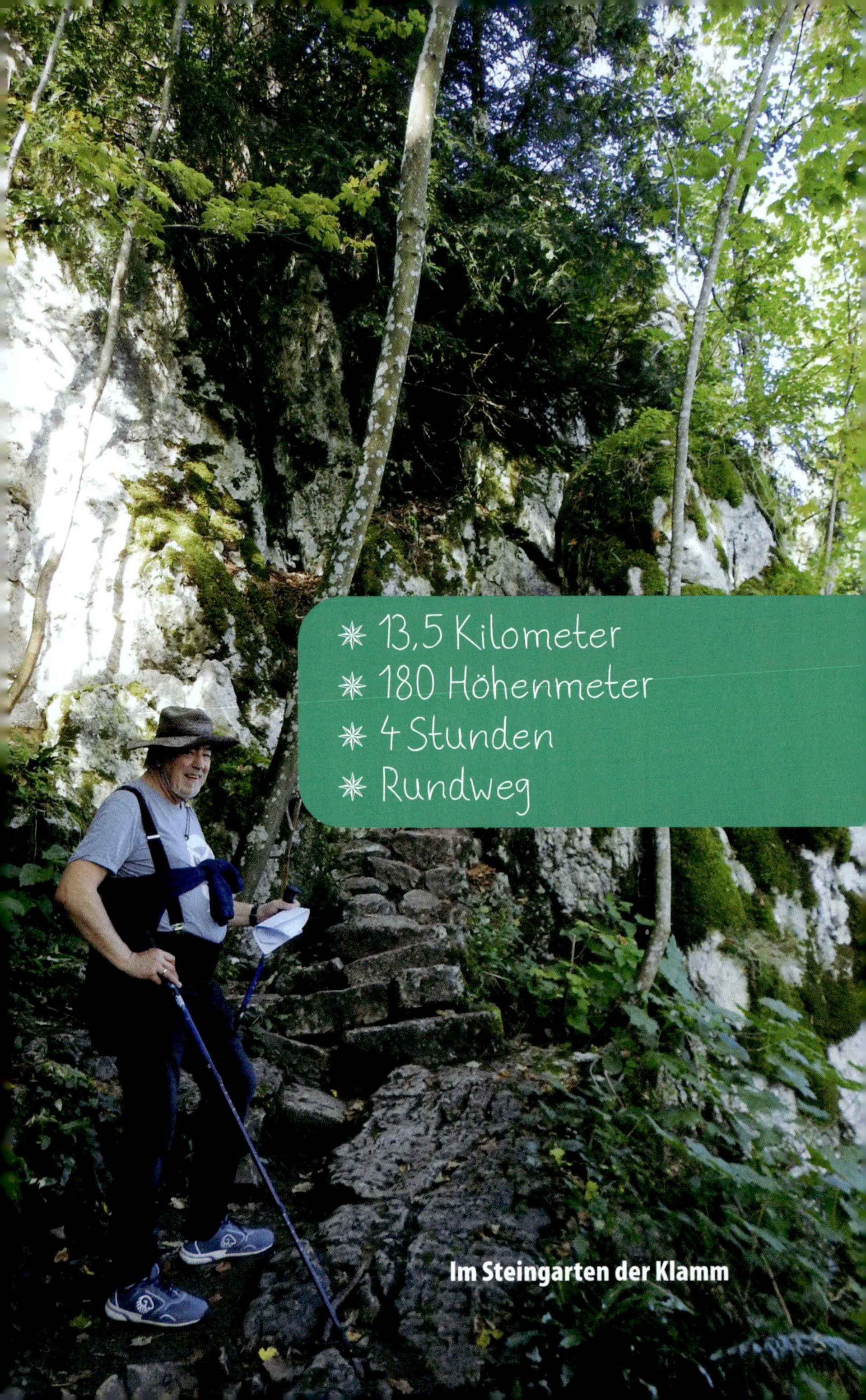

* 13,5 Kilometer
* 180 Höhenmeter
* 4 Stunden
* Rundweg

Im Steingarten der Klamm

Auch wenn im Volksmund durch eine Klamm ein Fluss rauscht, treffen wir im Altmühltal auf eine zwar trockene, aber dennoch sehr sehenswerte Felsenschlucht. Für diese Tour brauchen wir unbedingt festes Schuhwerk und trockenes Wetter. Auch Wanderstöcke sind empfehlenswert.

Wir parken unser Auto in Buch bei Riedenburg an der Kirche beim **Landgasthof Schneider 1** und folgen der Straße zum Ortsausgang in Richtung Einthal. Am Ortsschild zweigt eine Schotterstraße nach links ab. Sie führt uns in die Felder auf der Jurahöhe, wo wir unseren Blick über die sanft wellige Landschaft gleiten lassen. Bei der nächsten Gelegenheit biegen wir wiederum links ab und haben nun das Dorf mit seinen Hö-

Klamm & Heimlich

Über Riedenburg zur Prunner Klamm

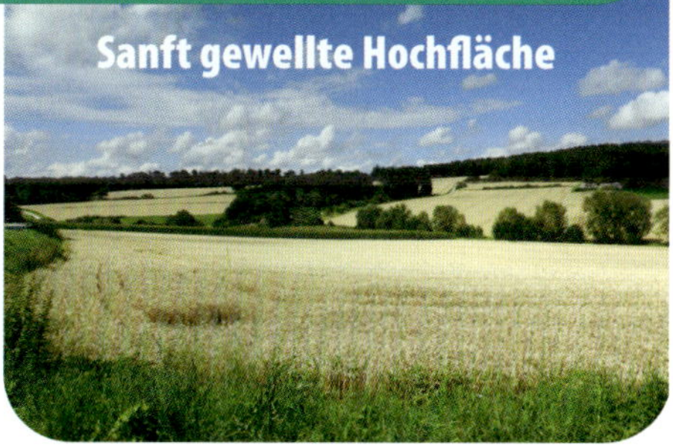
Sanft gewellte Hochfläche

fen, dem Kirchlein und eine Reihe von Weidenbäumen zu unserer Linken. Auch der kommenden Forststraße folgen wir nach links. Nach diesem Bogen um Buch herum stoßen wir auf eine asphaltierte Straße und lassen den Ort nun hinter uns, indem wir nach rechts bergauf gehen. Am Waldrand treffen wir auf ein **Wegkreuz 2** unter alten Eichen. Die kleine Pause bei inspirierender Aussicht über die Jurahochfläche lassen wir uns nicht entgehen. Über uns spannt sich weit der bayerische Himmel in den weiß-

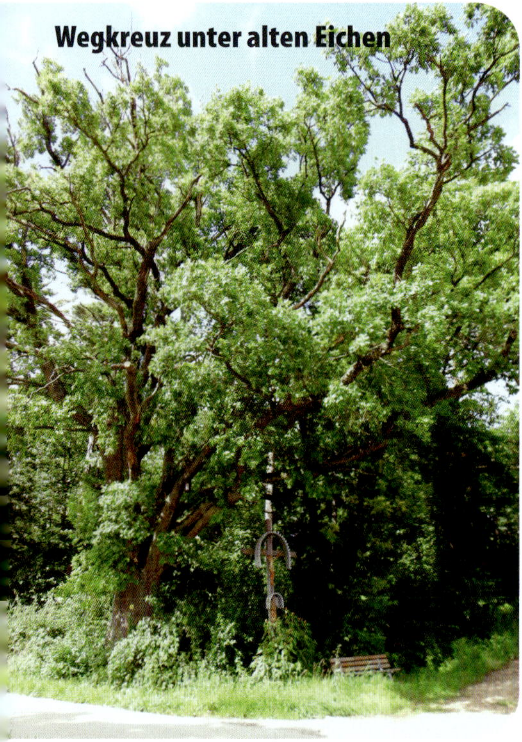

Wegkreuz unter alten Eichen

blauen Landesfarben – welch ein Idyll.

Verwöhnt von diesem Anblick folgen wir der wenig befahrenen Straße weiter durch Wald und Feld. Wir entdecken uralte Bäume mit gewaltigem Stammumfang. Was sie uns wohl alles erzählen würden, wenn sie reden könnten? Schließlich führt uns der Wanderweg 14 nach rechts quer über die Wiese Richtung Riedenburg und zum Dichterfelsen auf den Waldrand zu. Wir kommen an einer alten Kapelle vorbei, neben der ein Gedenkstein an die lange Tradition der **Fuß-Wallfahrt** nach Altötting erinnert, und tauchen mit der 14 unter das schützende Blätterdach.

Kurz bevor der Waldweg in einem Hohlweg talwärts geht, erblicken wir rechter Hand ein gelbes Schild, das uns zum **Dichterfelsen** ❸ leitet. Auf der Bank an diesem Aussichtspunkt haben im Laufe der Zeit bestimmt schon viele Poeten Platz genommen und die Entwicklung der Dreiburgenstadt Riedenburg mit kritischem Vers begleitet.

Nun kehren wir zum gelben Schild am Waldweg zurück, gehen für nur wenige Meter wieder links der Kapelle zu und dann scharf rechts Richtung Waldrand. Hier wandeln wir unter mächtigen Fichten auf die Häuser von **Lintlhof** zu. Am Ortsschild folgen wir der Schotterstraße nach rechts in den Wald zurück. Dort, wo gleich darauf der Abstieg beginnt, führt uns ein kleiner, leicht zu übersehender Pfad nach links durch die Bäume auf die Jurarasenfläche mit Wacholderbü-

*Jedes Jahr vor Pfingsten wandern Hunderte von Gläubigen von hier aus die mehr als 100 Kilometer in drei Tagen zur berühmten Schwarzen Madonna ins oberbayerische Altötting. Ein spezieller Verein kümmert sich um die Organisation dieser **Fuß-Wallfahrt.***

schen und Krüppelkiefern. In weiten Serpentinen schlängelt er sich durch das Nadelwäldchen talwärts, vorbei an interessanten Felsen. Gelegentlich erlauben kleine Einschnitte den **Blick ins Schambachtal ④**, bis eine Bank dazu einlädt innezuhalten und zu entspannen. Nach einer weiteren Windung tauchen vor uns plötzlich die Mauern der mächtigen **Rosenburg** auf. Auch ein Gipfelkreuz, das wagemutige Kletterer auf der Spitze eines alleinstehenden Felsens platziert haben, liegt an unserer Strecke. Hier sind wir froh um unser festes Schuhwerk und die Wanderstöcke. Nun stoßen wir bei der vierten Station mitten hinein in den Riedenburger **Kreuzweg ⑤.** Wir lassen uns Jesu Leidensweg rückwärts erzählen und erreichen am Fuß des

Für die Seele

Behände wie die Gämsen klettern wir durch die Felsen und entspannen unser Gemüt sodann auf lieblichen Pfaden.

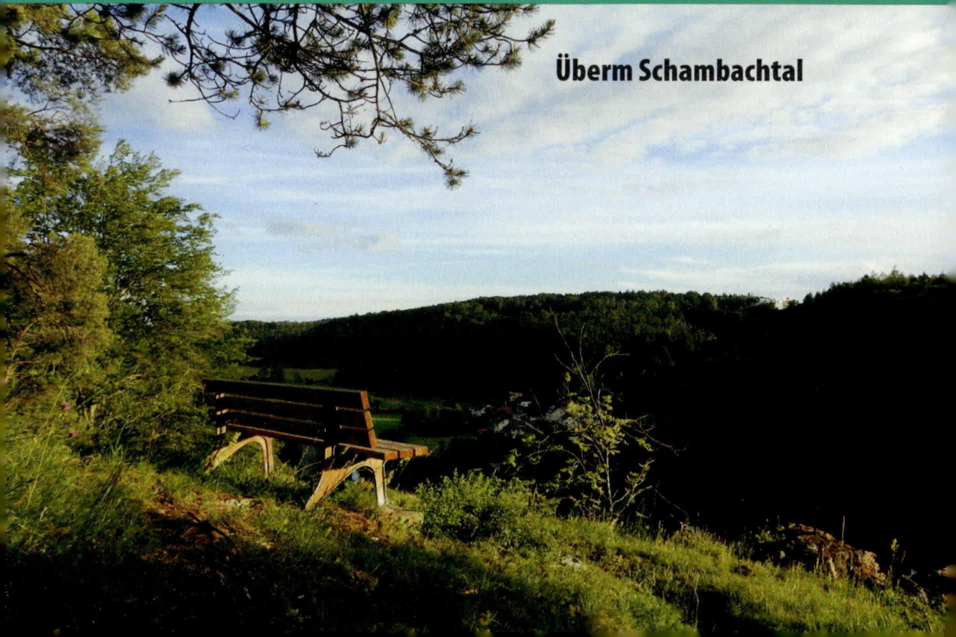

Überm Schambachtal

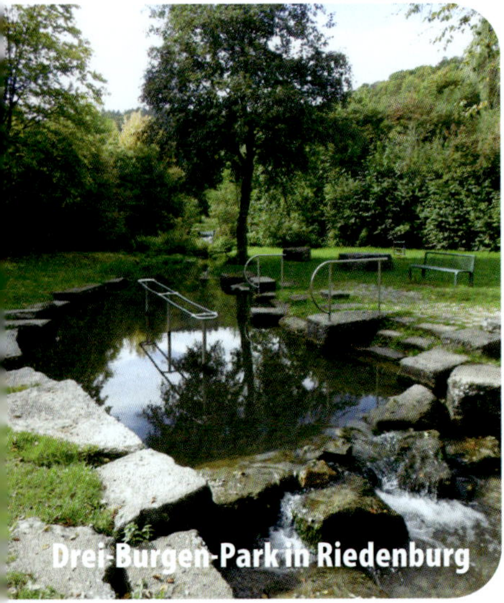

Drei-Burgen-Park in Riedenburg

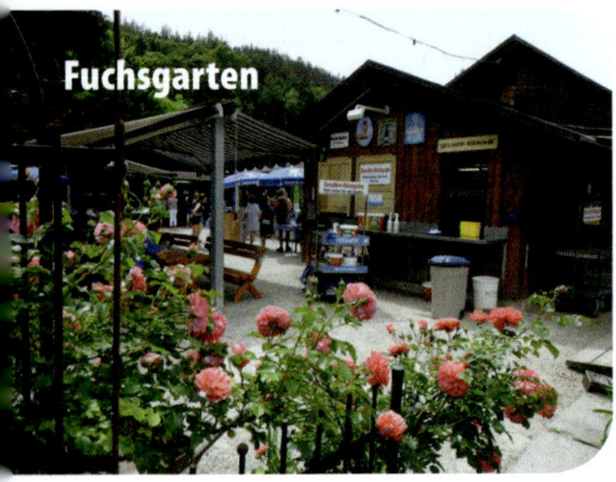

Fuchsgarten

Bergs eine Treppe, die zwischen zwei Häusern hindurch in den Ort führt. Wir nehmen die gegenüberliegende Unterführung unter der Verkehrsstraße hindurch zum **Drei-Burgen-Park** ❻, einer Kneipp-Anlage direkt in der munteren Schambach. Das ist der kostenlose Frischekick nach diesem etwas holprigen Felspfad, denken wir, und pflegen unsere Füße im kühlen Nass zu Füßen der Rosenburg. Man soll schließlich dem Leib etwas Gutes tun, damit die Seele Lust hat, darin zu wohnen.

Darum überlegen wir, ob wir jetzt einkehren und uns eine Kleinigkeit gönnen sollen. Liebhaber gepflegter bayerischer Küche verlockt ein Besuch in **Forst's Landhaus** ❼, das direkt angrenzend auf der anderen Seite des Hochwasserdamms liegt. Anhänger der Biergartenkultur hingegen finden im **Fuchsgarten** ❽ einen gemütlichen Ort, um sich zu verwöhnen. Er liegt ebenfalls ganz in der Nähe und unser Weg führt direkt dort vorbei. Vor Jahren wurde er sogar deutschlandweit bekannt, als sich die Gänsegeierdame Mary des Öfteren von der Greifvogelschau auf der Rosenburg davonstahl, um sich hier den Schweinebraten der Gäste munden zu lassen.

Um seinem Kanal keine Konkurrenz erwachsen zu lassen, ließ König Ludwig I. keine ***Eisenbahn*** *durch das untere Altmühltal bauen. So gibt es hier in den größeren Orten höchstens Endbahnhöfe für eine Bimmelbahn.*

Wir folgen hinter dem **Hochwasserdeich** rechts dem asphaltierten Weg und gelangen bald zu einer Straße. Eine Tafel klärt uns darüber auf, dass wir uns auf dem ursprünglichen **Bahndamm** fortbewegt haben. Das alte Andreaskreuz erinnert an diese Zeit.

Wir überqueren sie aufmerksam. Nun liegt der **Riedenburger Stadtweiher** ❾ direkt vor uns. Wir halten uns rechts auf die Seebühne zu. Was für eine traumhafte Kulisse mit der kleinen Insel, dem Wasserfall im Hintergrund und der Aussicht auf die drei Burgen bzw. ihre Ruinen. Hier finden wir zudem öffentliche Toiletten.

Schließlich gelangen wir an den **Damm des MD-Kanals** und unterqueren mit ihm die Staatsstraße nach rechts. Nun haben wir eine vorerst letzte Möglichkeit zur Einkehr in die urige **Fasslwirtschaft** ⑩ mit dem Kristallmuseum.

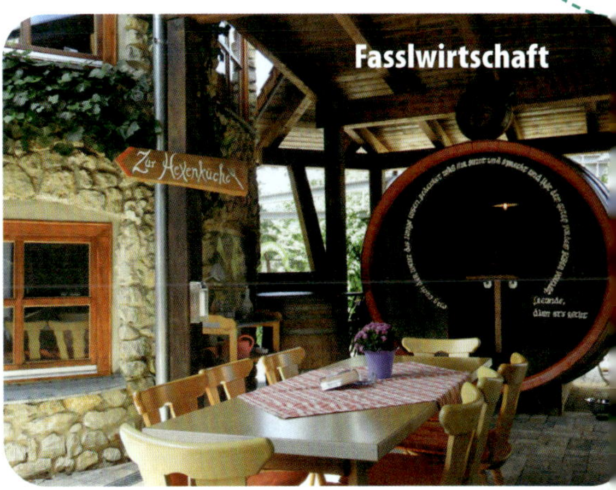

Fasslwirtschaft

Wir bleiben jetzt für fast 4 Kilometer auf dem Kanalweg. Abwechslungsreich ist der Weg durch die unterschiedliche Vegetation. Im Frühjahr bildet der Lerchensporn einen bunten Waldteppich und in den Altwassern brüten Schwäne und Blässhühner. Schon grüßt aus der Ferne die **Burg Prunn** ⑪ zu uns herüber, bis sie schließlich mächtig 80 Meter über uns auf einem schroff abfallenden Felsen über der Altmühl wacht.

Nun biegen wir an der **Einthaler Kapelle** ⑫ mit dem Wanderweg Nr. 14 nach rechts ab. Es steht uns ein steiler Aufstieg bevor. Darum sind wir dankbar, dass eine

*In der **Fasslwirtschaft** kann man in riesigen alten Bierfässern eine von 42 verschiedenen Biersorten und köstliche bayerische Schmankerl probieren. Gleich nebenan ist das Kristallmuseum, wo es die weltgrößte Bergkristallgruppe zu bestaunen gibt.*

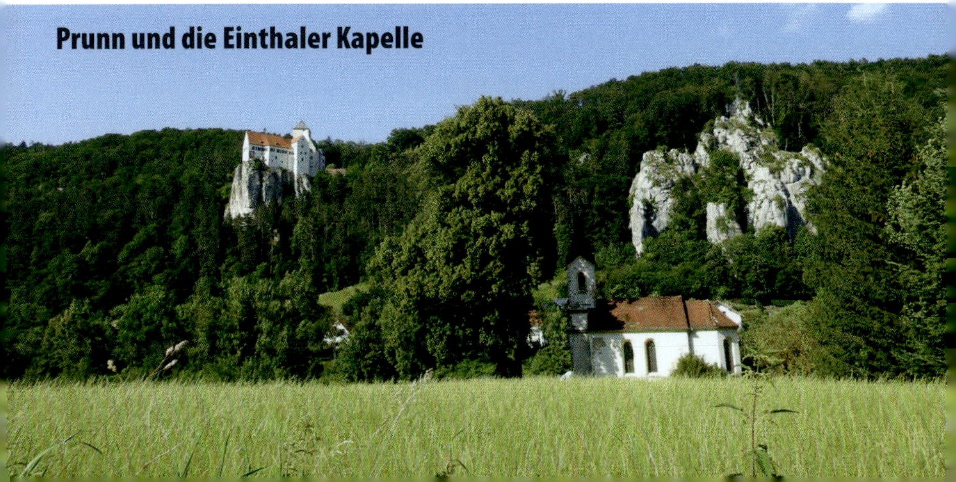
Prunn und die Einthaler Kapelle

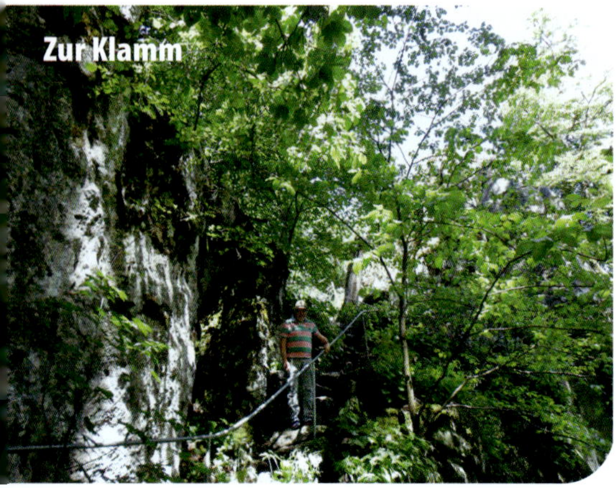

Zur Klamm

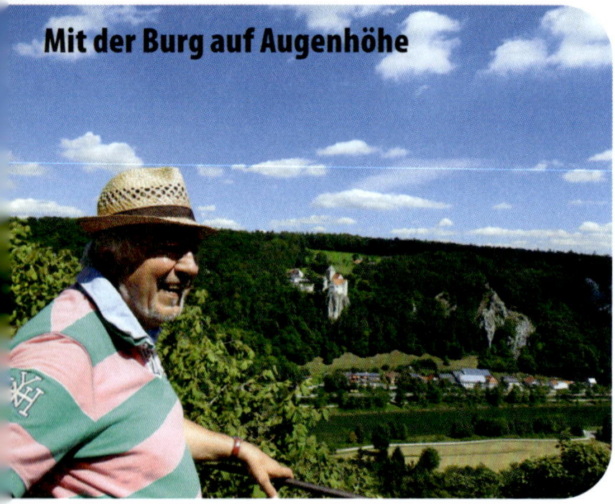

Mit der Burg auf Augenhöhe

Bank am Waldrand uns die Gelegenheit verschafft, dafür Kraft zu schöpfen. Die herrliche Aussicht auf die Burg und die schroffen Felsen auf der anderen Talseite sind willkommene Helfer.

Nun sind wir bereit, den Berg zu erklimmen. Im Zickzack führt der Waldpfad bergan und wir sind voller Vorfreude auf die Klamm, die uns oben erwartet. Viele kleine Holzstufen, die in den Waldboden getrieben sind, unterstützen uns beim Aufstieg. Immer höher erklimmen wir den Buchenwald mit dem Weg Nr. 14(a). Da türmen sich vor uns wild bemooste Felsbrocken auf, der Beginn der **Klamm ⑬,** und über eine in den Stein getriebene Treppe gelangen wir mitten in das Felsengewirr. Dem Wegweiser zur Aussicht folgen wir gerne und klettern auf das mit einem Geländer gut gesicherte Kalkriff. Die Aussicht von hier oben ist atemberaubend. Das Tal liegt uns zu Füßen und wir blicken auf Burg Prunn herab. Vor Kurzem ragte sie noch mächtig und furchteinflößend über uns empor, nun wirkt sie winzig wie ein Spielzeug. Wieder einmal wird uns deutlich, wie segensreich ein Perspektivwechsel sein kann. In der Ferne grüßt Burg Randeck zu uns herüber und das Dach der Befreiungshalle in Kelheim leuchtet im Sonnenlicht.

*Die über 1000 Jahre alte **Burganlage** ist eines der Wahrzeichen des Altmühltals und kann besichtigt werden. Hier fand sich im 16. Jahrhundert eine Abschrift des Nibelungenlieds, der Sage um den Helden Siegfried und seine Gefährten.*

Vorsichtig verlassen wir den Felsen wieder und folgen dem abenteuerlichen Pfad weiter. Wir kommen an Höhlen und zerklüfteten Spalten vorbei und zwängen uns durch einen Schlupfstein hindurch. Hier in der Klamm hat sich die Natur besonders herausgeputzt, befinden wir uns doch in einem streng geschützten Naturreservat. Im Jahr 1869 wurde diese Anlage vom königlichen Revierförster angelegt, verrät uns ein Gedenkstein.

Schließlich geht der Felspfad in einen breiteren Forstweg über und wir wandern noch ganz in Gedanken an die verwunschene Landschaft den Abhang entlang. Nach einem knappen Kilometer teilt sich der Weg. In der **Stoamandl-Kurve ⑭** stehen meist Dutzende kleiner Steinhaufen, die von Wanderern aus den Kalkbrocken errichtet werden. Auch wir bauen ein Männchen, um nachfolgenden Menschen ein Lächeln aufs Gesicht zu zaubern.

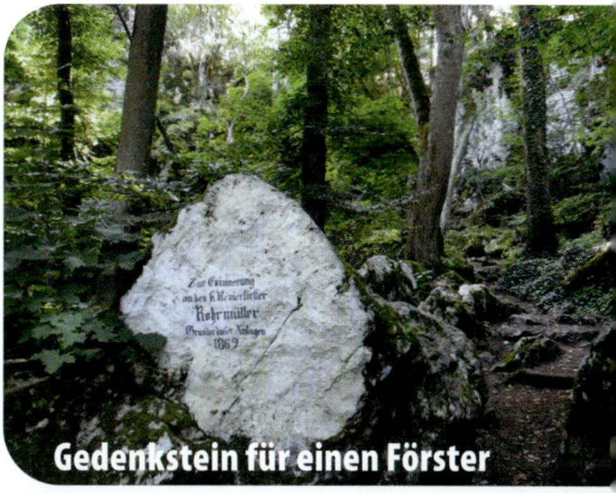

Gedenkstein für einen Förster

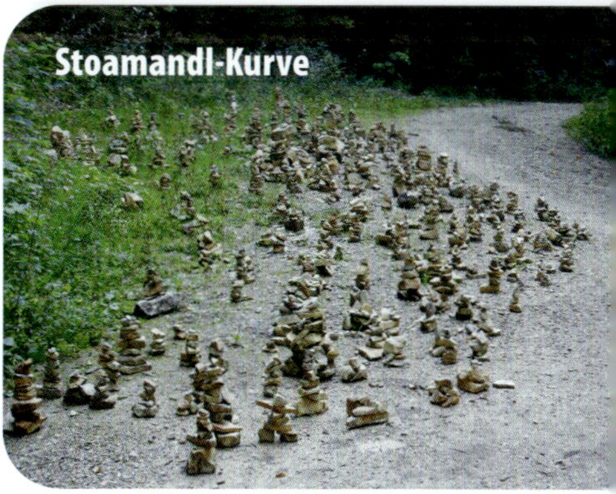

Stoamandl-Kurve

Dann nehmen wir den linken Weg und gewinnen langsam wieder an Höhe. An einer Bank verlassen wir den Weg Nr. 14 und biegen links ab. Immer wieder ändert der Wald seinen Charakter: Mischwald wechselt sich mit Nadelgehölz und wild wucherndem Jungholz ab. Plötzlich schimmert uns ein großes grünes Gebäude entgegen. Es handelt sich um einen Wasserbehälter, der die Orte auf der Höhe mit dem kostbaren Nass versorgt. Vor ihm biegen wir nach rechts ab und gelangen mit der Schotterstraße an den Waldrand. Nun haben wir wieder die Jurahochfläche mit

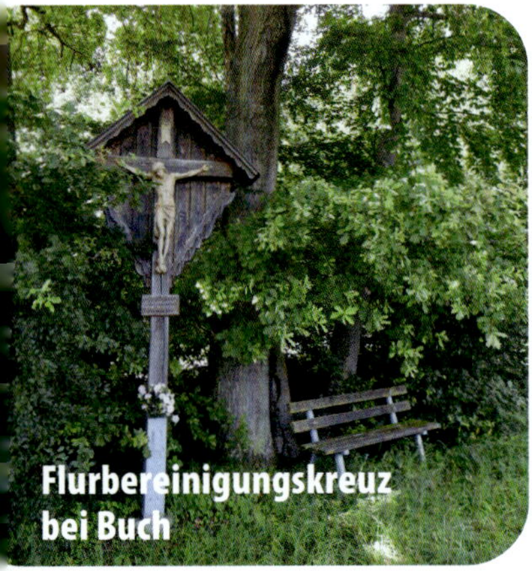

Flurbereinigungskreuz bei Buch

ihren Wiesen und Feldern vor uns. Mit dem Bucher Kirchlein vor Augen biegen wir auf einer geschotterten Straße nach links, queren die riesige Holzlege und kommen an eine Weggabelung mit Kruzifix. Hier nehmen wir nochmals auf einer Bank Platz, lauschen dem Glockengeläut und rufen uns all die wunderbaren Eindrücke dieses Ausflugs noch einmal ins Gedächtnis. Dann kehren wir nach rechts zu unserem Auto zurück und runden den Tag gemütlich bei einer Leckerei im **Landgasthaus Schneider 1** ab.

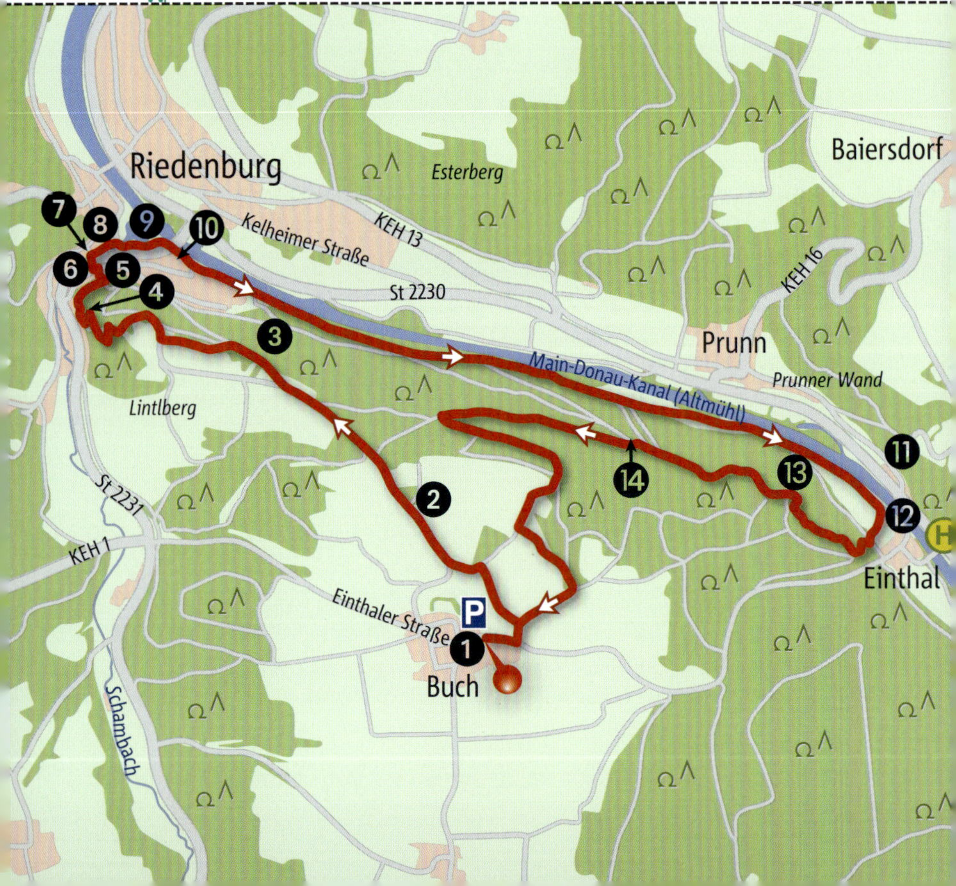

Alles auf einen Blick

WIE & WANN:
Geschotterte und asphaltierte Straßen, Waldwege und Jurasteige; von April bis Oktober bei trockener Witterung.

HIN & WEG:
Auto: Einthaler Straße, 93339 Riedenburg-Buch (GPS: 48.942109, 11.710411).
ÖPNV: Bus 6022 vom Bahnhof Saal/Donau bis Nusshausen, Abzweigung Staatsstraße, von da 10 Minuten Fußweg bis ⓬

ESSEN & ENTSPANNEN:
Landgasthof Schneider ❶ Kirchstraße 3, 93339 Riedenburg-Buch, Tel. (0 94 42) 16 59, www.landhotel-schneider.com
Forst's Landhaus ❼ Mühlstraße 37b, 93339 Riedenburg, Tel. (0 94 42) 9 91 93 99, www.forsts-landhaus.de

Entspannung ★★★☆☆
Genuss ★★★★★
Romantik ★★★☆☆

Fuchsgarten ❽ An der Altmühl 18, 93339 Riedenburg, Tel. (0 94 42) 13 12, www.fuchsgarten.de
Fasslwirtschaft ❿ Bergkristallstraße 1, 93339 Riedenburg, Tel. (0 94 42) 9 00 30 www.fasslwirtschaft.de

ENTDECKEN & ERLEBEN:
Wegkreuz ❷
Dichterfelsen ❸
Schambachtalblick ❹
Kreuzwegstationen ❺
Drei-Burgen-Park ❻
Riedenburger Stadtweiher ❾
Burg Prunn ⓫
Kapelle Einthal ⓬
Klamm ⓭
Stoamandl-Kurve ⓮

Tatzelwurm

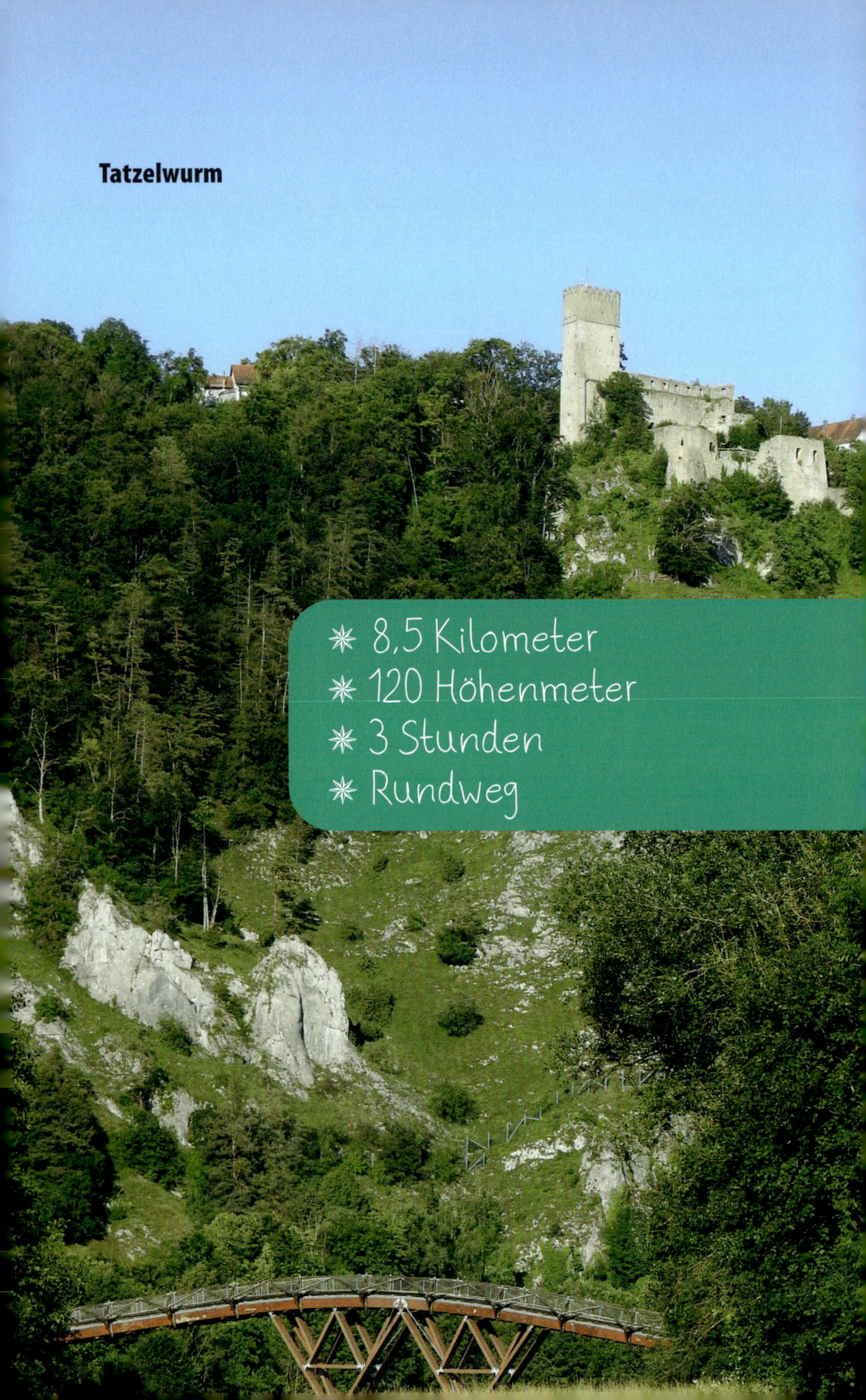

- 8,5 Kilometer
- 120 Höhenmeter
- 3 Stunden
- Rundweg

Als am Ende des letzten Jahrtausends der Main-Donau-Kanal gebaut wurde, hatte das auf den unteren Teil des Altmühltals einschneidende Auswirkungen. In dem kleinen Ort Essing ist das bis heute erlebbar, fließt doch die „alte" Altmühl mit dem „alten" Kanal wie früher an den Häusern entlang und die Holzbrücke führt vom Marktplatz über sie hinüber. Doch auf der anderen Seite der Kreisstraße wälzt sich der „neue" Kanal durch das Tal. So fühlt man sich im Ort wie mit einer Zeitmaschine zurückversetzt, wären

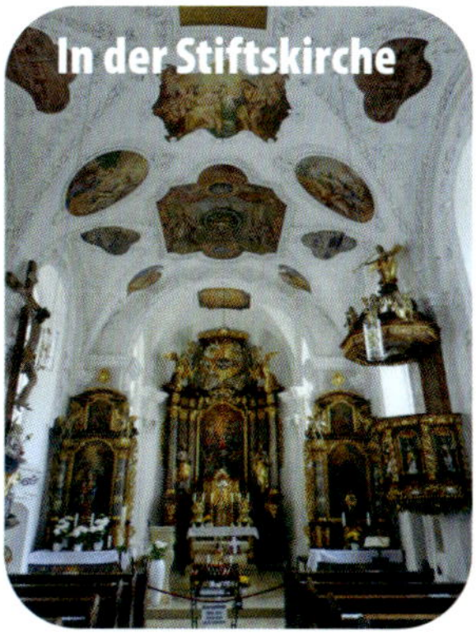
In der Stiftskirche

Zum Tatzelwurm

Von Essing zum Maifelsen

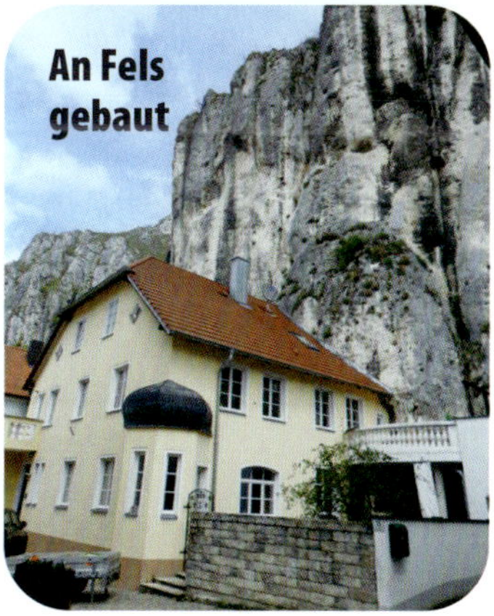
An Fels gebaut

da nicht die vielen Zeichen der Moderne, die dennoch Einzug gehalten haben. Eine Reise in eine lebendige Vergangenheit erwartet uns mit diesem Ausflug.

Unser Auto lassen wir an der **Stiftskirche** ❶ in Essing. Ein Blick in das mit Stuck und barocker Pracht reich geschmückte Gotteshaus lohnt sich. Beim Verlassen der Kirche wenden wir uns nach links und wählen die rechte der beiden Straßen. Gleich erreichen wir mit dem **Felsenwastlwirt** ❷ die erste Einkehrverlockung

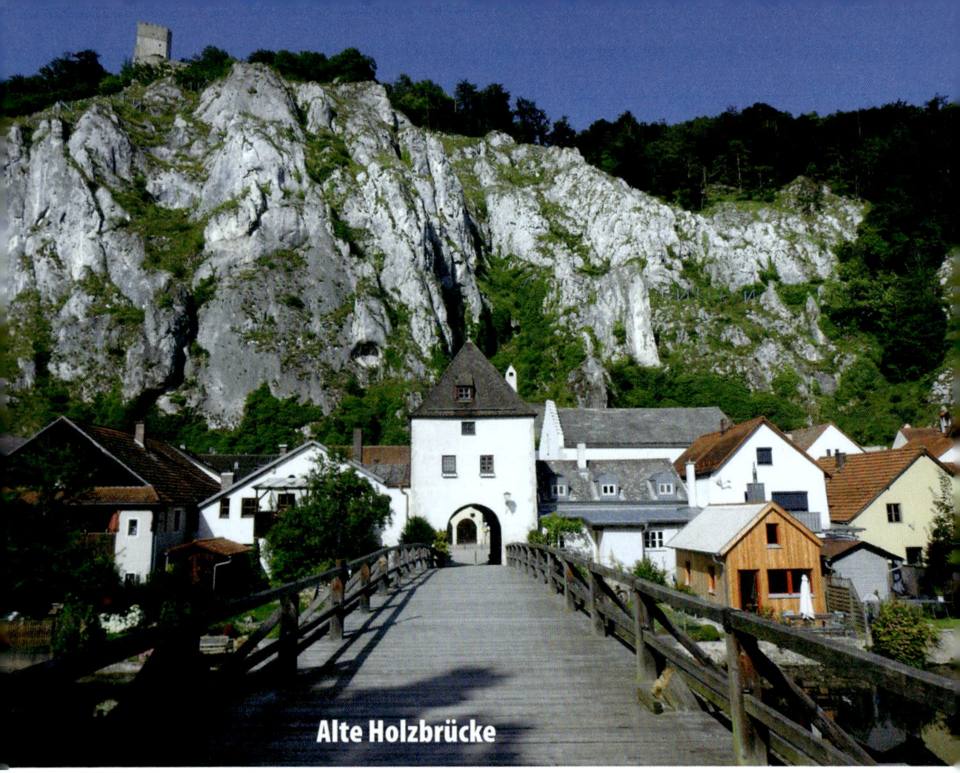

Alte Holzbrücke

des Tages. Voller Staunen bemerken wir, dass die mächtigen Felsen hier bis an die Häuser heranreichen, ja mit ihnen zu verschmelzen scheinen.

Die Straße bringt uns weiter zum **Marktplatz 3** mit einem Ziehbrunnen und dem markanten Rathaus: Sein Stufengiebel verrät den mittelalterlichen Ursprung. Der Reiher mit dem Fisch im Schnabel ist übrigens das Wappentier des Ortes. Darum haben sich hier drei Vögel aus Bronze versammelt. Auch der gotische Brucktorturm mit dem alten Holzstern sticht uns ins Auge. Durch seinen Spitzbogendurchlass gelangen wir auf die alte **Holzbrücke** über die Altmühl. Der Brückenheilige Nepomuk geleitet uns sicher ans andere Ufer. Hier treffen wir auf den braven Soldaten **Deifl,** der eifrig in sein Tagebuch schreibt.

__Josef Deifl__ war als bayerischer Soldat mit Napoleon unterwegs und nahm u. a. am Russlandfeldzug teil. Als einer der wenigen Kriegsheimkehrer notierte er seine Erlebnisse im Tagebuch – ein persönliches Dokument – Geschichte aus der Sicht des „kleinen Mannes".

Wir biegen nach links ab. Wie wunderbar sich das Kirchlein im Wasser spiegelt. Enten, Blässhühner und Schwäne ziehen ihre Kreise und darüber ragen die Felsen hoch empor. Fantasievoll gestaltete

Bänke bieten sich an, hier länger zu verweilen. Am Ende des Altwassers unterqueren wir die Ortsumgehung, wenden uns für etwa 75 Meter nach links und steuern dann rechts auf den MD-Kanal zu. Um auf die andere Seite dieses Gewässers zu gelangen, nehmen wir die kleine Steintreppe an der linken Seite der Brücke, umrunden oben die Leitplanke, folgen dem Fußweg über den Kanal und verlassen ihn auf der anderen Straßenseite wiederum mithilfe einer Treppe. Hier unterqueren wir nach links die Brücke.

Hinter den wenigen Gebäuden von **Heidenstein,** die nun vor uns liegen, führt ein Waldpfad nach links, wo eine Informationstafel Details zur Juralandschaft bietet. Monumentale Felsen begleiten

Für die Seele

Wir lernen die Altmühl aus der Zeit vor dem Kanalbau kennen, finden im Erdinnern zu uns und genießen den großartigen Blick über die Weite des Tals.

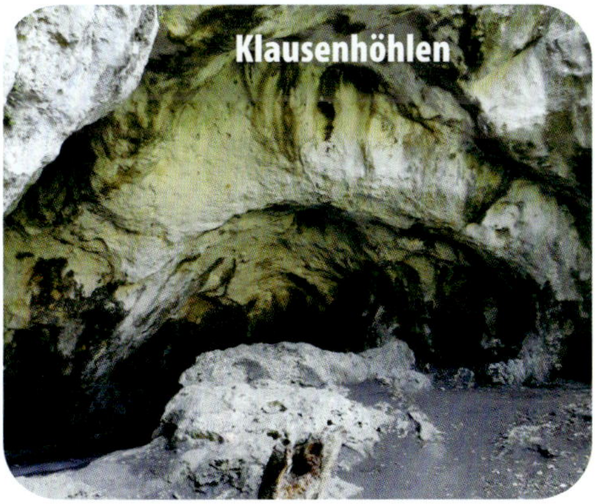
Klausenhöhlen

uns auf dem Weg und immer wieder sehen wir voller Erstaunen, wie akrobatisch sich manche Bäume mit ihren Wurzeln in kleinsten Spalten festkrallen und so in schwindelerregender Höhe ihr Dasein behaupten.

Nach 1 Kilometer erreichen wir die **Klausenhöhlen ④,** die den Felsen durchlöchern.

Die Höhlen sind frei zugänglich und reizen zu einer eingehenden Erkundung. Wir finden hinter einer der oberen Kavernen einen Einstieg, mit dem wir tief ins

Berginnere eintauchen. Gut, dass wir eine Taschenlampe mitgenommen haben – hier dringt kein Tageslicht hinein und es herrscht eine unglaubliche Atmosphäre. Selten haben wir so zu uns selbst gefunden.

Bereits in der Steinzeit suchten Menschen in den ***Klausenhöhlen*** *Schutz. Im 19. Jahrhundert gab es sogar einen Bierausschank. Die Reste des Kellers sind noch gut zu erkennen – und die Bierbänke reichten bis zu den oberen Felsterrassen.*

Schließlich aber ziehen wir weiter und kehren auf den Waldpfad zurück, auf dem wir gekommen sind. Hinter der unteren Höhle schlängelt sich ein schmaler, ausgetretener Pfad nach links den Abhang hinauf. Achtung: Eine gewisse Trittsicherheit ist hier vonnöten. Ab und zu entdecken wir das rote Dreieck, das uns zum Maifelsen führt. Schon nach wenigen Metern befinden wir uns inmitten vermooster Felsen und Bäume. Wie weiche Kissen liegen die grünen Brocken auf dem Waldboden. Lugt dort nicht gerade eine Fee hinter dem Baum hervor und zwinkert uns zu? Mit dem Schutz guter Waldgeister fällt uns der Aufstieg nicht mehr so schwer. Wir

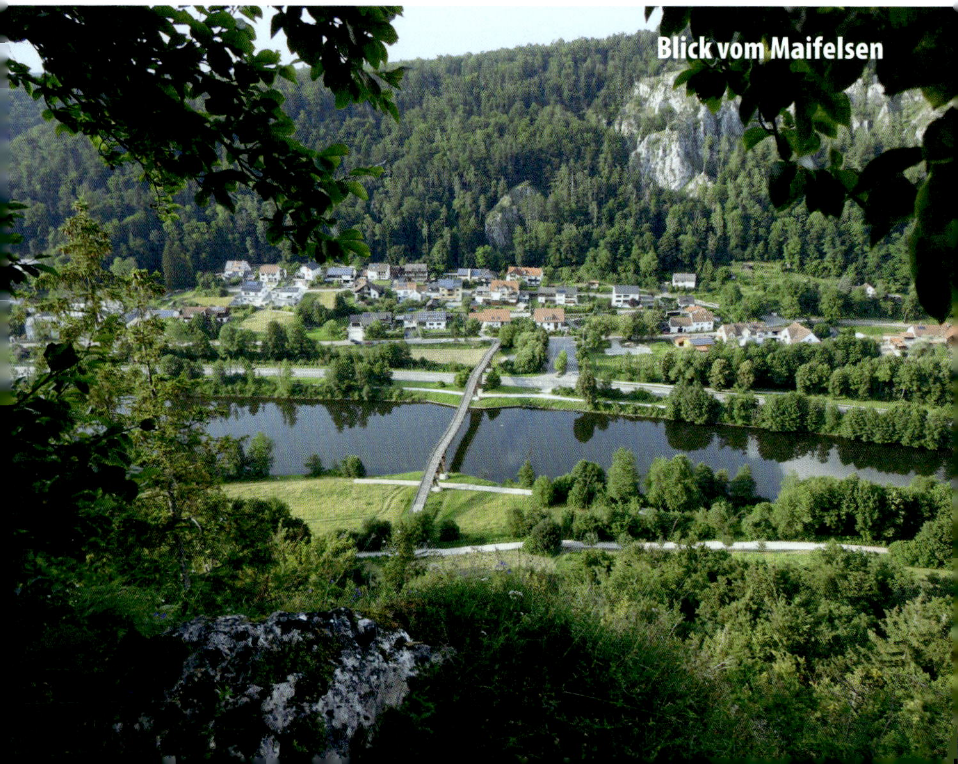

Blick vom Maifelsen

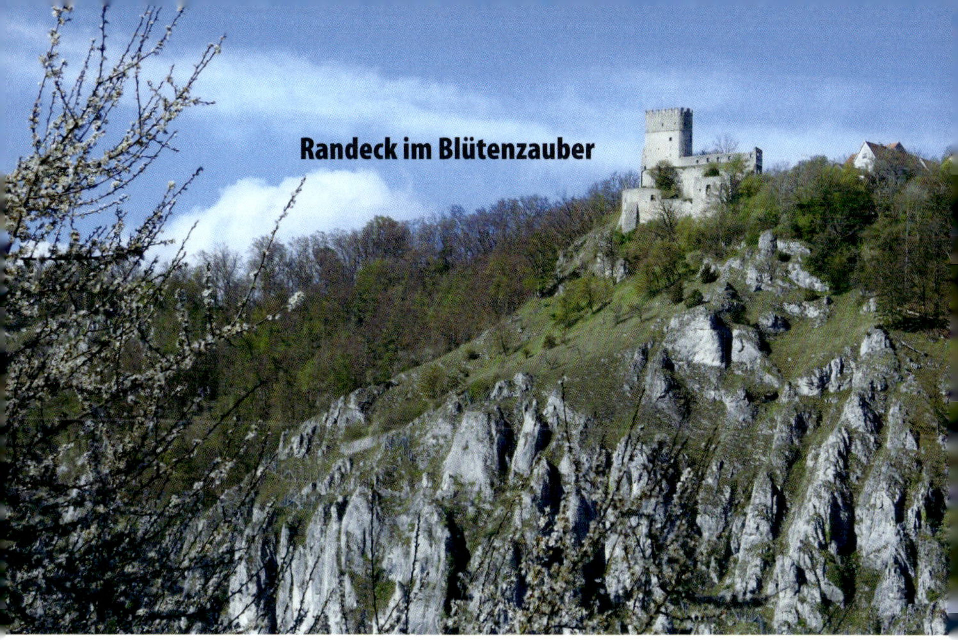

schrauben uns in Serpentinen in die Höhe und gelangen am Ende des Steigs auf ein Plateau. Von hier sind es nur ein paar Schritte auf den **Maifelsen** 5. Der überwältigende Ausblick ins Tal und auf die gegenüberliegende **Burg Randeck** lässt den Aufstieg sogleich vergessen. Wie auf einer Perlenschnur aufgereiht wirken die Häuser von Essing. Zur Rechten grüßt gar das Dach der Kelheimer Befreiungshalle zu uns herüber.

Jetzt folgen wir der Ausschilderung zur Waldkapelle, die auf einen Baum geschrieben ist, nach rechts auf schmalem Pfad durch das Gebüsch. Er endet in einem Forstpfad und wir halten uns rechts. Im Laufe der zurückgelegten Entfernung nimmt seine Befestigung zu und schließlich wird er zu einer breiten, geschotterten Forststraße. Nach einem guten Kilometer kreuzt ihn eine weitere, hier sogar asphaltierte Forststraße, auf die wir nach rechts einbiegen. Von jetzt an geht sich der Weg wie von selbst. An der T-Kreuzung am Fuß der Galgenhänge bleiben wir wiederum rechts. Ein kleiner, meist ausgetrockneter Bachlauf geleitet uns zurück ins Altmühltal. Auch

*Auf dem **Maifelsen** soll einst der Essinger Maibaum gestanden haben. Zahlreiche Scherben am Fuß der Steilwand lassen vermuten, dass es sich bereits in früheren Zeiten um eine Kultstätte gehandelt haben muss.*

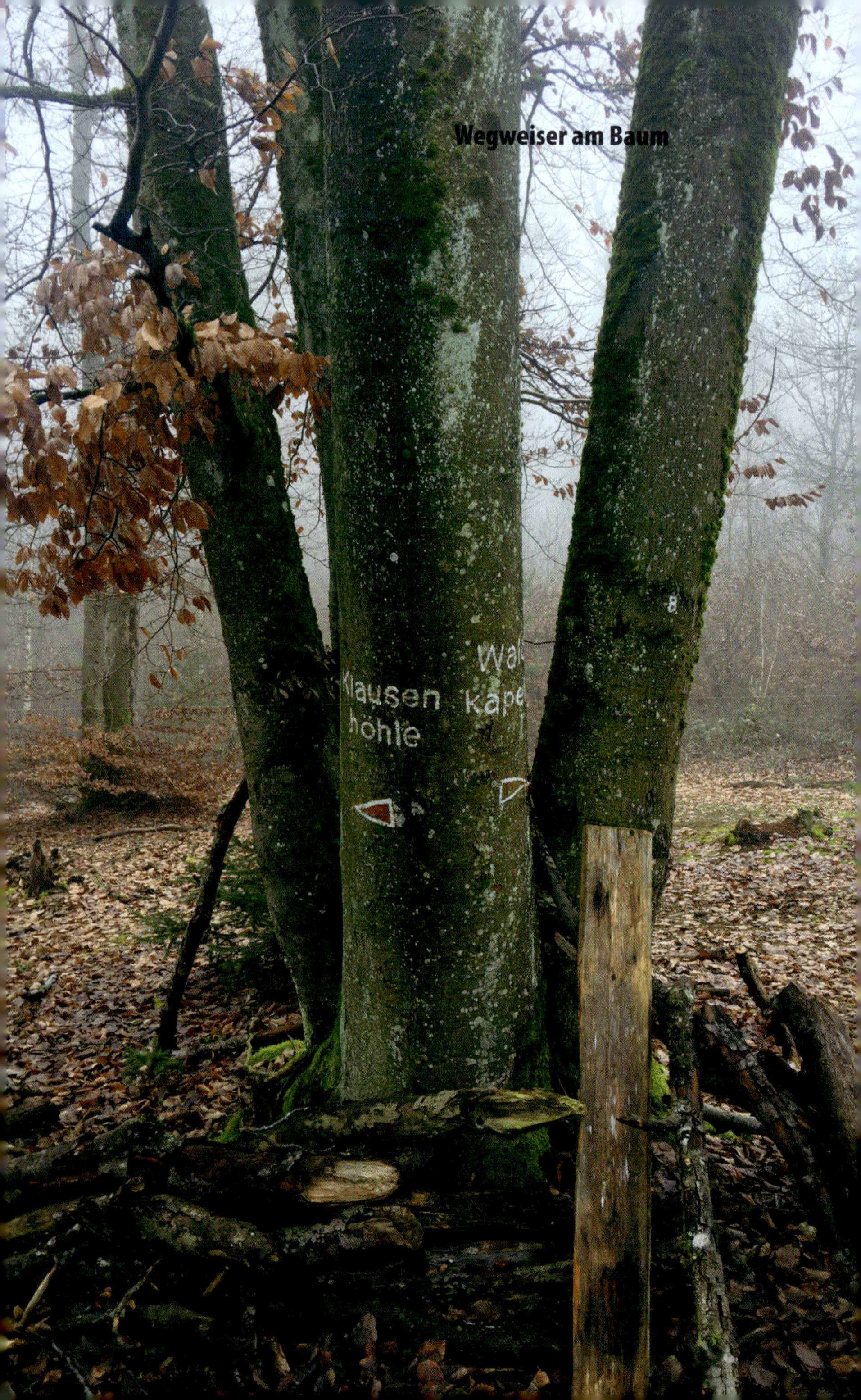

Wegweiser am Baum

hier können wir uns an den bizarren Felsformationen noch nicht satt sehen.

Wir wenden uns am Fuß des Tals nochmals nach rechts. Nun haben wir bald wieder die Burg Randeck vor uns und entdecken unter ihr eine hölzerne Brücke, die sich wie ein Drache durch die Landschaft windet. Im Volksmund wird sie liebevoll **Tatzelwurm 6** genannt.

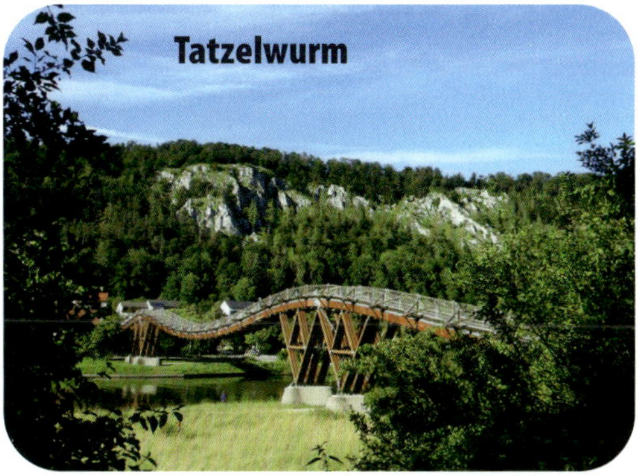
Tatzelwurm

Nach einigen Erinnerungsfotos wagen wir die Brückenbesteigung. In der Mitte machen wir Halt und spüren die Schwingungen der Schritte in den Beinen. Dem Schiff, das gerade unter uns hindurchfährt, geben wir herzliche Grüße mit. Zusammen mit dem idyllischen Postkartenblick sind wir rundum glücklich – was kann es Schöneres geben?

*Mit fast 200 Metern gehört der **Tatzelwurm** zu Europas längsten Holzbrücken. Die einzigartige Konstruktion ist freitragend und liegt nur auf zwei Stützen auf. Durch ihre Wellenform fügt sie sich harmonisch in die Landschaft ein.*

Doch nun treibt uns der Appetit weiter. Auf der Essinger Seite wenden wir uns nach rechts und überqueren den Zubringer zur Umgehungsstraße. Der Fußweg nach rechts bringt uns wieder an das Altwasser. Hier beginnt auch der **Kunstweg 7** mit etlichen einfallsreichen Ausstellungsstücken.

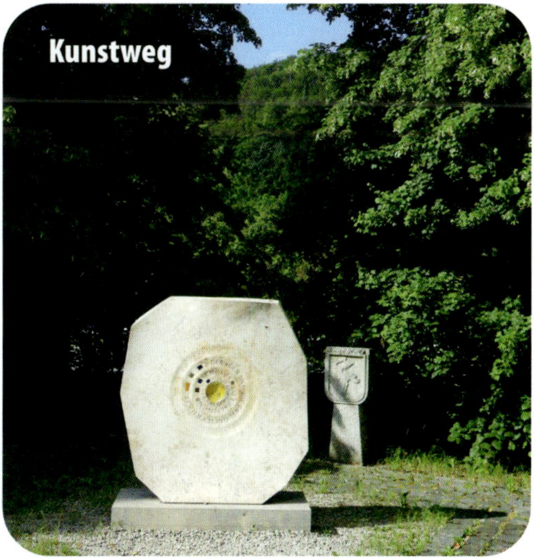
Kunstweg

Über die alte Holzbrücke kehren wir auf den Marktplatz zurück und müssen uns nun entscheiden: Gelüstet es uns nach leckerem hausgemachtem Kuchen, wenden wir uns nach links zum **Café Altmühl 8,** ist uns eher nach deftiger Kost, folgen wir der

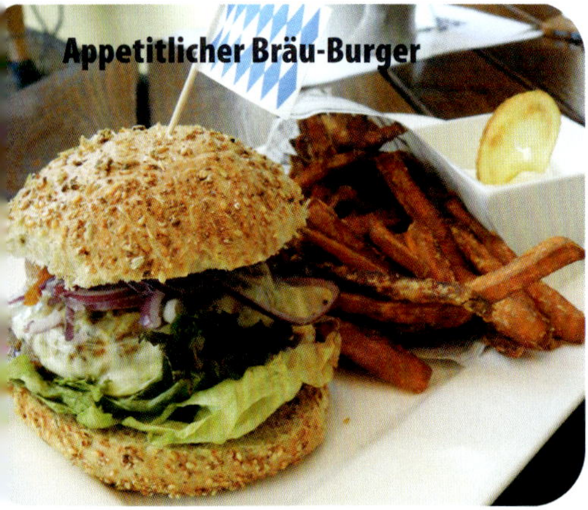

Altmühlgasse nach rechts zum **Brauereigasthof Schneider 9.**

Von hier ist es auch nicht mehr weit bis zu unserem Ausgangspunkt an der Kirche. Und wer auch noch die Burg Randeck besuchen möchte, kann sich in der dortigen **Ritterschänke 10** mit köstlichen regionalen Schmankerln so richtig verwöhnen lassen – und ein weites Panorama bis zu den Alpen gibt es hier gratis dazu.

Wir sind uns einig: Dieser Tag war ein richtiger Genuss.

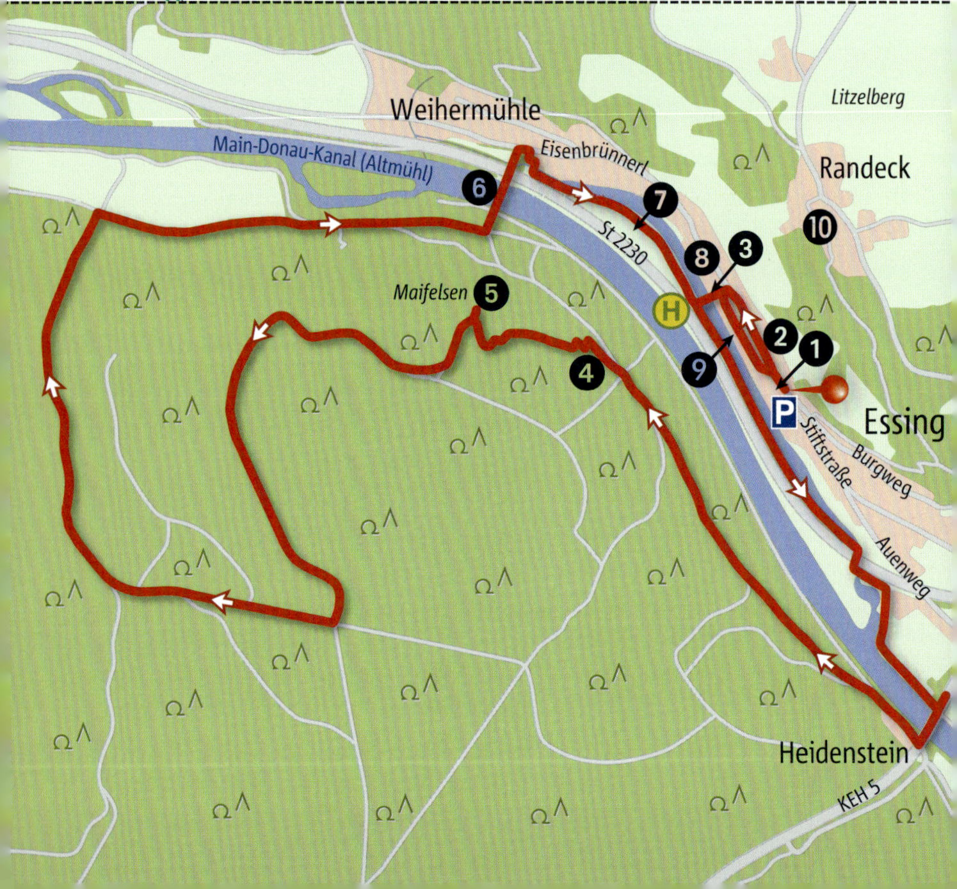

Alles auf einen Blick

WIE & WANN:
Asphaltstraße, Holzbrücke, Schotterweg, Waldweg, Jurasteig; Frühling bis Herbst. Wer die Klausenhöhlen besichtigen möchte, sollte neben festem Schuhwerk eine Taschenlampe und eine Jacke mitnehmen.

HIN & WEG:
Auto: Parkplatz an der Hl.-Geist-Kirche, Stiftstraße 2, 93343 Essing (GPS: 48.934051, 11.789860)
ÖPNV: Bus 6022 vom Bahnhof Saal/Donau bis Essing Alte Holzbrücke, dann Einstieg bei ❸

ESSEN & ENTSPANNEN:
Felsenwastlwirt ❷ Unterer Markt 19, 93343 Essing, Tel. (0 94 47) 3 62, www.gasthof-felsenwastlwirt.de

Entspannung ✱✱✱✱✱
Genuss ✱✱✱✱✱
Romantik ✱✱✱✱✱

Café Altmühl ❽ Oberer Markt 7, 93343 Essing, Tel. (0 94 47) 9 91 72 17, www.cafe-altmuehl.de
Brauereigasthof Schneider ❾ Altmühlgasse 10, 93343 Essing, Tel. (0 94 47) 9 18 00, www.brauereigasthof-schneider.de
Ritterschänke ❿ Randeck 9, 93343 Essing, Tel. (0 94 47) 3 77, www.ritterschaenke-sturm.de

ENTDECKEN & ERLEBEN:
Stiftskirche ❶
Marktplatz und alte Holzbrücke ❸
Klausenhöhlen ❹
Maifelsen ❺
Tatzelwurm ❻
Kunstweg ❼

Unterwegs nach Suffersheim

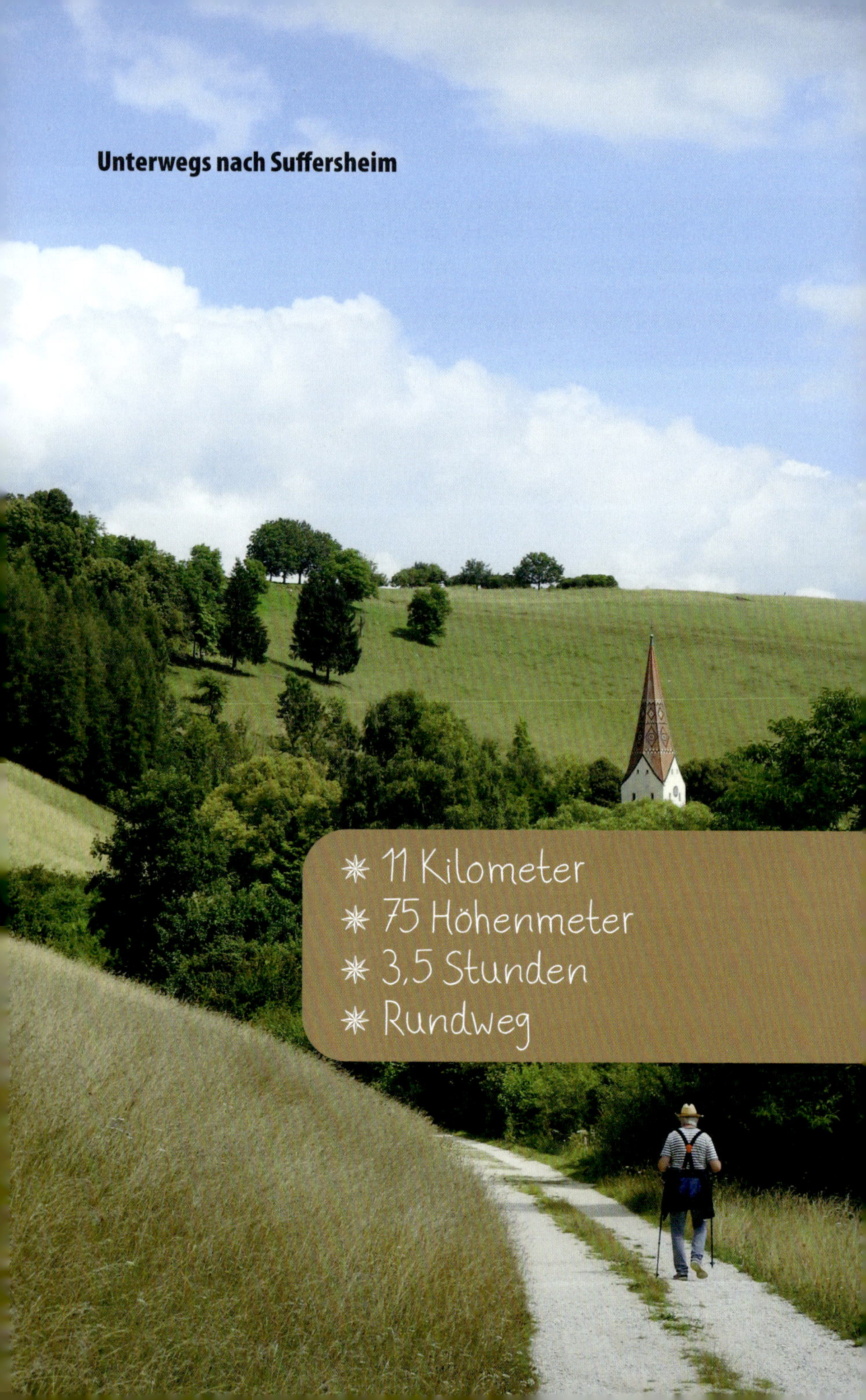

- 11 Kilometer
- 75 Höhenmeter
- 3,5 Stunden
- Rundweg

Gleich drei Zuflüsse der Altmühl werden als „Schambach“ bezeichnet. Dabei ist die Bedeutung dieses auffälligen Namens umstritten, hat aber nichts mit dem heutigen „Schämen“ zu tun, sondern bezeichnet eher die Kürze der Bächlein. Die Treuchtlinger Schambach vereinigt sich tatsächlich nach nur etwa 14 fröhlich mäandrierenden Kilometern bei Dietfurt mit der Altmühl. Ihr Herzstück zu erforschen, haben wir uns für heute vorgenommen.

Wir stellen unser Auto an der **Willibaldskirche** 1 im gleichnamigen Ort **Schambach** ab. Hier schließen wir sofort erste Bekanntschaft mit dem kühlen Nass, das direkt am Gotteshaus vorbeifließt. Zunächst besuchen wir das kleine Kirchlein, das von außen einen schlichten romanischen Eindruck macht, im Innern aber mit barocker Pracht überrascht.

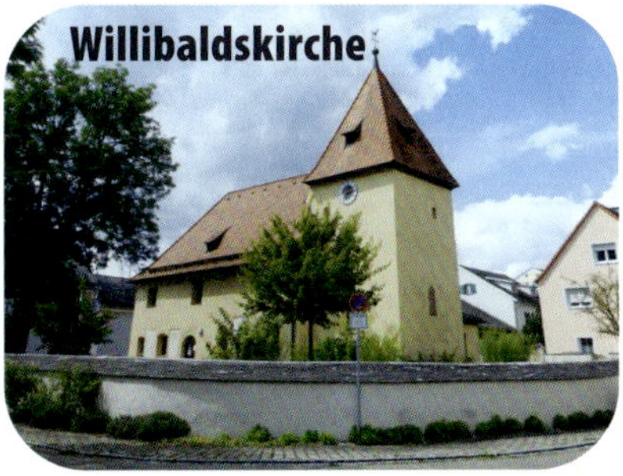

Wir verlassen den Gottesacker und überqueren die

Pilgerschnecke

Durchs Treuchtlinger Schambachtal

Schambach-Brücke. Ein kleines Stück folgen wir dem Bürgersteig der Hauptstraße nach links und biegen kurz darauf rechts in die **Schäfergasse** ab. Sie geleitet uns bergauf bis an den Waldrand. Dort wenden wir uns beim Strommasten nach links. Von hier aus können wir das wunderbare Panorama genießen. Wir haben den kleinen Ort Schambach links zu unseren Füßen, dahinter erhebt sich der Nagelberg, der den Beginn des Altmühltals markiert. Vor uns erstreckt sich das grüne Schambachtal. Für etwa 2 Kilometer bleiben wir auf halber Höhe immer am Waldessaum und ignorieren alle Wege bergauf oder -ab. Dann taucht unser Pfad ins Grün der Bäume ein und wir fühlen uns empfangen und aufgenommen. Der Untergrund wird feuchter und die Vegetation ändert sich. Nun durchqueren wir ein Stückchen Nadelwald, das man hier in Franken als „Steckerleswald" bezeichnet, weil man nur die Stämme wie Stecken aus dem Boden ragen sieht.

Unser Weg mündet in eine Asphaltstraße. Hier biegen wir nach links ab. Vorsichtig begeben wir uns zur Durchgangsstraße, überqueren sie und befinden uns nun auf der Zufahrt zur **Flemmühle ❷.** Rechts hören wir aus Weihern Frösche quaken und träge erhebt sich ein Graureiher. Neugierig nähern wir uns dem Ufer. Der Blick auf die Mühlengebäude von hier aus bezaubert. Da entdecken wir auf der spiegelnden Wasseroberfläche ein braunes Köpfchen, das eifrig dem

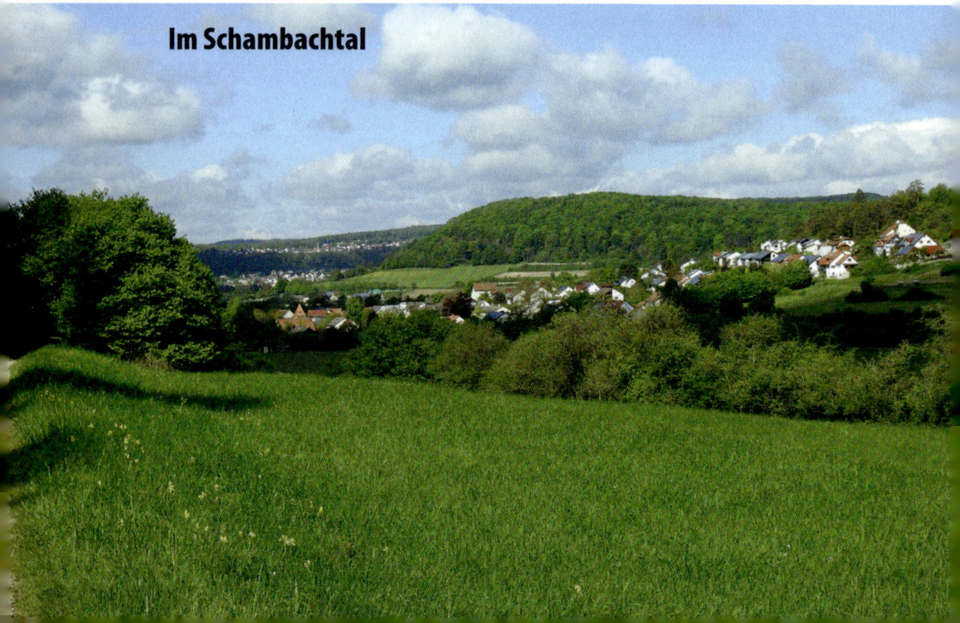

Im Schambachtal

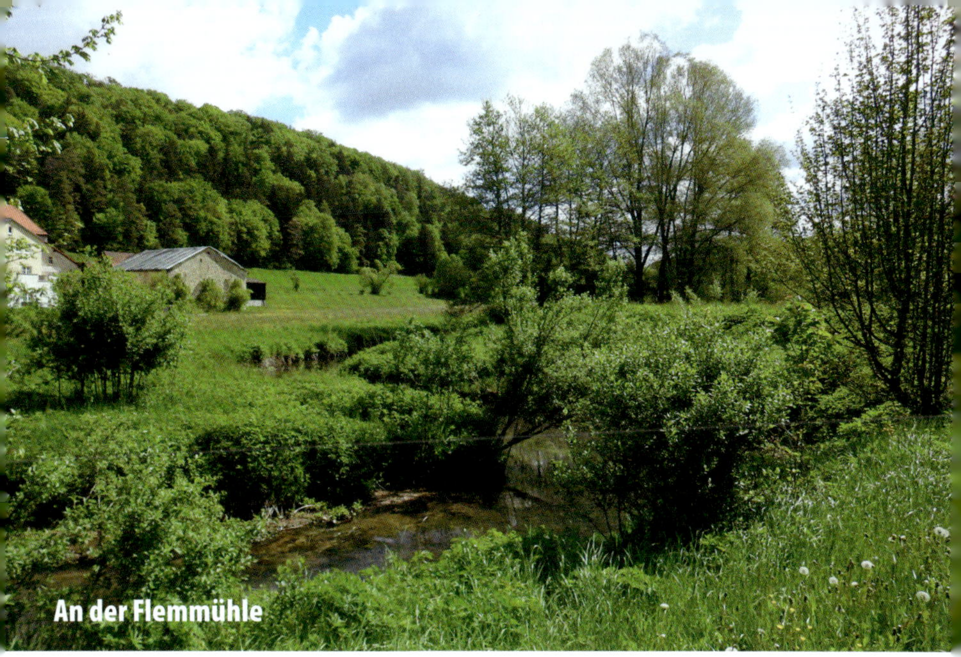
An der Flemmühle

jenseitigen Ufer zustrebt und dort untertaucht – auch der fleißige Biber hat hier ein Zuhause gefunden.

Anschließend überqueren wir mit einer Brücke erneut die Schambach, lassen die Mühlengebäude rechts liegen, wenden uns kurz nach links und nehmen dann hinter dem Holzschuppen den rechten kleinen Pfad,

Für die Seele

Im Treuchtlinger Schambachtal hilft uns die Natur, den Alltag hinter uns zu lassen, und wir begeben uns auf eine Pilgerfahrt zu uns selbst.

der über den Wiesenabhang bergauf auf den Waldrand zuführt. Hier zweigt auf halber Höhe ein Steig – später als H bezeichnet – nach rechts ab. Von hier oben haben wir erneut einen herrlichen Blick auf die Wassermühle und ihre Nebengebäude. Nun treten wir in den schattigen Wald und wandern parallel zum Flüsschen auf federndem Untergrund. Am Wegesrand

*Die **Schneckenform** der Gunthildiskapelle stellt eigentlich einen versteinerten Ammoniten, das Zeichen des Naturparks Altmühltal, dar. Von diesen ausgestorbenen Kopffüßlern gab es zur Kreidezeit viele Gattungen. Nächster noch lebender Verwandter ist der Nautilus.*

grünt Waldmeister. Wir zupfen uns ein Blättchen ab und zerreiben es zwischen den Fingern. Der frische, grüne Frühlingsduft spendet ein aromatisches Parfüm für diesen Tag. Da huscht eine Zauneidechse flink über den Weg, die sich von den warmen Sonnenstrahlen hat verwöhnen lassen. Welch ein friedliches Paradies! Wir sind dankbar für die Bänke, die Wanderern an der Waldpromenade Gelegenheiten zur Entspannung und Entschleunigung bieten. Schließlich schraubt sich der Weg als E06 noch ein wenig den Abhang hinauf. Vor uns erblicken wir die strahlend weiße Fassade der kleinen **Gunthildiskapelle 3**. Beim Näherkommen bemerken wir ihre einzigartige Form: Wie eine Schnecke führt der Weg von außen in das kleine Gebäude.

Das wollen wir uns näher ansehen und so steigen wir die paar Meter hinab und betreten dieses stimmungsvolle Gotteshaus. Wie eine

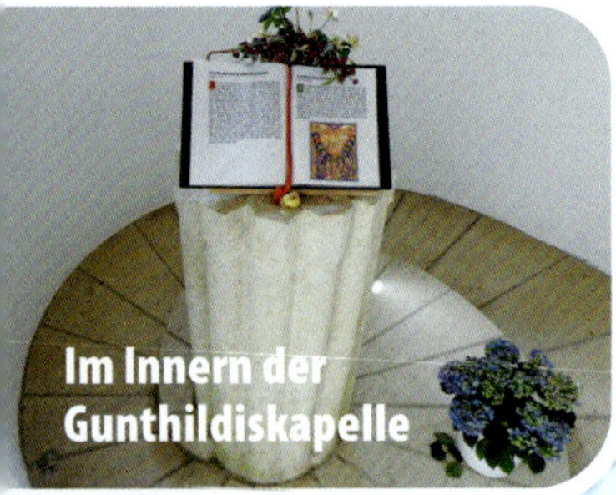

Im Innern der Gunthildiskapelle

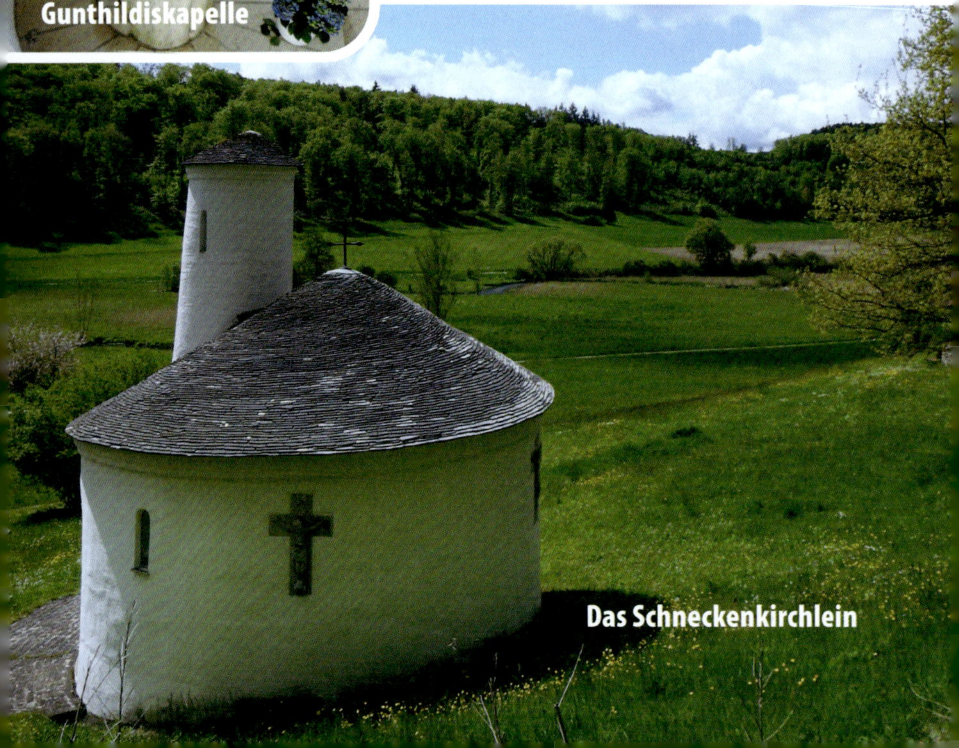

Das Schneckenkirchlein

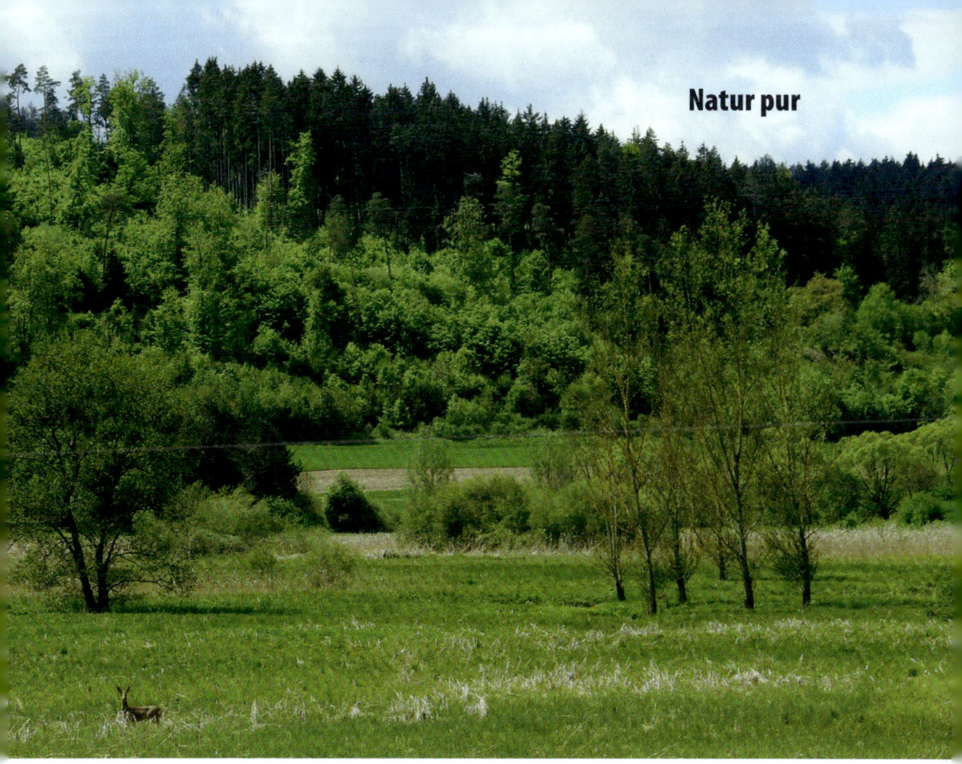

Reise in das eigene Innere kommt es uns vor, während wir der Linkskrümmung folgen. Einige Informationstafeln erzählen von der wechselvollen Geschichte der Wallfahrtskirche, die hier früher stand. Auch finden wir ihre Grundmauern im Gras zwischen vielen bunten Blumen versteckt. Der Ausblick auf das mäandrierende Flüsschen und die naturbelassenen Sauerwiesen ist einzigartig. In der Ferne springt ein Rehbock über den Weg, um sich am frischen Grün zu laben.

Anschließend gehen wir auf den Wanderweg zurück und folgen ihm weiter bis zur Asphaltstraße. Hier liegt zu unserer Rechten der „Waldhof" mit dem hofeigenen **Gasthaus Zum Schneck ④**. Die Einladung, leckere Produkte direkt aus der eigenen Metzgerei probieren zu dürfen, können wir nicht ausschlagen und kehren zum Schlemmen ein. Die hervorragende Küche wurde auch schon mit einer Medaille ausgezeichnet. Regionale Spezialitäten aus der eigenen Metzgerei können wir auch noch für daheim mitnehmen.

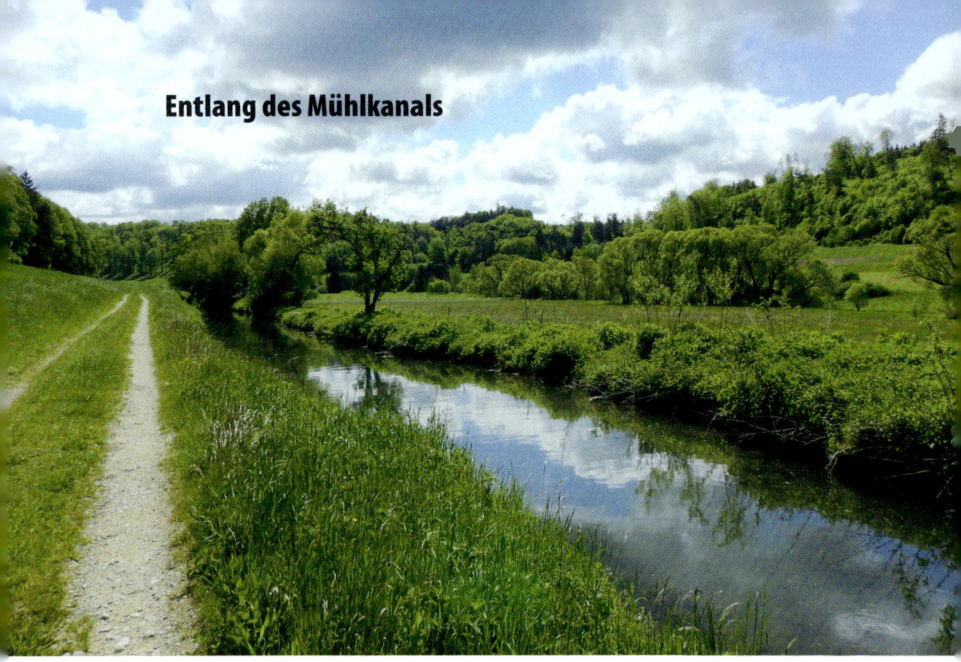

Entlang des Mühlkanals

In früheren Zeiten setzte man zur Energiegewinnung auf Naturkräfte. So wurde das Wasser selbst kleiner Bäche gestaut und kanalisiert, damit man mit gleichmäßigem Wasserstrahl ***Mühlräder*** *antreiben und die so gewonnene Energie nutzen konnte.*

Gunthildis *war eine Magd aus Suffersheim, die Nächstenliebe praktizierte und so zum Vorbild wurde. Der ihr durch Gebet geschenkten Quelle wurden Heilkräfte nachgesagt. Vermutlich jedoch linderte allein die Frische des Wassers die Krankheit.*

Satt und zufrieden machen wir uns nun auf den Rückweg. Dazu überqueren wir die Straße vor dem Bauernhof und nehmen hinter dem Parkplatz den Schotterweg nach rechts, der an einem großen, beinahe baumlosen Berg entlangführt. Kurz darauf erblicken wir vor uns in der Ferne den Kirchturm von **Suffersheim** mit seinen für diese Gegend typischen, bunt glasierten Ziegeln.

Bevor wir die Uferböschung erreichen, folgen wir aber dem Weg 12 nach rechts und passieren den Kinderspielplatz. Hier überqueren wir nochmals die Asphaltstraße. Links von uns liegt nun eine weitere Mühle, die **Potschmühle.**

Bis zur Flemmühle können wir nun entspannt auf dem Uferweg entlangschlendern und uns der Verdauung der leckeren Brotzeit und unseren Gedanken widmen. Wir grüßen die Schneckenkirche von unten und beobachten zu unserer Linken die vielfältige Tier- und Pflanzenwelt der Auwiesen.

Rechts von uns entdecken wir eine gefasste **Quelle** unter einem Bildstock mit dem Abbild der Bauernmagd **Gunthildis ❺.** Sie trägt eine Milchkanne, denn darin soll sie Milch zu Bedürftigen getragen haben, die sich allerdings, als sie ihrem Dienstherrn begegnete und der sie des Diebstahls verdächtigte, in Lauge verwandelt hatte.

Links von uns gleitet das Wasser nun gezähmt und ruhig dahin, denn es wird in einem Kanal zur nächsten Mühle geführt. Jetzt durchqueren wir die **Flemmühle 2** und bestaunen die verschiedenen Gebäude, bis wir wieder auf den Weg stoßen, auf dem wir gekommen sind. Dieses Mal wählen wir hinter dem Holzschuppen den Weg, der, als ökumenischer Pilgerweg bezeichnet, an den linken Waldrand führt. Ab jetzt „pilgern" wir „ökumenisch" und folgen diesem Wanderzeichen bis zu unserem Ausgangspunkt zurück. Wir tauchen auf verwunschenem Pfad durch das Gebüsch in den Wald. Dahinter haben wir einen schönen Blick auf das breite Ende des Tals Richtung Treuchtlingen. Wir biegen kurz nach rechts ab und folgen dann dem schmalen Weg am Waldrand nach links über einen kleinen Wasserlauf. Achtung: Hier sind die Wanderschilder etwas schwierig zu finden. Wir queren eine mit wenigen mächtigen Nadelbäumen bestandene Trockenrasenfläche und genießen den Schatten alter Buchen. Wenn dann schließlich die ersten Häuser von Schambach vor uns auftauchen, wendet sich auch

Ammonit vor der Altmühltherme

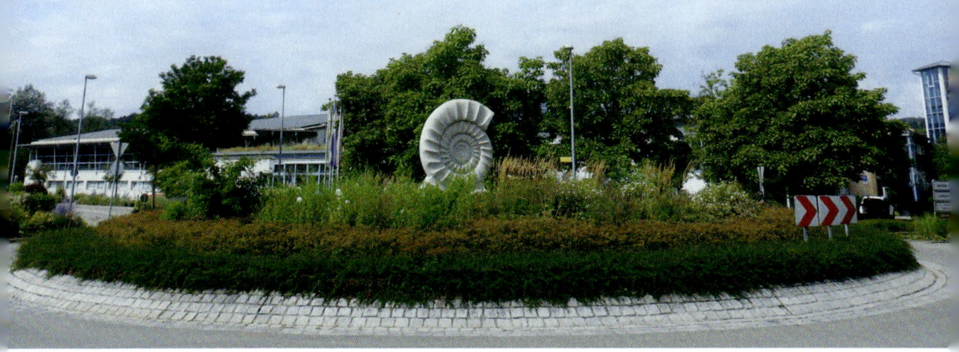

unser Pilgerweg wieder talwärts. Der Asphaltweg, den wir nun erreichen, führt uns an einigen liebevoll renovierten Jurahäusern vorbei direkt zur Willibaldskirche, unserem Ausgangspunkt, zurück.

Um unsere kleine Pilgerreise kulinarisch ausklingen zu lassen, bieten sich uns nun verschiedene Möglichkeiten: In einem denkmalgeschützten alten Jurahaus können wir stilvoll beim **Güldenen Ritter** 6 speisen oder in der **Brotzeitstub'n Breit** 7 hausgemachte Spezialitäten genießen.

Die endgültige Entschleunigung finden wir bei einem Besuch der **Altmühltherme** 8 in Treuchtlingen, die direkt an den Fluss grenzt und ihn in seine Anlage einbezieht.

*Das Wasser der **Altmühltherme** ist nachweislich 18.000 Jahre alt und wird aus 800 Metern Tiefe gepumpt. Der darin enthaltene Mineraliencocktail aus Kalium, Calcium, Lithium und Natrium hilft Körper und Seele.*

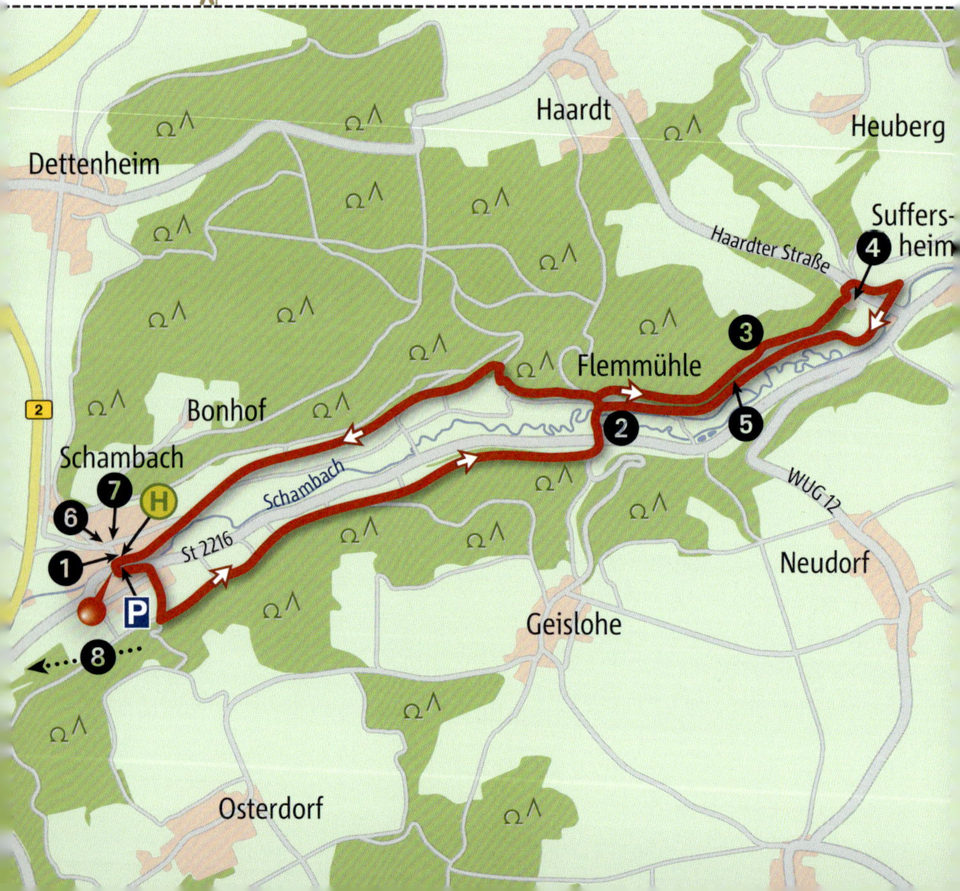

Alles auf einen Blick

WIE & WANN:
Asphaltstraße, Wald-, Wiesen- und Feldwege, zu jeder Jahreszeit reizvoll.

HIN & WEG:
Auto: Parkplatz an der Kirche in 91757 Schambach/Treuchtlingen
(GPS: 48.967112, 10.951796)
ÖPNV: Bus 885 von Weißenburg nach Schambach/Kirche

ESSEN & ENTSPANNEN:
Gasthaus Zum Schneck ❹ Waldhof 1, 91781 Weißenburg,
Tel. (0 91 49) 12 19, www.gasthaus-metzgerei-zum-schneck.de
Zum Güldenen Ritter ❻ Burggasse 1, 91757 Treuchtlingen,
Tel. (0 91 42) 20 48 90, www.zum-gueldenen-ritter.de
Brotzeitstub'n Breit ❼ Burggasse 7, 91757 Treuchtlingen,
Tel. (0 91 42) 76 57, www.bauernhof-breit.de
Altmühltherme ❽ Bürgermeister-Döbler-Allee 12, 91757 Treuchtlingen,
Tel. (0 91 42) 9 60 20, www.altmuehltherme.de

Entspannung ✱✱✱✱✱
Genuss ✱✱✱✱
Romantik ✱✱✱✱

ENTDECKEN & ERLEBEN:
Willibaldskirche ❶
Flemmühle ❷
Gunthildiskapelle ❸
Gunthildisquelle ❺

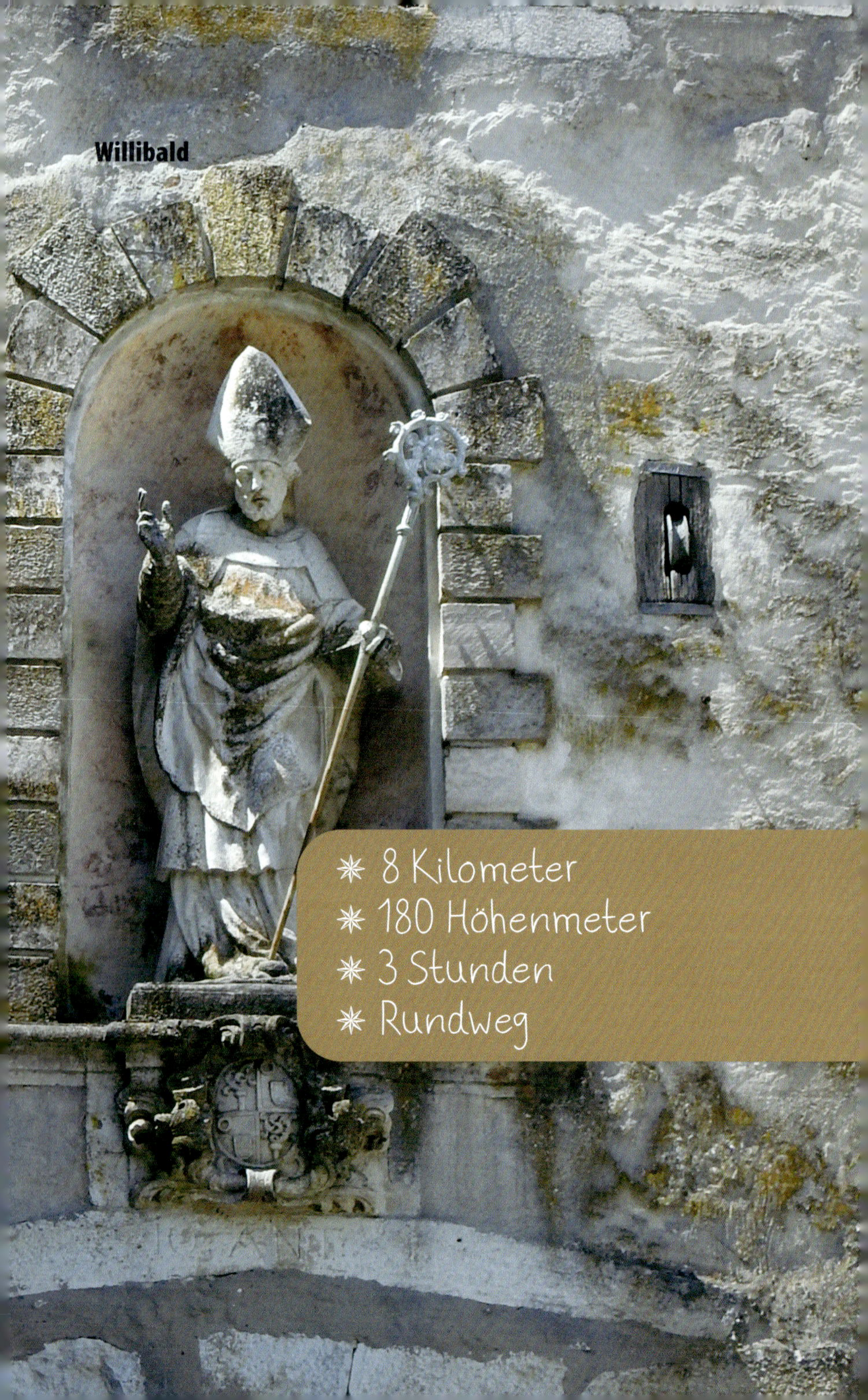
Willibald
✳ 8 Kilometer
✳ 180 Höhenmeter
✳ 3 Stunden
✳ Rundweg

Um den Willibald

Über Eichstätts Höhen

Bereits im 8. Jahrhundert machten es sich die Geschwister Willibald, Wunibald und Walburga zur Aufgabe, den **christlichen Glauben** nach Bayern zu bringen. Als erster Bischof Eichstätts veranlasste Willibald den Vorgängerbau des heutigen Doms.

Eichstätt, die jahrhundertealte Bischofsstadt mit barockem Kern, beheimatet die einzige katholische Universität im deutschsprachigen Raum und ist auch sonst von Glaubenszeugnissen geprägt. So starten wir unsere Tour direkt bei einem Kloster, nämlich dem der Salesianer im Rosental, dem zentralen Haus des Ordens in Bayern.

Zunächst führt unser Weg hinter den Gebäuden Richtung Kapelle und Friedhof. Am Beginn des Waldes treffen wir auf Hinweisschilder eines Waldkindergartens, die auf bayerische Art besorgten Müttern verdeutlichen, dass ihre Anwesenheit ab hier nicht nötig ist: „Bussi und Pfiati." Sanft und stetig erklimmen wir das Tal und passieren die letzte Ruhestätte der Mönche: Hier im Wald liegt der **Ordensfriedhof 1**, auf dem alle Sales-Oblaten Bayerns beerdigt werden – ein stiller und würdevoller Ort. Die schlichten Gräber mit den stählernen Kreuzen überraschen hier inmitten der Abgeschiedenheit des Rosentals. Doch auch die Bedeutung dieses Ortsnamens birgt eine verblüffende Erkenntnis: Dieses abgeschiedene Tal war zu früheren Seuchenzeiten das „Leprosen-Tal", wo man die Kranken absonderte und ihrem

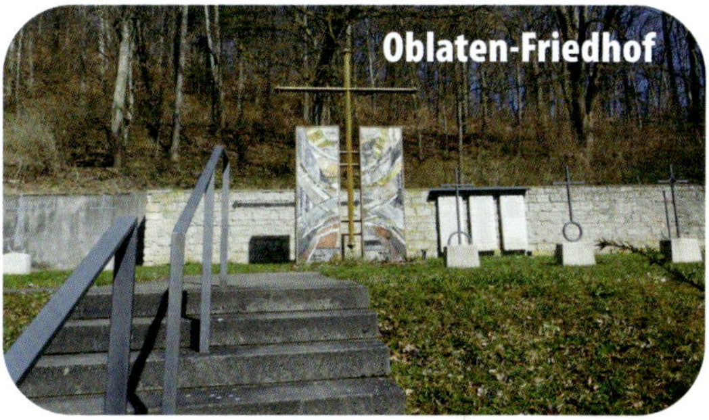
Oblaten-Friedhof

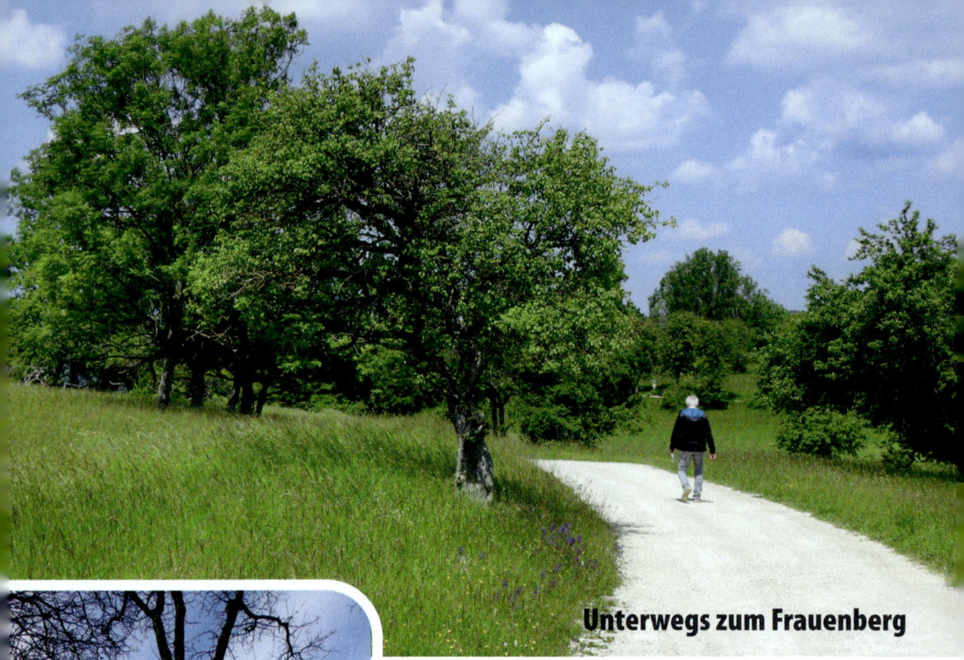

Unterwegs zum Frauenberg

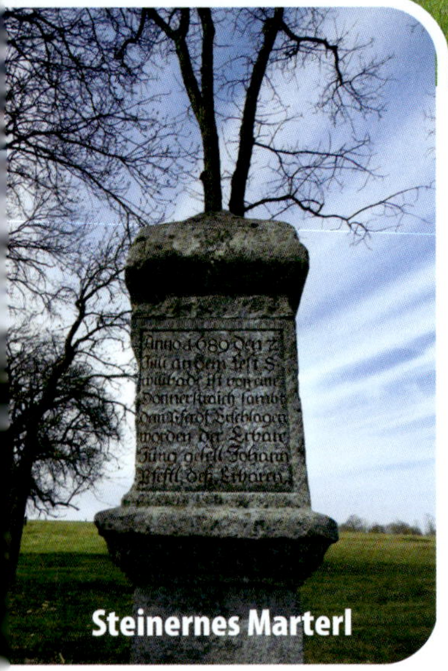

Steinernes Marterl

Schicksal überließ. Wie froh sind wir gerade nach der durchlebten Pandemie, dass solche Zeiten vorbei sind.

Der anschließende Kindergarten mit seinen bunten Häuschen und vielfältigen Spielorten holt uns ins Hier und Jetzt zurück. In einer leichten Rechtskurve gewinnen wir immer mehr an Höhe. Der lichte Buchenwald umfängt uns wie ein gotischer Dom, dessen Baumstammstreben den Blick nach oben in die Wipfel lenken, wo der vielstimmige Gesang der Vögel das Herz zum Klingen bringt.

Immer wieder entdecken wir am Boden das bunte Leben im Wald. Ein Eichhörnchen springt behände zwischen den Zweigen der Büsche umher und klettert schließlich an einem Baumstamm immer höher, nicht ohne uns immer wieder aus sicherer Distanz zu beäugen. Auch zwei Rehe lugen von der anderen Talseite zu uns herüber. Nur die Mäuslein lassen sich von uns nicht stören und huschen zwischen den bemoosten Steinen hin und her, immer auf der Suche nach kleinen Leckereien.

Einige Eiben fallen durch ihr sattes Grün am Wegesrand auf. Diese Schattenliebhaber stören sich nicht daran, dass die hohen Laubbäume nur wenig Sonnenlicht durchlassen. Mit dem Weg Nr. 7 gelangen wir schließlich auf die Hochfläche. Hier endet der Wald.

Wir streben auf ein **steinernes Marterl** ❷ zu, das an einer wunderschönen Allee steht und an einen Junggesellen erinnert, der hier mitsamt seinem Pferd vom Blitz erschlagen wurde.

Dann kreuzen wir die von mächtigen Bäumen gesäumte Straße und gehen geradeaus auf die unbewaldete Hochfläche. Je höher wir kommen, desto klarer ist unsere Fernsicht ringsum und wir fühlen uns frei wie ein Vogel – mit der Lerche, die über uns ihr Sommerlied singt, auf Du und Du. In der Ferne

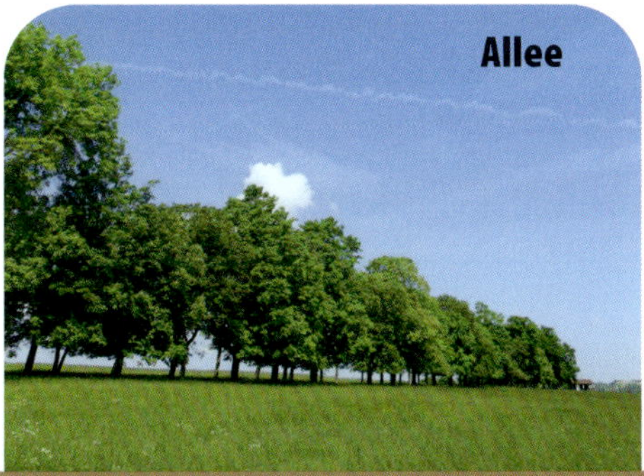

Allee

Für die Seele

Auf der Höhe fühlen wir uns frei wie ein Vogel, staunen zu Füßen der Willibaldsburg über menschliche Schaffenskraft und tauchen in die Welt der Illuminaten ein.

erkennen wir seltsame Haufen, die wie übermäßige Maulwurfhügel auf der Erde thronen. Es handelt sich um Abraumhalden der Steinbrüche, für die die Gegend so berühmt ist. Diese werden nun renaturiert und dadurch zu wertvollem Lebensraum für Pflanzen und Tiere.

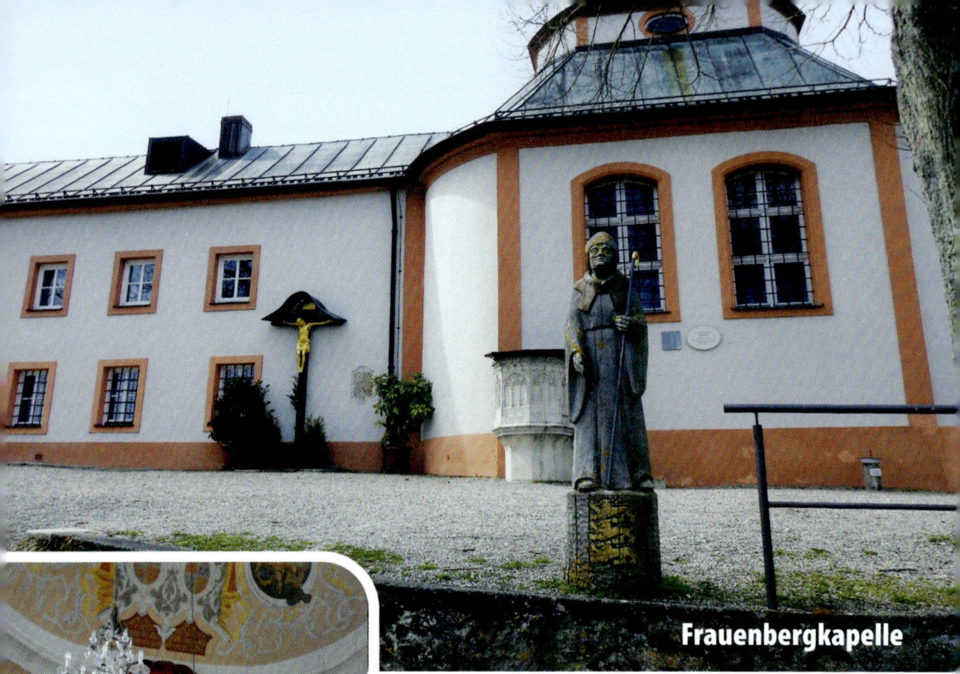

Frauenbergkapelle

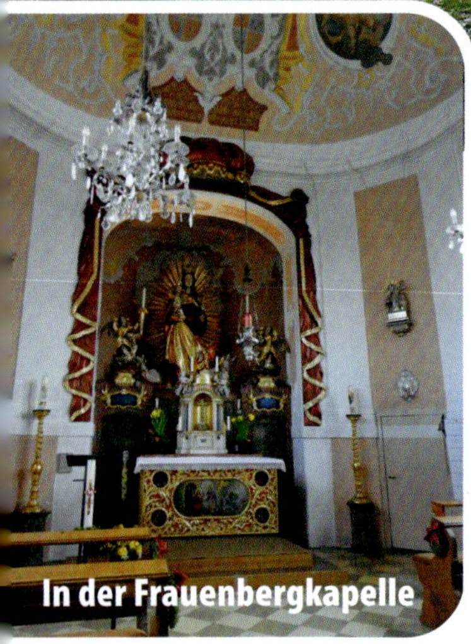

In der Frauenbergkapelle

Wir queren eine Asphaltstraße und halten mit dem geschotterten Weg auf die **Frauenbergkapelle** ❸ zu, die wir bereits vor uns durch das Laub erahnen können. Immer mehr kommt zur Linken das Altmühltal in den Blick. Dominant fällt das Kloster **Rebdorf** ins Auge.

Mit dem Steig Nr. 1 gelangen wir schließlich zur 500 Meter hoch gelegenen Frauenbergkapelle. Der Besuch ist ein Muss. Die Anlage wird dem Barockbaumeister Gabriel de Gabrieli zugeschrieben. Im Altarraum thront eine überlebensgroße Marienstatue, die Decke ist durch indirekte Beleuchtung in mystisches Licht getaucht. Im ehemaligen Mesnerhaus lebt heute ein Künstler, dessen Werke rund um das Gotteshaus ausgestellt sind. Besonders seine Interpretation der Waschschüssel mit dem Kreuzesnagel bringt uns zum Nachdenken. Auch die steinerne Kanzel an der Außenseite der Kirchenwand fällt uns auf.

*Das **ehemalige Augustiner-Chorherrenstift** hatte nach der Säkularisation eine wechselvolle Geschichte als Gefangenenlager und litauisches Flüchtlingsheim, in dessen Gymnasium der litauische Präsident Adamkus Abitur machte. Heute beherbergt es eine Realschule.*

Etliche Bänke laden ein, das Erlebte nachwirken zu lassen, während der Blick über das Altmühltal in die Ferne schweift. Hier packen wir unsere mitgebrachte

Brotzeit aus und lassen es uns richtig gut gehen. Dann kehren wir mittels einiger Treppen auf den Weg zurück. Mehrere Informationstafeln geben über Pilgerwege Auskunft. Uns aber zieht es nun zu unserem nächsten Ziel, der **Willibaldsburg** ❹, der „Krone des Altmühltals", die wir schon vor uns erblicken. Wie eine Nase streckt sich der Berg in die Landschaft, umflossen von der Altmühl – und auf der Nasenspitze wurde strategisch günstig die trutzige Festung errichtet. Über den Wiesenpfad folgen wir der Baumreihe auf ein kleines modernes Felsentor zu, das wir rechts liegen lassen. Mit der Nr. 7 wandern wir auf der linken Burgseite langsam talwärts und gelangen nun direkt an den Fuß der gewaltigen Bastion. Ruhebänke laden zum Verweilen ein. Mächtig türmen sich die Mauern über uns. Erstaunt fragen wir uns, mit welchen Mitteln dies wohl vor Jahrhunderten bewerkstelligt werden konnte. Uns treibt allein schon der Anblick die Schweißperlen auf die Stirn.

Wir folgen weiterhin der Wegmarkierung 7 nach rechts bergan um die beeindruckenden Mauern herum. Schließlich gelangen wir auf eine kleine Schotter-

!

*Bereits im 11. Jahrhundert wurde eine **Burganlage** erwähnt. Das Fürstenschloss gilt als eines der wichtigsten Werke deutscher Renaissance. Heute ist dort das Juramuseum mit dem Archaeopteryx untergebracht. Ebenfalls sehenswert ist der Bastionsgarten.*

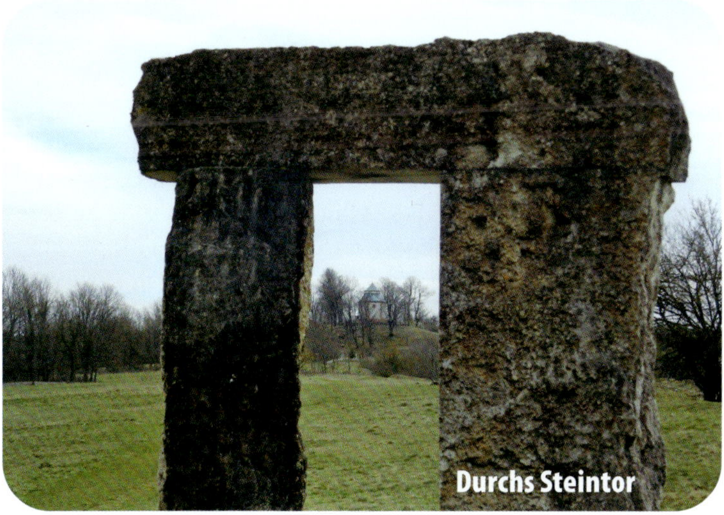

Durchs Steintor

straße mit dem bezaubernden Namen **„Mondscheinweg".** Vor der Hausnummer 3 führen Steinstufen vor das Haupttor der Burg. Auf halber Höhe erwartet uns wieder eine Ruhebank und wir können der Versuchung nicht widerstehen: Wir setzen uns und haben einen wunderbaren Ausblick über die barocke Altstadt Eichstätts mit seinem Dom und dem Kloster St. Walburg auf der gegenüberliegenden Talseite. Direkt vor uns liegt ein schön renoviertes Ensemble von Jurahäusern mit charakteristischen Legschieferdächern und malerischen Fensterläden. An der Asphaltstraße, die auf das Burgtor mit dem heiligen Willibald zuführt, wenden wir uns dann nach rechts und biegen direkt vor dem Burgtunnel nach links ab Richtung Frauenbergkapelle, ignorieren alle Abzweigungen und kommen wieder zu dem Steintor. Dieses lassen wir rechts liegen und folgen dem linken Weg über den Trockenrasen. Wir schweben gleichsam über der Stadt, dem Lärm und Trubel entrückt inmitten von Wiesen und Bäumen. Den Zufahrtsweg kreuzen wir und können nun das Gotteshaus zu unserer Rechten durch das Grün der Bäume erahnen. Wie ein Sahnehäubchen krönt es die Erhebung. So thront Maria als Königin über ihrem Berg.

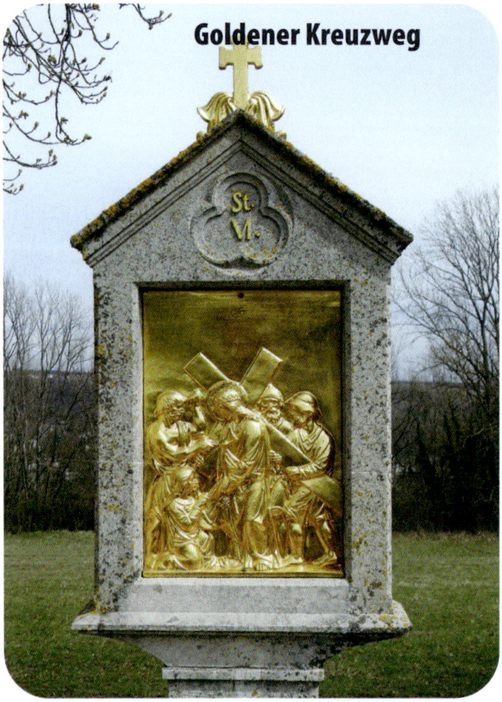

Goldener Kreuzweg

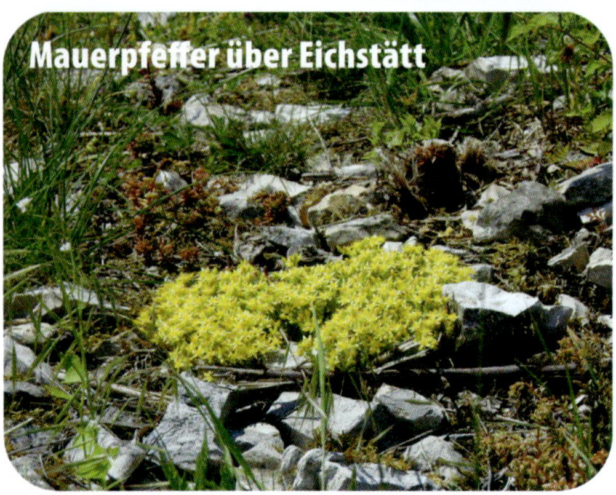
Mauerpfeffer über Eichstätt

Der Weg mündet in eine Allee, die von mächtigen Kastanien gebildet wird und die **14 Kreuzwegstationen** beschirmt. Auch hier können wir uns niederlassen und die Station 8 meditieren. In Steinstelen sind goldene Gusseisenreliefs mit der Darstellung von Jesu Leidensgeschichte eingelassen. Beim Weitergehen genießen wir den Schatten der alten Bäume, während die Szenen der Passion rückwärts erzählt werden. Wir biegen mit dem Kreuzweg nach links ab und bleiben im Schatten der Bäume, bis wir nach der Station 1 an ein Marienmarterl gelangen. Hier queren wir die Straße und tauchen mit dem Prinzensteg – so jedenfalls steht es auf dem Schild – in den Laubwald ein. Am Ende des Zickzackwegs zweigen wir scharf rechts ab und halten mit Weg 7 direkt auf die **Cobenzl-Höhle** ❺ zu. Im Innern des künstlich ausgestalteten Felsenlochs finden sich Sitzbänke an den Wänden. Plötzlich werden in unserer Fantasie Bilder von geheimen Treffen und einem romantischen Tête-à-Tête lebendig.

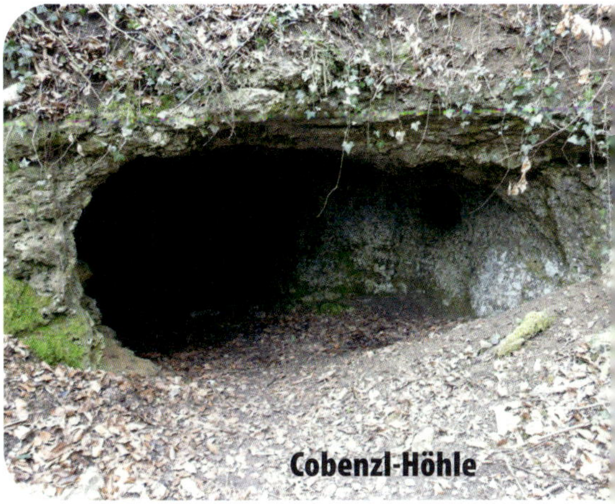
Cobenzl-Höhle

Auf halber Höhe windet sich unser 7er-Pfad nun durch herrlichen Mischwald. Im Frühling tauchen Leberblümchen die Abhänge in sattes Blau. Schließlich führt ein hölzernes Geländer nach links den Abhang hinunter und wir verlassen die 7 zugunsten der Kult-UrWald-Route 1. An einer malerischen Felspartie halten wir uns rechts, immer auf der Route eins. Die Warnschilder „Absturzgefahr“ nehmen wir zu Kenntnis und bleiben auf dem Weg um eine Felsnase, in die ein goldenes Quadrat eingelassen ist. Dieses **Kunstprojekt „Goldener Pfad“** ❻ verweist auf die Eichstätter Geschichte und das goldene Herz seiner Bewohner.

*Als Domkapitular wollte Ludwig Graf **Cobenzl** im 18. Jahrhundert vergeblich Fürstbischof werden. Er gehörte jedoch dem Illuminaten-Orden an. Die ausgedehnte, nach englischem Vorbild angelegte Parkanlage seines Schlösschens machte er der Öffentlichkeit zugänglich.*

Am Artenvielfalt-Memory wählen wir dann die rechte Variante, bis uns ein Pfeil mit dem Nordic-Walking-Weg 3 nach links zum Kloster ins Rosental schickt. Am Ordensfriedhof biegen wir nach links ab und erreichen in Kürze die Klostergebäude wieder. Wir fühlen uns entspannt und mit uns selbst im Reinen. Um diesen Zustand noch zu vertiefen, machen wir auf dem Rückweg Halt in der kleinen traditionellen **Schnapsbrennerei** 7 von Georg Mayer, in der ausschließlich heimische Produkte wie Schlehen und Wacholder verarbeitet werden. Damit können wir auch daheim noch einmal das Aroma der Jurahänge auf unserer Zunge spüren.

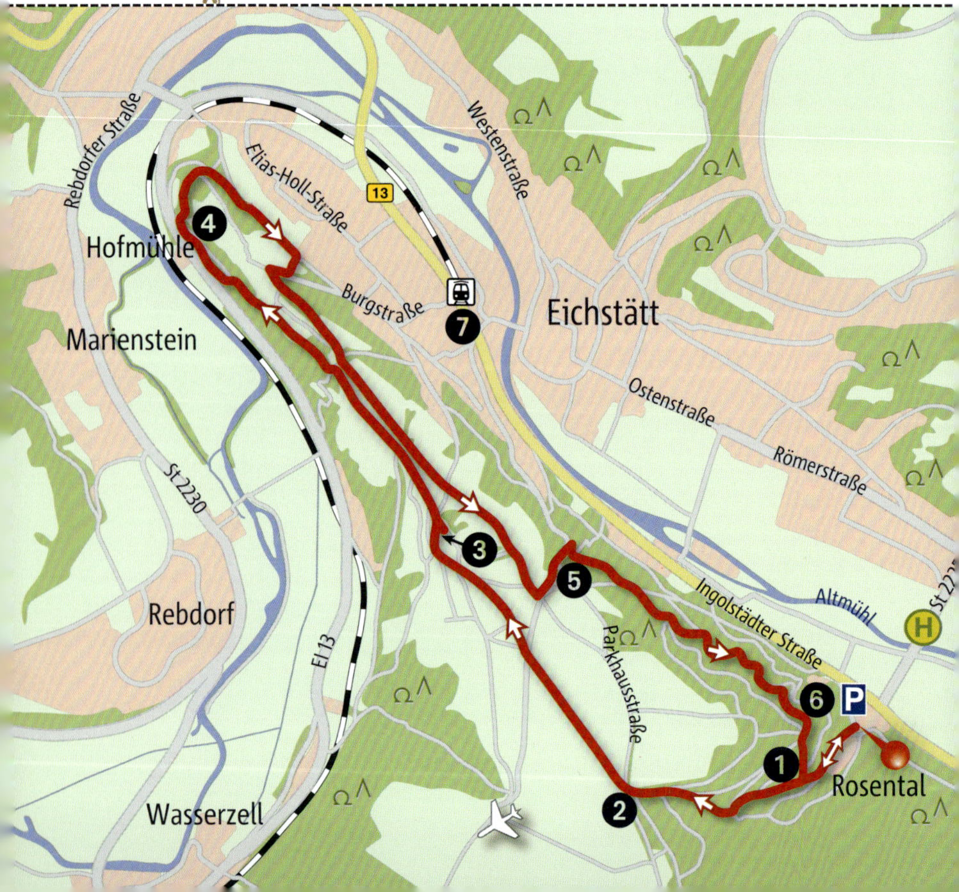

Alles auf einen Blick

WIE & WANN:
Wald- und Jurapfade, geschotterter Weg, Trockenrasen, wenig Asphalt; am schönsten von Frühjahr bis Herbst.

HIN & WEG:
Auto: Parkplatz Rosental, 85072 Eichstätt (GPS: 48.880580, 11.197400)
ÖPNV: Bus 140 von Stadtbahnhof Eichstätt zur Pirkheimer Brücke, dann 10 Minuten Fußmarsch

ESSEN & ENTSPANNEN:
Bitte an Rucksackverpflegung denken!
Schnapsbrennerei Mayer ❼ Weißenburger Straße 5, 85072 Eichstätt, Tel. (0 84 21) 9 36 79 96, www.schnaps-mayer.de

ENTDECKEN & ERLEBEN:
Ordensfriedhof der Oblaten ❶
Steinernes Marterl ❷
Frauenbergkapelle ❸
Willibaldsburg ❹
Cobenzl-Höhle ❺
Kunstprojekt „Goldener Pfad" ❻

Entspannung ★★★★☆
Genuss ★★★☆☆
Romantik ★★★★★

Himmelwärts

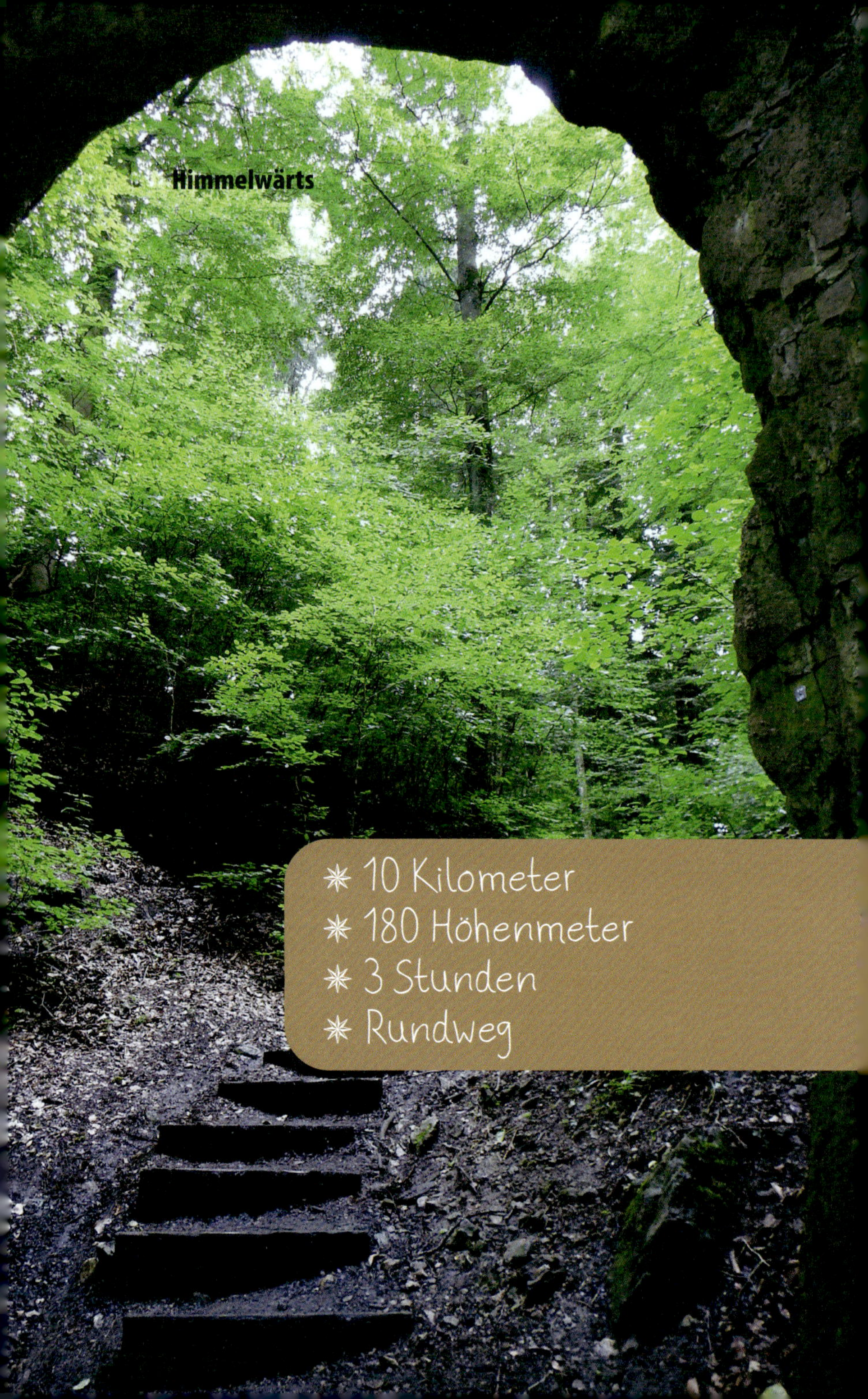

* 10 Kilometer
* 180 Höhenmeter
* 3 Stunden
* Rundweg

Das Altmühltal ist geprägt von einer Vielzahl unterschiedlicher Burganlagen, die errichtet wurden, um Macht und Herrschaftsanspruch zu demonstrieren. Heutzutage sind sie meist verfallen und häufig erzählen nur noch kleine Erhebungen im Boden oder bemooste Steine vom Stolz der einstigen Bewohner. Gleich drei solcher Anlagen thronten einst über dem kleinen Weiler **Unteremmendorf.** Hier beginnen wir die Zeitreise zu unseren Vorfahren und nähern uns dabei von der Steinzeit aus immer mehr der Moderne.

Wir parken unser Auto an der **Bushaltestelle** in Unteremmendorf. Sogleich fällt uns zu unserer Rechten ein wunderschön renoviertes Jurahaus ins Auge. Dieses ehemalige **Hirtenhäuschen** ① kann übrigens als romantisches Feriendomizil gemietet werden. Dahinter biegen wir nach rechts, passieren den Ortsrand am Sport-

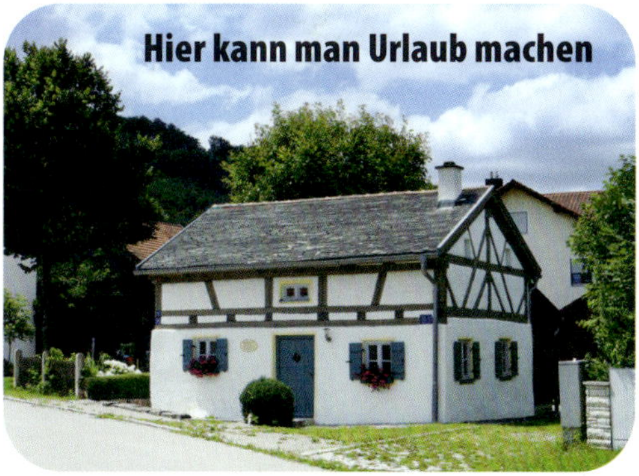

Hier kann man Urlaub machen

Zu den Ahnen

Über Kinding zum Torfelsen

platz und folgen dem grünen Tal geradeaus. Die asphaltierte Straße geht in einen Schotterweg über. Der süße Duft frisch gemähten Grases steigt uns in die Nase. Am Ende des ersten Feldes zu unserer Linken halten wir uns an der Holzlege links und steigen nun gemächlich dem Waldrand zu.

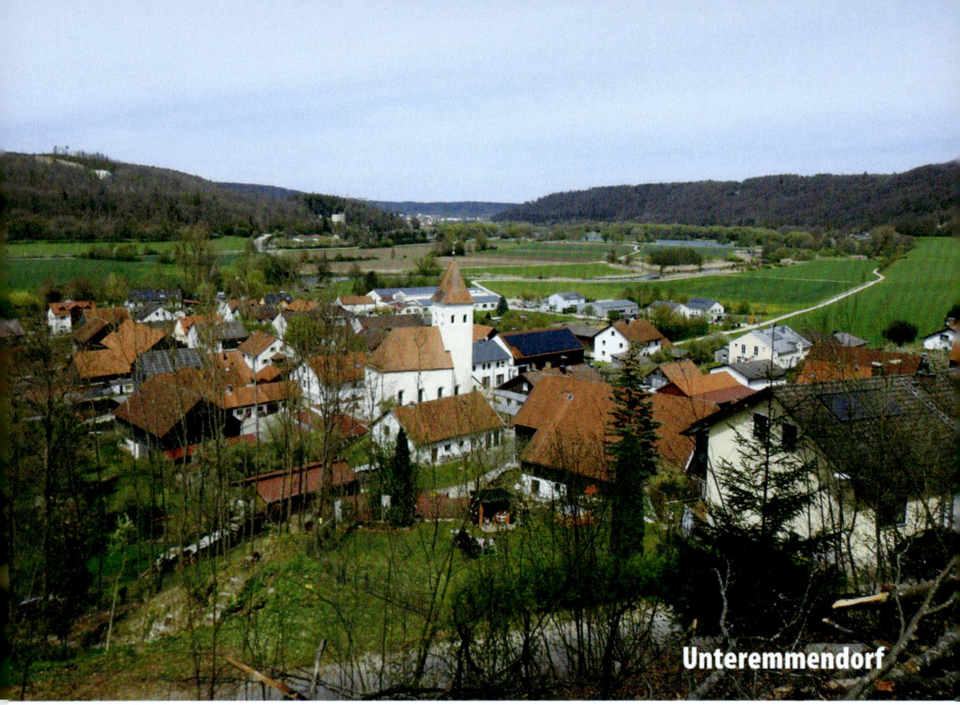

Unteremmendorf

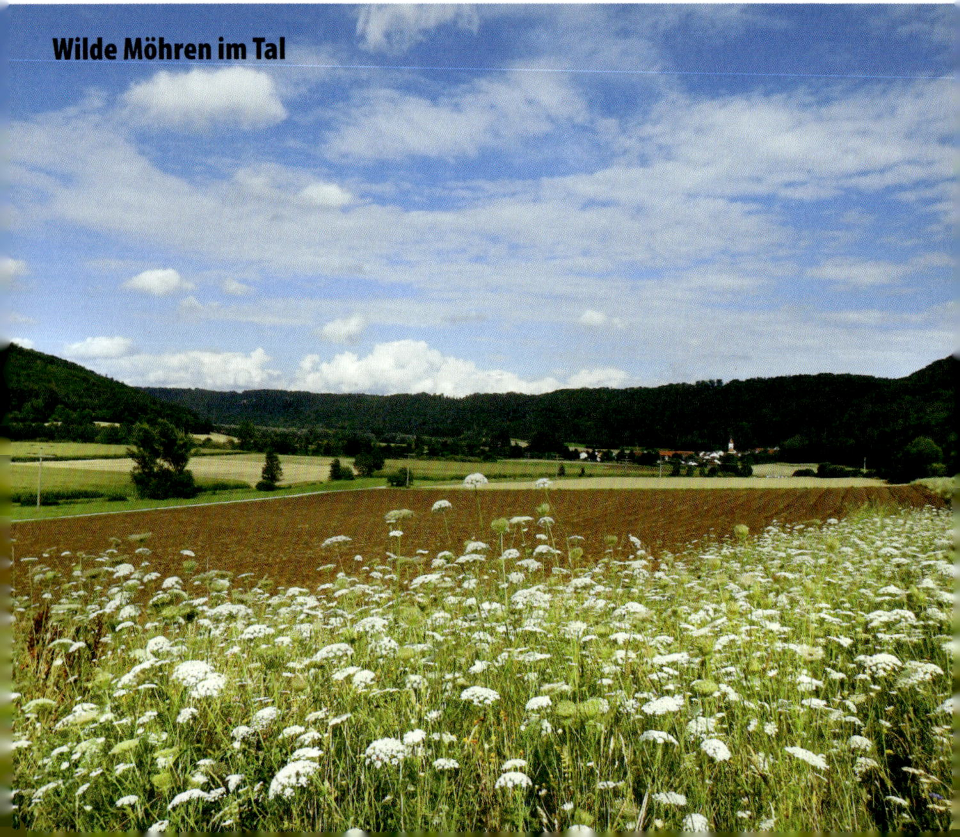

Wilde Möhren im Tal

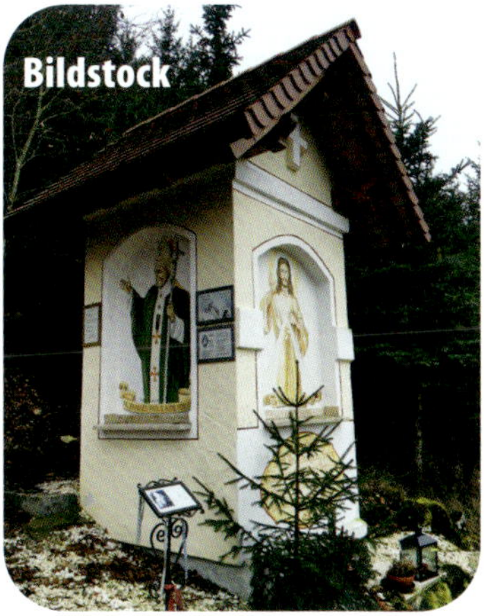

Wir bleiben auf diesem Weg, bis vor uns der **Bildstock der göttlichen Barmherzigkeit ❷**, ein modernes Kapellchen mit der Abbildung von Papst Johannes Paul II., auftaucht – ein Zeichen lebendigen Glaubens.

Vor dem Gebäude zweigt unser Pfad nach links in den Wald und führt in einer Rechtskurve durch Nadelgehölz, das bald in lichten Buchenmischwald übergeht. An einer Bank biegen wir kurz nach links bergauf und gleich wieder nach rechts ab, um auf halber Hanghöhe parallel zum Altmühltal zu wandern. Dieses liegt mit seinen Feldern, Sträuchern und Wegen rechts unter uns. Der Hektik und dem Trubel enthoben, gleiten wir gleichsam durch das Grün der Natur, begleitet vom fröhlichen Gesang der Vögel. **Kinding** mit seiner sehenswerten Wehrkirche taucht unter uns auf. Nun treffen wir auf eine weitere Kapelle. Wie hübsch die drei heiligen Damen im Inneren gemalt sind!

Für die Seele

Auf unserer Zeitreise begeben wir uns auf die Suche nach unseren Ahnen. So erfahren wir etwas über unsere Wurzeln und uns selbst.

Hier endet unser Talweg und wir folgen dem Pfeil zur **Kindinger Klause ❸** nach links steil bergauf in den Wald. Über uns entdecken wir mächtige Felsen. Den moosbefelsten Hohlweg, der uns heraufbringt, durchschreiten wir quasi als Zugang unserer Zeitreise zum Beginn der menschlichen Sesshaftwerdung. Dann folgen wir der Ausschilderung nach rechts zur Klause,

*Erst gegen Ende der **Steinzeit** wurde der Mensch sesshaft, begann Ackerbau zu betreiben und wilde Tiere zu zähmen, und schuf damit die grundlegenden Voraussetzungen für unsere heutige Kultur. Damit begann allerdings zugleich die Ausbeutung der Umwelt.*

einem mächtigen Felsunterstand. Viele Funde haben den Erforschern verraten, dass bereits die Menschen der Steinzeit in dieser Halbhöhle trockenen Unterschlupf fanden. Durch ein Geländer gesichert, klettern wir die letzten Meter bis auf den Vorsprung hinauf. Reste eines Lagerfeuers verraten, dass dieser magische Ort nicht nur uns in seinen Bann schlägt. Wir sehen vor unserem inneren Auge das Mammutsteak über dem Feuer brutzeln.

Nach diesem Abstecher kehren wir bis zum Abzweig zurück, gehen nun rechts mit den Felsen zu unserer Rechten weiter den Berg hinauf. Oben wartet eine Bank, damit wir uns ein wenig vom Bergsteigen erholen können. Hier biegen wir auf den Schotterweg nach links ab „Richtung Bronzezeit“. Eine hölzerne Sitzgruppe, um die herum kleinere Erhebungen wie überdimensionale Maulwurfshügel aus dem Waldboden ragen, markiert den nächsten Halt. Eine Tafel klärt darüber auf, wie unsere Vorfahren vor rund 3500 Jahren in solchen **Hügelgräbern** ❹ bestattet wurden. Andächtig gedenken wir ihrer, bevor wir dem Waldweg weiter folgen.

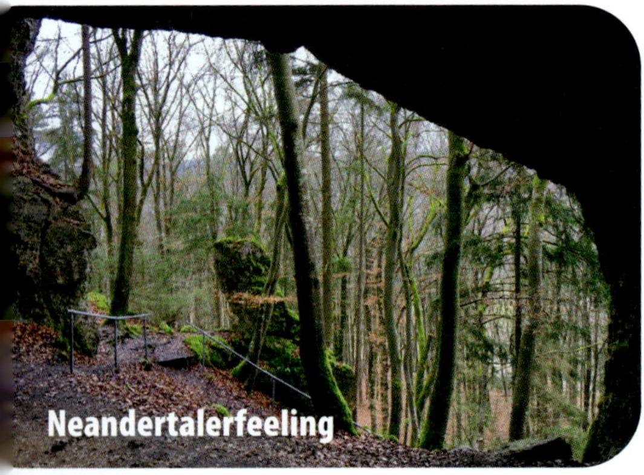
Neandertalerfeeling

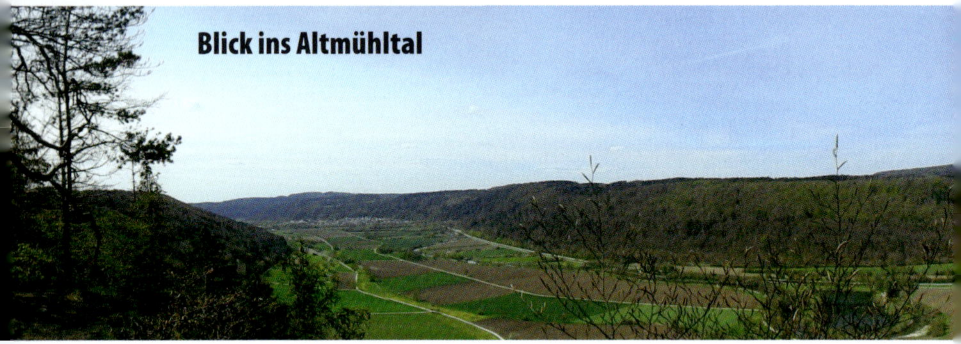
Blick ins Altmühltal

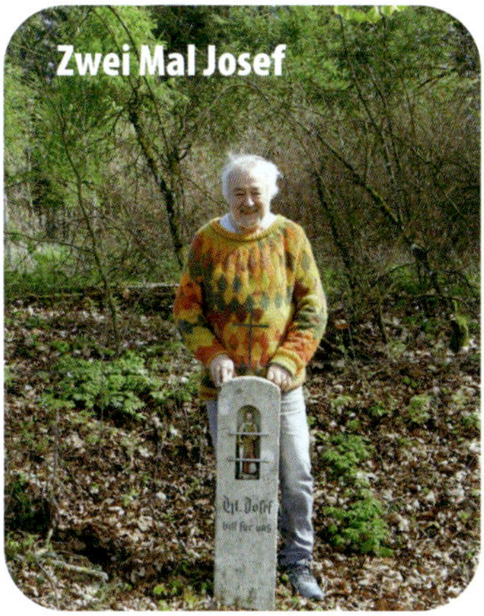

Zwei Mal Josef

Nun gabelt sich der Weg um eine umzäunte Lichtung. Dort gehen wir – immer auf dem Kindinger Burgenweg – geradeaus, mit dem Zaun zu unserer Rechten. Ein Schild warnt uns vor schlechtem Wegzustand, aber die meisten matschigen Stellen sind mittlerweile mit Alternativwegen gut zu umgehen. An der folgenden T-Kreuzung wenden wir uns scharf nach links und kommen auf eine Neuaufforstung. Mit einer Rechtskurve folgen wir der Hangkante und haben ab und zu einen hübschen Ausblick ins Altmühltal. Dann verengt sich der Weg, schlängelt sich geheimnisvoll durchs Gebüsch zurück in den Wald und endet in einem mystischen Baumtunnel, wo sich über unseren Köpfen die Zweige küssen. Der Schotterstraße an seinem Ende folgen wir nach links. Sie beschreibt dann eine Rechtskurve. Kurz bevor sie in einer T-Kreuzung endet, zweigt bei einem Verkehrsschild unser kleiner Pfad nach links ab (der Burgenweg). Er führt durch eine Senke in einen Hohlweg und endet an der Wiesenlichtung. Hier bleiben wir geradeaus am Waldrand. Am Gebetsstein für den heiligen Josef, der sich als Zimmermann auch um die Waldarbeiter sorgt, halten wir uns links und kreuzen vorsichtig die Asphaltstraße.

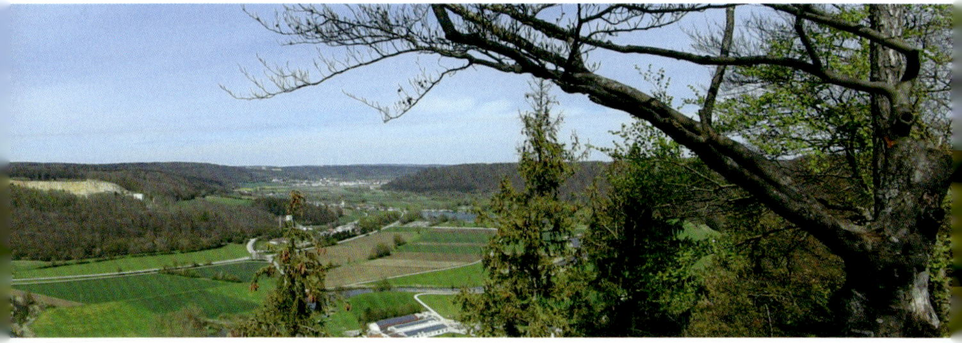

Wir unterqueren die Stromleitung und nähern uns auf dem Schotterweg dem Mittelalter. Bald zweigt der Burgenweg auf einem schmaleren Pfad nach links ab und wir gelangen zum **Langfelsen ⑤**. Der Spruch auf dem dortigen Steinkreuz scheint direkt für uns geschrieben – und so setzen wir uns auf eine der Bänke und lassen den eindrucksvollen Ausblick auf uns wirken: Von der wehrhaften Kirchenburg in Kinding zur Linken bis Beilngries mit der krönenden Burg Hirschberg schweift der Blick über das breite Tal, in dem die Altmühl träge ihre Kurven zieht und hier und dort Seen bildet. Der **Kratzmühlsee ⑥** beispielsweise wurde zu einem Naherholungsgebiet mit angeschlossenem Campingplatz ausgebaut. Dort kann man wie Diogenes in einer Tonne schlafen oder ein Schäferstündchen in einem Schäferwagen verbringen.

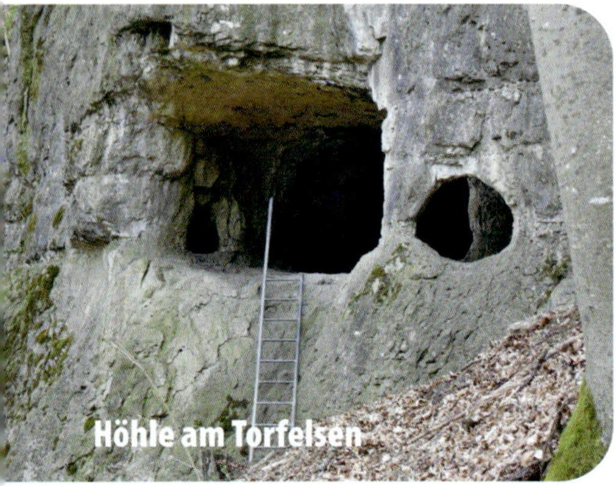

Höhle am Torfelsen

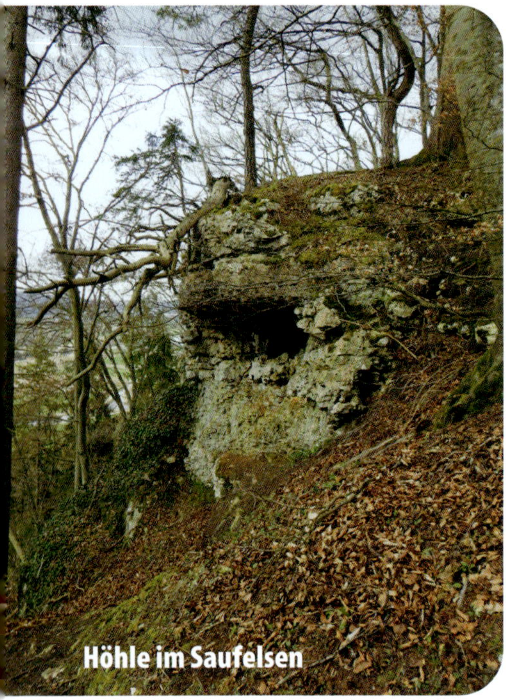

Höhle im Saufelsen

Wir bleiben an der Hangkante, steigen noch etwas bergauf und erreichen einen kleinen Picknickplatz mit Informationstafel. Bei deren Lektüre erfahren wir Näheres über die drei ehemaligen Burganlagen, die sich wie Perlen an der Hangkante entlangreihten.

Mit Holzstufen gelangen wir links hinab zum **Torfelsen ⑦**, der von mächtigem Gestein flankiert ist. Wir treten durch ihn hindurch wie durch ein Tor zu einer anderen Welt: Sowohl rechts als

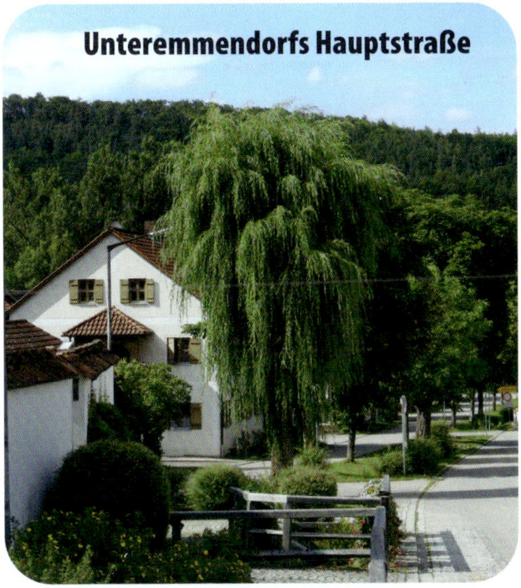

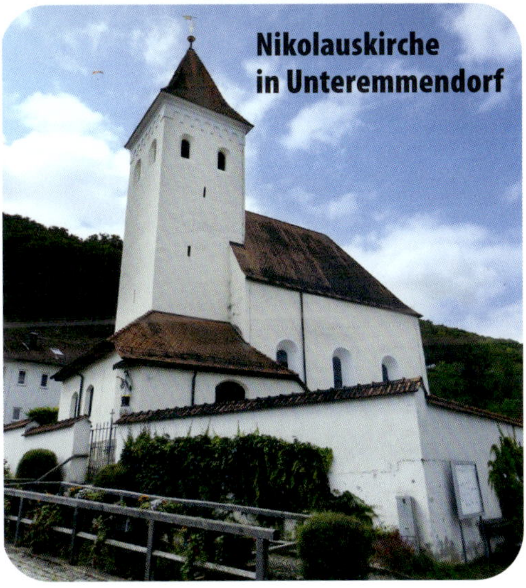

auch links des Bogens klaffen natürliche Höhlen. Wie ein urtümliches Gesicht blickt uns die Öffnung entgegen und lädt mit einer Leiter zur Besichtigung ein. Der Höhlenmensch in uns lässt sich dazu nicht lange bitten. Schließlich kehren wir durch den natürlichen Torbogen zurück und befinden uns nun im Innern der einstigen Burg. Hier ist vor langer Zeit eine Höhle eingebrochen und hat dieses schützende Fleckchen geschaffen. Nun kehren wir zum Picknickplatz zurück und folgen dem Burgenweg weiter nach links zum **Saufelsen.** In unserer Fantasie entsteht das Bild einer kleinen Wehranlage mit Wall und Graben. Wir umrunden sie auf ihrer rechten Seite und folgen dem Burgenweg aus dem Wald heraus, wo er scharf nach links den Berg herunterführt. Auf dieser Talstrecke wünschen wir uns viel Schnee und einen Schlitten, auf dem wir mit wehendem Schal hinabsausen.

Unten treffen wir auf eine Asphaltstraße und halten uns links. Wir überqueren den munter plätschernden Mühlbach, der hier in einem kleinen Bassin gesammelt wird, um dann durch das Dorf zu fließen und dabei die Hauptstraße in zwei Teile zu teilen. Durch das Grün des Ufers und die Baumreihe wirkt das freund-

Ein sehr beliebter Heiliger ist ***Nikolaus.*** *Mit drei heimlichen Spenden hat er einen armen Mann davor bewahrt, seine Töchter verkaufen zu müssen. In Erinnerung daran finden die Kinder heute an seinem Festtag, dem 6. Dezember, kleine Geschenke in ihren Stiefeln.*

lich und einladend. Wir fühlen uns hier pudelwohl und in frühere Zeiten zurückversetzt.

Am Kirchentor der **Nikolaus-Kirche** 8 haben wir Glück: Die Mesnerfamilie ist gerade beim Frühjahrsputz und gestattet uns einen Blick ins Kirchenschiff. Wir entdecken den Kirchenpatron, den heiligen **Nikolaus,** an der Decke vor dem Panorama des barocken Dorfes mitsamt dem Torfelsen – welch ein hübscher Trick des Malers, die Zeiten miteinander zu verbinden.

Um unseren Ausflug gemütlich abzurunden, kehren wir im **Landgasthof Wagner** 9 ein und lassen uns dort mit regionalen Köstlichkeiten und Slow Food verwöhnen.

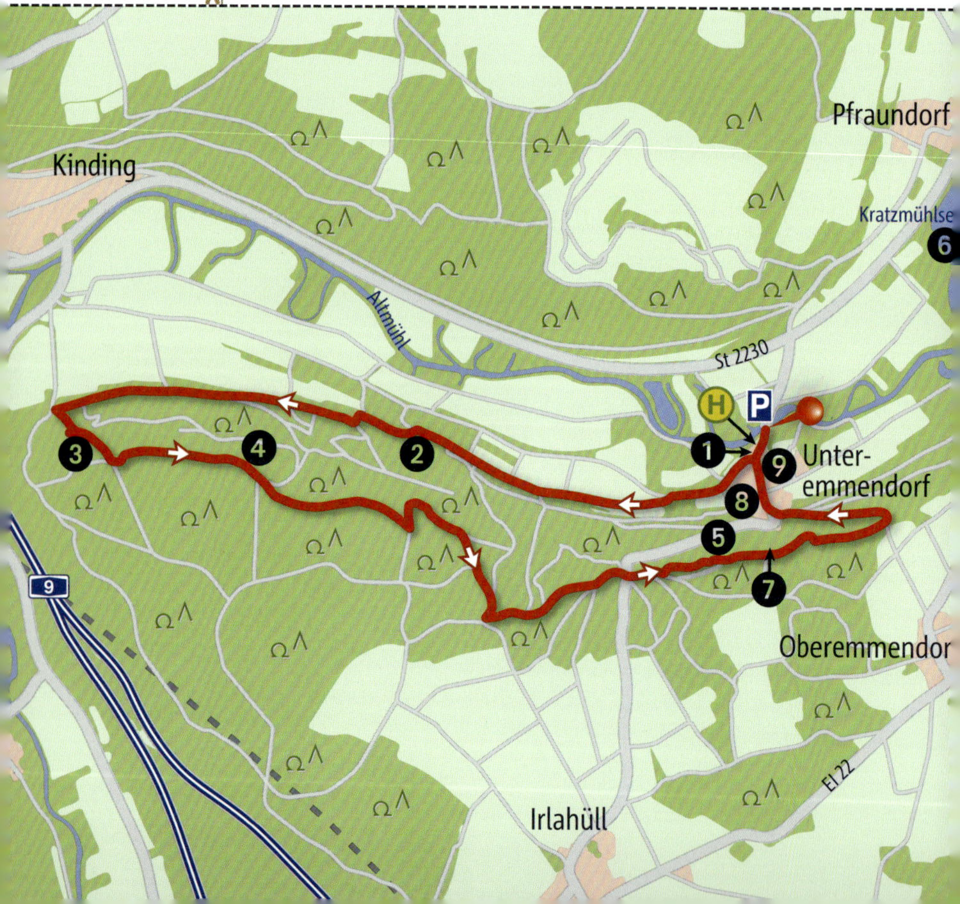

Alles auf einen Blick

WIE & WANN:
Asphalt- und Schotterstraße, Wald- und Feldwege; April bis Oktober.

HIN & WEG:
Auto: in 85125 Unteremmendorf z. B. beim Bootsausstieg (GPS: 48.992190, 11.434055)
ÖPNV: Bus 9234 von Eichstätt nach Unteremmendorf

ESSEN & ENTSPANNEN:
Kratzmühlsee ❻ Naherholungsgebiet mit Campingplatz, Mühlweg 2, 85125 Kinding, Tel. (0 84 61) 6 41 70, kratzmuehle.de
Landgasthof Wagner ❾ Unteremmendorf 5, 85125 Kinding, Tel. (0 84 67) 2 79, www.landgasthof-wagner.de

ENTDECKEN & ERLEBEN:
Hirtenhäuschen ❶
Bildstock der göttlichen Barmherzigkeit ❷
Kindinger Klause ❸
Hügelgräber ❹
Aussicht vom Langfelsen ❺
Torfelsen ❼
Nikolaus-Kirche ❽

Entspannung ★★★★☆
Genuss ★★★★☆
Romantik ★★★★★

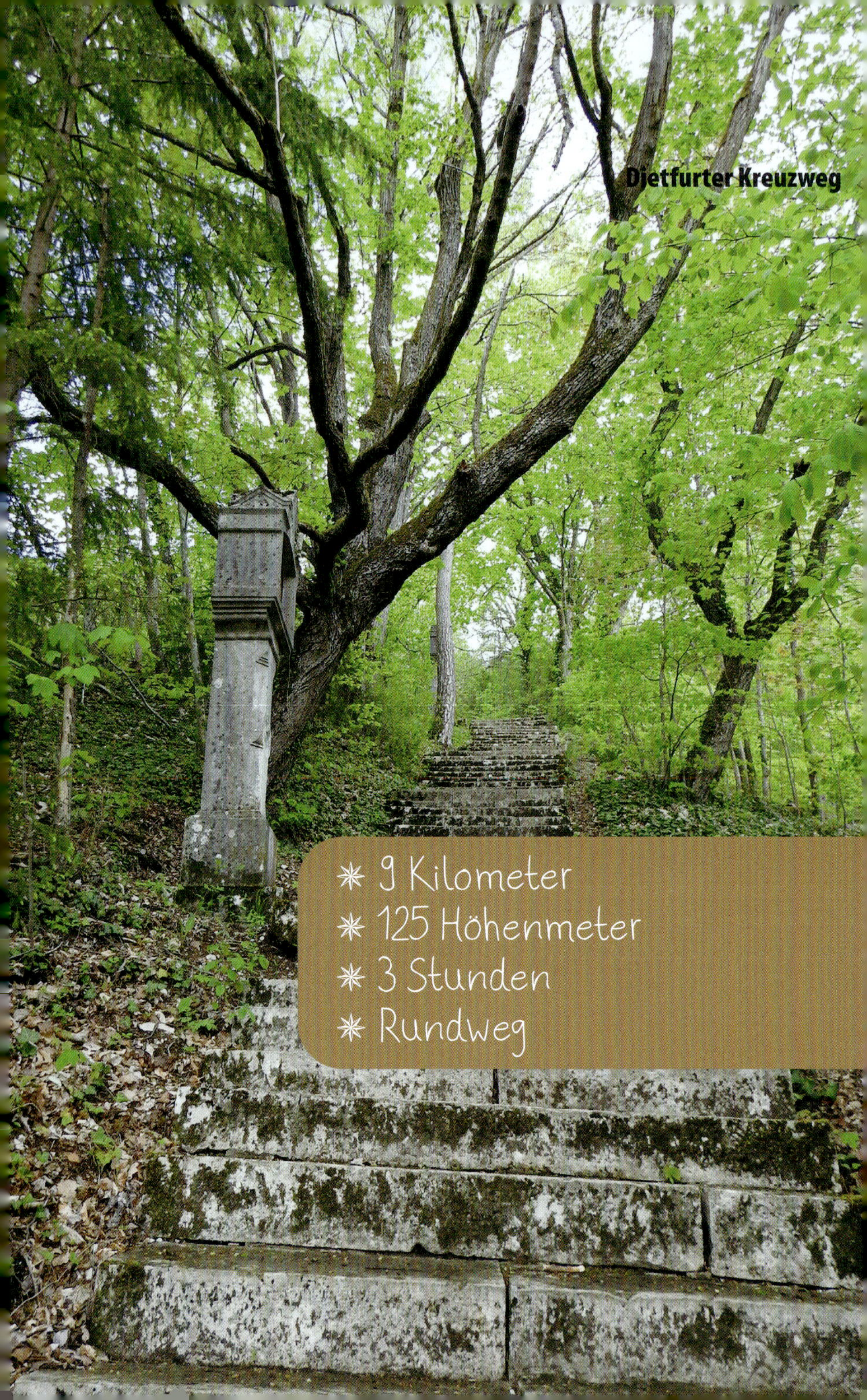

- 9 Kilometer
- 125 Höhenmeter
- 3 Stunden
- Rundweg

Heute kommen wir in herrlicher Natur zur Ruhe. Dazu stellen wir unser Auto beim Wasserbehälter am Fuß des Dietfurter Kreuzbergs ab. Wir entdecken einen kleinen Altar und einige Sitzgelegenheiten auf der Lichtung. Hier beginnt der Kreuzweg mit seinen 14 steinernen Stationen. Berührt betrachten wir die alten Stelen, die mit Terracotta-Reliefs aus neuerer Zeit eindrucksvoll illustriert werden. Wir folgen den Stationen über eine steinerne Himmelstreppe den Berg hinauf und spüren kaum eine Anstrengung dabei, so sehr nehmen uns die ausdrucksstarken Darstellungen der einzelnen Charaktere gefangen. Schließlich erreichen wir das große eiserne **Kreuz** (1) mit dem goldenen Kruzifixus, Dietfurts Wahrzeichen. Im Jahr 1883 wurde es mit sechs Pferden hier heraufgezogen und wacht seither über der Stadt. In der Nacht ist es sogar beleuchtet und dient so als Wegweiser durch die Finsternis.

!

*Seit dem Mittelalter hat **Dietfurt** den Spitznamen Bayerisch China. Damals hatten sich die Einwohner vor dem Steuereintreiber „wie die Chinesen hinter einer Mauer versteckt". Besonders eindrucksvoll ist der Chinesenfasching am Unsinnigen Donnerstag.*

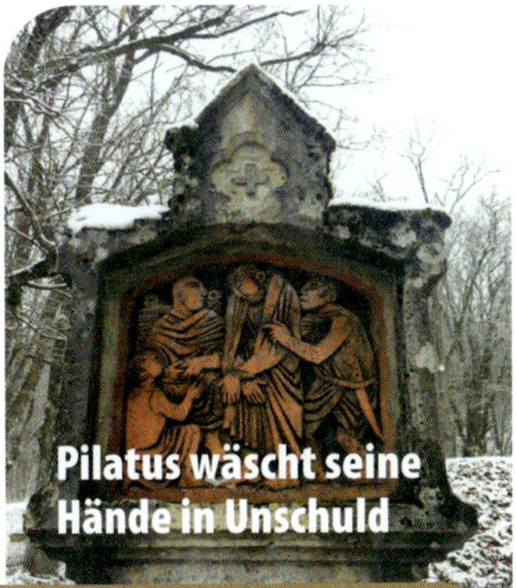

Pilatus wäscht seine Hände in Unschuld

Glaubensvielfalt

Um den Dietfurter Kreuzberg

Von dieser Stelle aus bietet sich ein fantastischer Ausblick über die Häuser des Städtchens und seine sieben Täler bis zum Wolfsberg, zur Altmühl und über die weite Landschaft. Im Frühling blühen hier Hunderte von Küchenschellen und tauchen den Hügel in leuchtendes Lila. Welch traumhafter Ort.

Wir verlassen die Aussichtsfläche an der rechten Seite der Informationstafeln und folgen dem Naturerlebnisweg, der mit einem Schmetterling gekennzeichnet ist, entlang der Hangkante in den Wald. Am bald erreichten Waldrand halten wir uns rechts und bleiben im Schatten der Bäume. Zu unserer Linken taucht allmählich der **Hainsberger Kirchturm** auf. Wie ein guter Freund wird er uns auf unserem Weg über die Hochfläche begleiten und zur Orientierung dienen. Im Frühling bilden Leberblümchen einen blauen Teppich auf dem braunen Boden. Wir folgen dem Schmetterlingspfad ein Stück in den Wald und biegen mit ihm bei einer Bank an der Hangkante nach links ab, bevor er mit ein paar Stufen nach rechts abknickt. Wir überqueren die Forststraße talwärts, wenden uns gleich darauf links auf schmalem Pfad wieder nach oben und erreichen erneut den Waldsaum. Nach einer leichten Linkskurve weist uns ein Pfeil rechts zur **Ödenburg ❷**. Imposant liegt kurz darauf der alte Wallgraben vor uns, den wir auf einer Erdbrücke überwinden. Eine Tafel erzählt uns die Geschichte der Anlage und wir erkunden sie in einem kleinen Rundgang über den Bergsporn. Die Sage über die Ödenberg-Fräulein, die hier in den Gewölben hausen, beeindruckt uns. Vor großen Festen waschen sie im Tal Wäsche und schenken denen, die ihnen helfen, zum Dank ein wunderwirkendes Stück Leinen. Während wir darüber nachsinnen, verlassen wir die Ruine

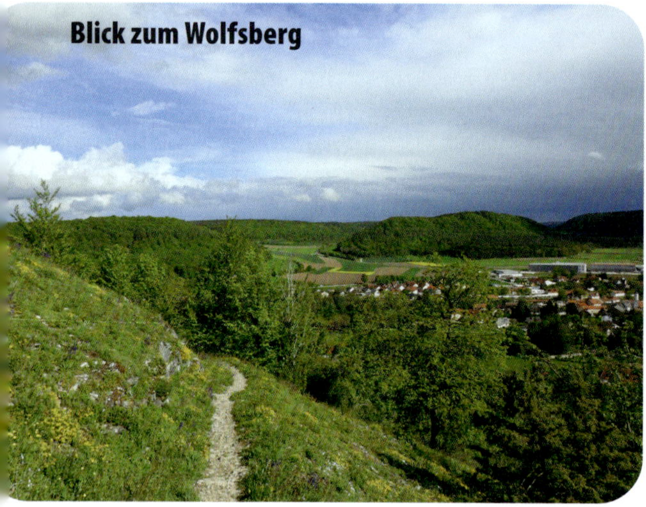
Blick zum Wolfsberg

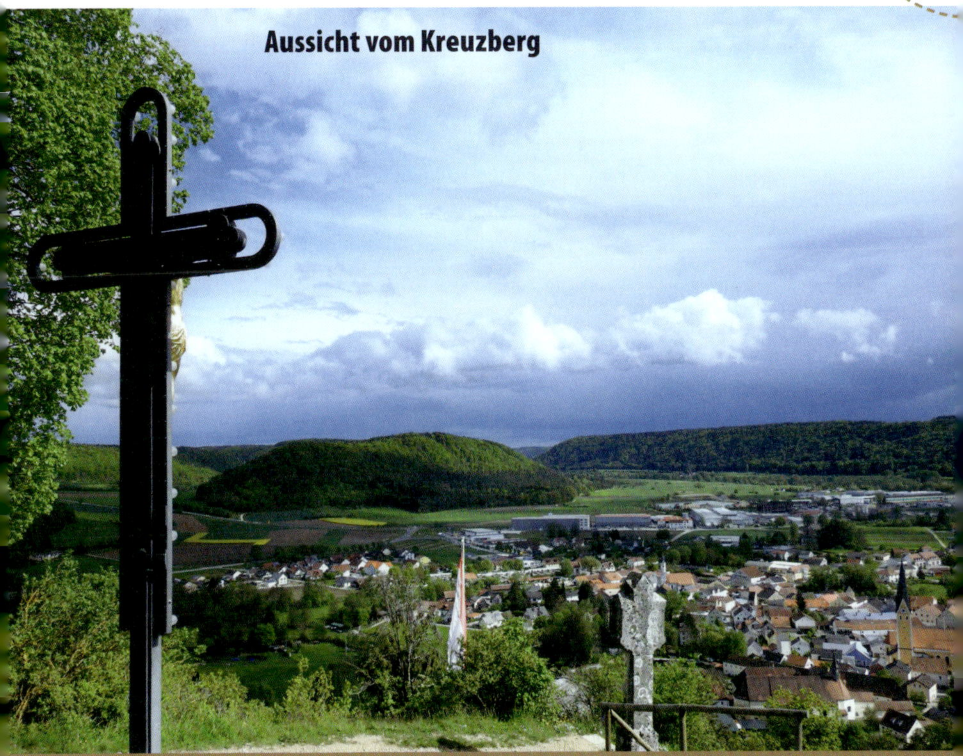

Aussicht vom Kreuzberg

Für die Seele

In einem Bilderbuchtal tanken wir Ruhe und lernen auf dem QiGong-Weg, über den Horizont zu schauen und loszulassen.

wieder über die Erdbrücke, wenden uns gleich nach rechts und gelangen zurück an den Waldrand. Für 1,5 Kilometer bleiben wir noch auf diesem angenehmen Weg entlang üppiger Felder mit dem Kirchturm zu unserer Linken. Schließlich versinkt er und taucht ins Getreide ein, bis uns nur noch die goldene Spitze einen letzten Abschiedsgruß zuwirft.

Der heilige Lebensbaum der Kelten wurde im Mittelalter beinahe ausgerottet, weil das biegsame ***Eibenholz*** *für den Bogenbau gebraucht wurde. Und die Bauern rotteten das sehr giftige Gewächs aus, um ihr Vieh sicher im Wald weiden lassen zu können.*

Zu unserer Rechten lassen die Bäume bereits eine kurze Ahnung des **Labertals** ③ zu, dem wir nun zustreben. Dazu folgen wir dem Schmetterlingsweg nach rechts bergwärts in den Wald. Jetzt fallen uns einige **Eiben** auf, deren rote Früchte im Herbst einladend leuchten.

Nun bleiben wir auf dem Schmetterlingsweg und ignorieren alle Abzweigungen. Im Tal angekommen, steht kurz vor dem Ende des Waldes zu unserer Linken ein Marterl, das an den Tod eines „tugendsammen Jünglings" erinnert, der hier beim Holzrücken ums Leben kam. Wir verlassen den Schmetterlingsweg und biegen scharf rechts ab auf den Wasser- und Mühlenweg Richtung Dietfurt. Leise dringt bereits das Singen des Bächleins an unser Ohr, wenn sich das Wasser seinen Weg durch die Steine bahnt. Viele Flüsse in Bayern haben von diesem Geräusch, das an unaufhörliches Gerede – auf Bayerisch: „labern" – denken lässt, ihren

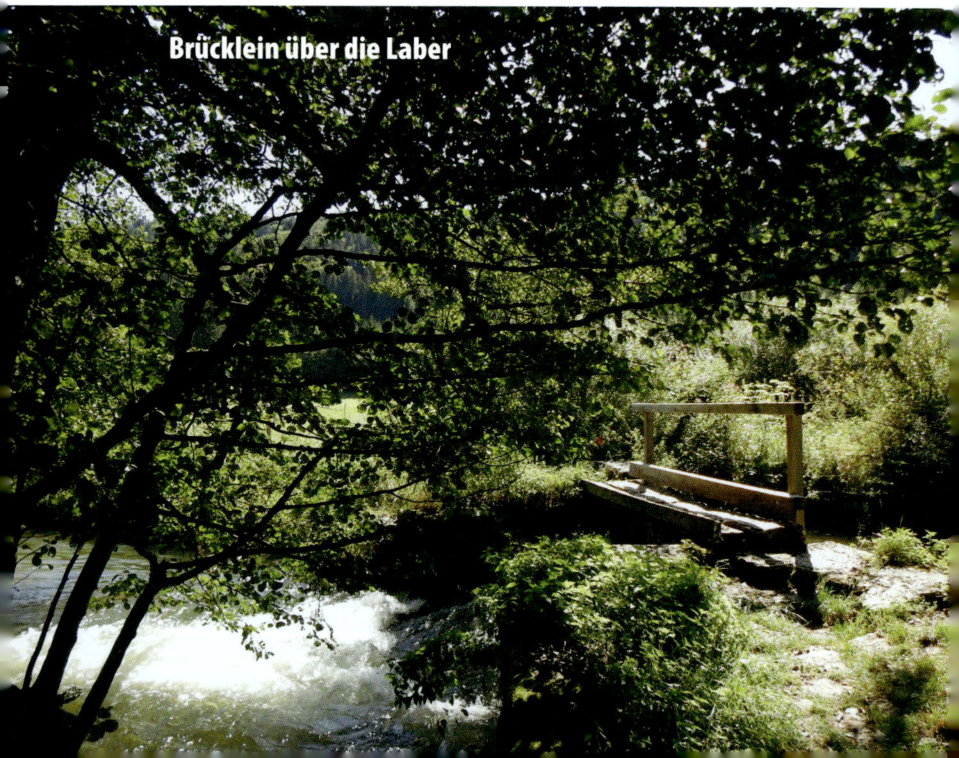

Brücklein über die Laber

Namen. Endlich liegt das weite Tal in all seiner Pracht vor uns. Wir sehen den mäandrierenden Wasserlauf, dessen Ufer von Weiden und Erlen gesäumt ist, und die grünen Wiesen zu beiden Seiten, umrahmt von den Juraabhängen – ein Tal wie aus einem Bilderbuch. Stille und Frieden umfangen uns und auf einmal kommen wir in uns selbst zur Ruhe. Nachdem wir eine kleine Anhöhe überwunden haben, entdecken wir eine Furt an einem Wehr. Hier überqueren wir das Flüsschen und beobachten, wie das Wasser in fröhlichen Fontänen über die Steine schießt. Wir ziehen unsere Schuhe aus und tauchen die Füße ins erfrischende Nass.

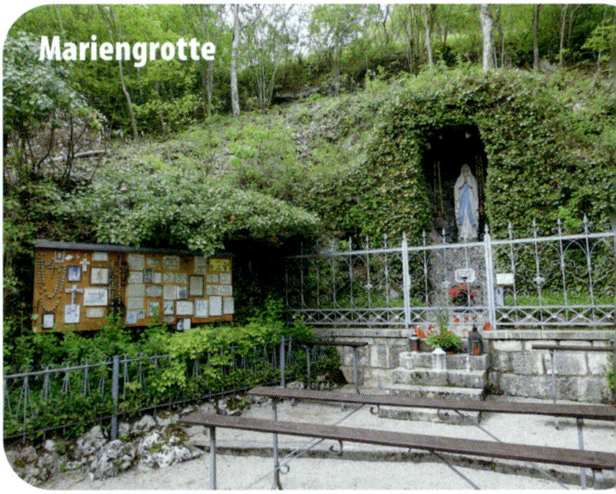

Mariengrotte

Etwa 1,5 Kilometer bleiben wir auf dieser Seite und wandeln zwischen Wald und Wiesen im Tal, begleitet vom Flüsschen zu unserer Rechten. Dann passieren wir eine **Fischzucht ❹**. Aus dem Felsen zu unserer Linken dringt frisches Quellwasser und bietet Pflanzen und Tieren wertvollen Lebensraum. Mit etwas Glück können wir sogar einen Feuersalamander entdecken.

Nach weiteren 250 Metern wechseln wir wieder auf die andere Talseite. Da wir direkt unterhalb der Ödenburg sind, suchen wir das Ufer ab, ob wir nicht die geheimnisvollen Fräulein beim Wäschewaschen erspähen.

Wir folgen dem nun deutlich belebteren Tal für etwa 1,5 Kilometer bis zu einem Marterl. Hier zweigt ein zunächst geschotterter Wanderpfad (Jurasteig und 8) nach rechts ab und verschwindet im Wald. Dort stoßen wir auf unsere erste Tafel des **QiGong-Wegs ❺** und lernen, mithilfe der Wolkenhände unseren Geist zu weiten.

Entschleunigungstour 16

*Im Dietfurter Franziskanerkloster werden in die christliche Lehre Elemente fernöstlicher Meditation wie **Qigong** integriert. Den Mönchen ist es ein Anliegen, den Menschen Kontemplation nahezubringen. So leben sie aktiv das Miteinander verschiedener Religionen.*

Neugierig folgen wir diesem außergewöhnlichen Lehrpfad, der auf halber Hanghöhe durch den herrlichen Buchenwald führt. Wir erreichen eine Lichtung mit der Tafel 8 des QiGong-Wegs. Kurz dahinter zweigt ein kleiner Pfad nach rechts ab, der uns durch einen schmiedeeisernen Torbogen zu einer liebevoll gepflegten **Mariengrotte** ⑥ bringt. Ein paar Bänke laden ein, noch einmal Platz zu nehmen und diesen vielfältigen Ausflug Revue passieren zu lassen. Danach durchschreiten wir den gegenüberliegenden Torbogen. Der abwärts führende Weg bringt uns geradewegs zum Anfang des Kreuzwegs und zu unserem Startpunkt zurück.

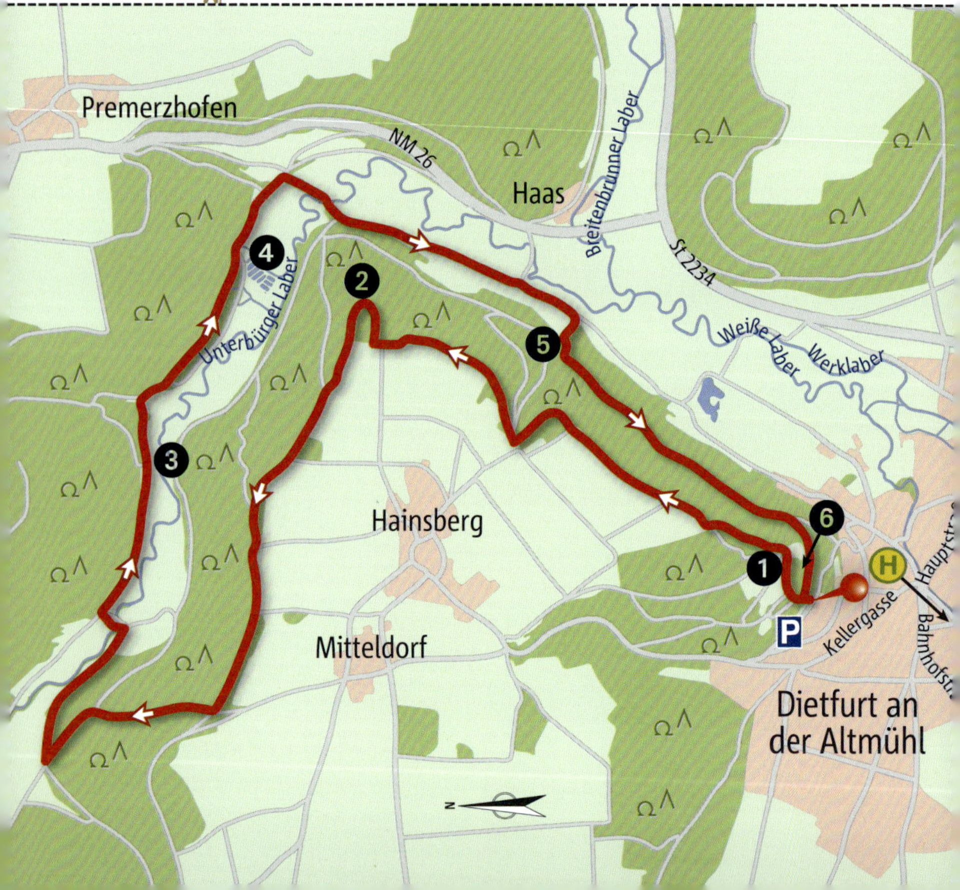

Alles auf einen Blick

WIE & WANN:
Steinstufen, Wald- und Feldwege, Schotterstraßen; besonders reizvoll von März bis Oktober.

HIN & WEG:
Auto: Parken am Wasserbehälter, Pfarrer-Kohl-Weg 12, 82345 Dietfurt an der Altmühl (GPS: 49.038869, 11.584964)
ÖPNV: Bus 515 von Neumarkt/Obpf. bis Weiherstraße, dann etwa 15 Minuten Fußweg

ESSEN & ENTSPANNEN:
Bitte an Rucksackverpflegung denken!

Einkehrmöglichkeiten in der Nähe:
Hotel Zum Bräu-Toni, Hauptstraße 4, 82345 Dietfurt an der Altmühl, Tel. (0 84 64) 60 51 00, www.zum-braeu-toni.de
Gasthaus Stirzer, Hauptstraße 42, 82345 Dietfurt an der Altmühl, Tel. (0 84 64) 6 02 59 90, www.gasthof-stirzer.com

Entspannung ✱✱✱✱
Genuss ✱✱✱✱✱
Romantik ✱✱✱✱✱

ENTDECKEN & ERLEBEN:
Kreuz auf dem Kreuzberg ❶
Ödenburg ❷
Tal der Unterbürger Laber ❸
Fischzucht ❹
QiGong-Weg ❺
Mariengrotte ❻

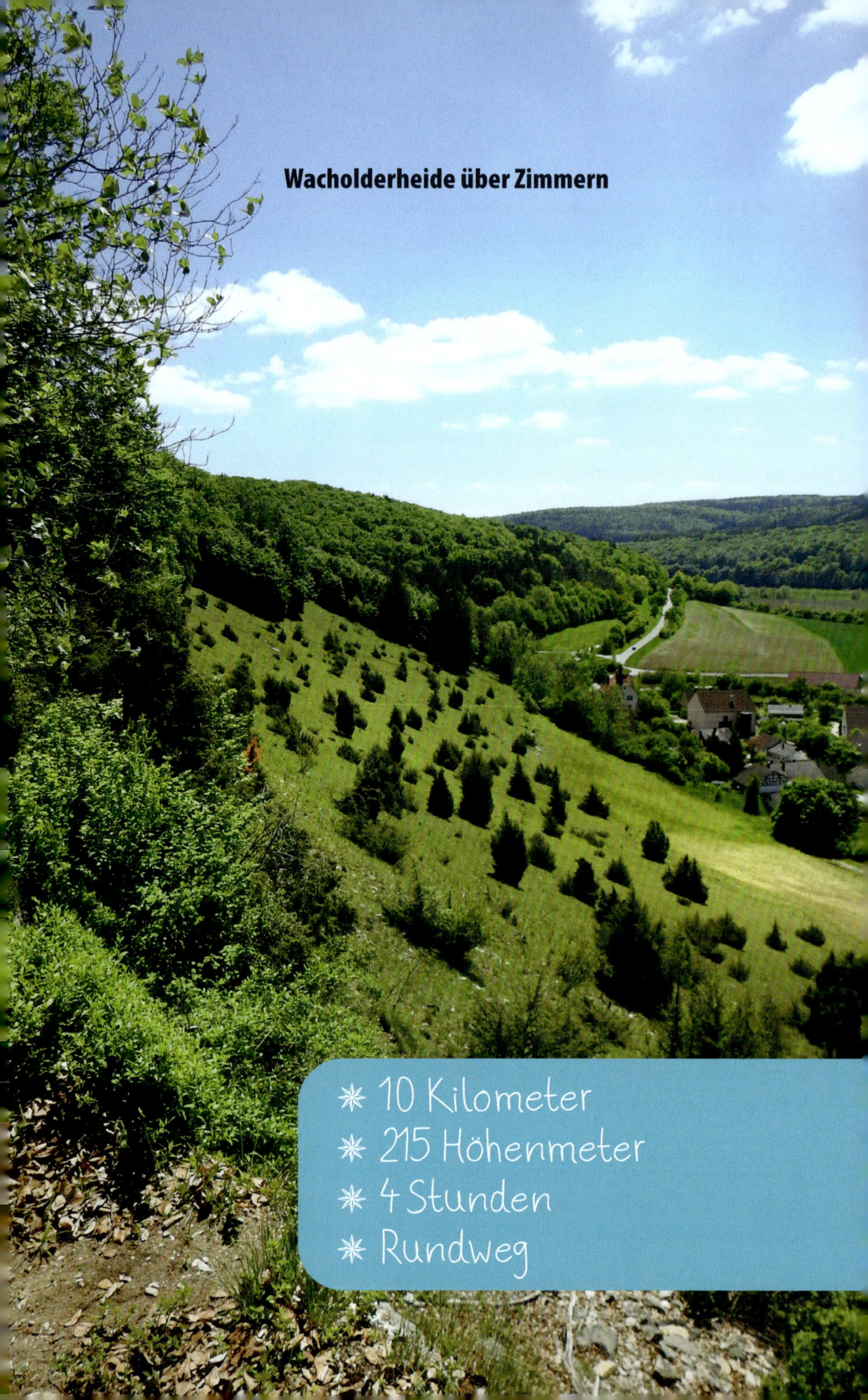

Wacholderheide über Zimmern

* 10 Kilometer
* 215 Höhenmeter
* 4 Stunden
* Rundweg

Nur wenige deutsche Städte haben es bis in die Sammlung geflügelter Worte geschafft. Eine von ihnen erkunden wir heute: Pappenheim – übrigens der einzige Luftkurort Mittelfrankens.

Das Auto stellen wir auf den P4 bei den Sportanlagen und folgen den Hinweisschildern zum Walderlebnispark Richtung Altmühl. Kurz darauf gelangen wir an einen **kleinen Steg,** der uns trockenen Fußes über das Flüsschen bringt. Hier beobachten wir einige Kanufahrer beim Paddeln und biegen nach rechts auf die Promenade ein. Immer wieder eröffnen sich romantische Ausblicke auf die Burg Pappenheim. Hinter den ausgedehnten Sportanlagen taucht am anderen Ufer ein auffälliges Gebilde aus Stahl auf, das mit grünen Weiden umwachsen ist. Diese **Weidenkirche** ① wurde 2007 von der Evangelischen Jugend errichtet und wird von ihr bis heute erhalten. Ein Gottesdienst hier unter freiem Himmel in Begleitung von Vogelstimmen ist ein besonderes Erlebnis, das zu Herzen geht – dem Schöpfer ganz nah.

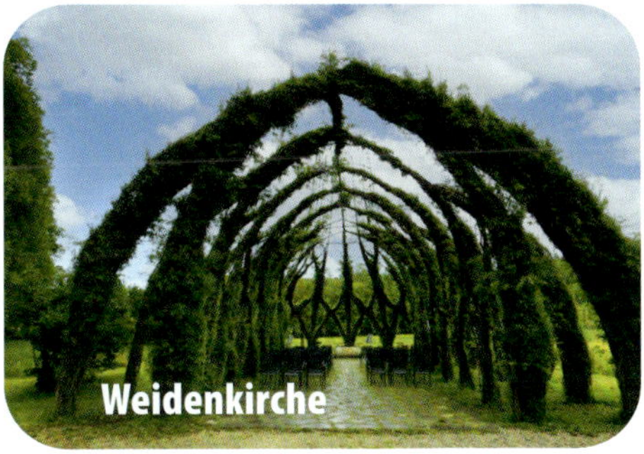
Weidenkirche

Kurz bevor der Uferweg die Staatsstraße erreicht, knickt der Schlaufenweg Nr. 8 scharf nach links ab. Jetzt beginnt unser erster Aufstieg im Zickzack, dem wir auch dort weiter nach rechts folgen, wo der Schlaufenweg geradeaus führt. Allmählich umrunden wir

*Ein Regiment unter Führung von Gottfried Heinrichs zu **Pappenheim** diente im Dreißigjährigen Krieg unter Wallenstein. Friedrich Schiller legte diesem in seinem gleichnamigen Drama folgende Worte in den Mund: „Dran erkenne ich meine Pappenheimer."*

Märchenhaft

Von Pappenheim nach Zimmern

*Das für das träge Flüsschen erstaunlich **breite Tal** wurde ursprünglich vom Ur-Main ausgewaschen, der sich bei Dollnstein mit der Ur-Donau vereinte. Erst nach der Bildung des Oberrheingrabens verließ er dieses Bett und wandte sich dem Rhein zu.*

den Bergsporn und verlassen das Pappenheimer Tal Richtung **Trockenrasen am Schießbuck** ❷. Einige Tafeln des Natur- und Erlebnispfades erklären uns Besonderheiten der Gegend. An diesen vorbei überqueren wir die Wiese und genießen unseren ersten Blick auf die gegenüberliegende Wacholderheide des Dorfes Zimmern. Die Büsche erinnern aus der Ferne an dunkelgrüne Sommersprossen. Am Ende der langen Lindenallee erreichen wir die breite Schotterkreuzung an den **Drei Linden.** Etwas dahinter zweigt unser schmaler Pfad an einer weiteren Tafel nach rechts über die Wiese ab. Nach etwa 300 Metern geht es nach links weiter. Auf halber Höhe umrunden wir nun mit dem Altmühltal-Panoramaweg den Zimmerner Prallhang im

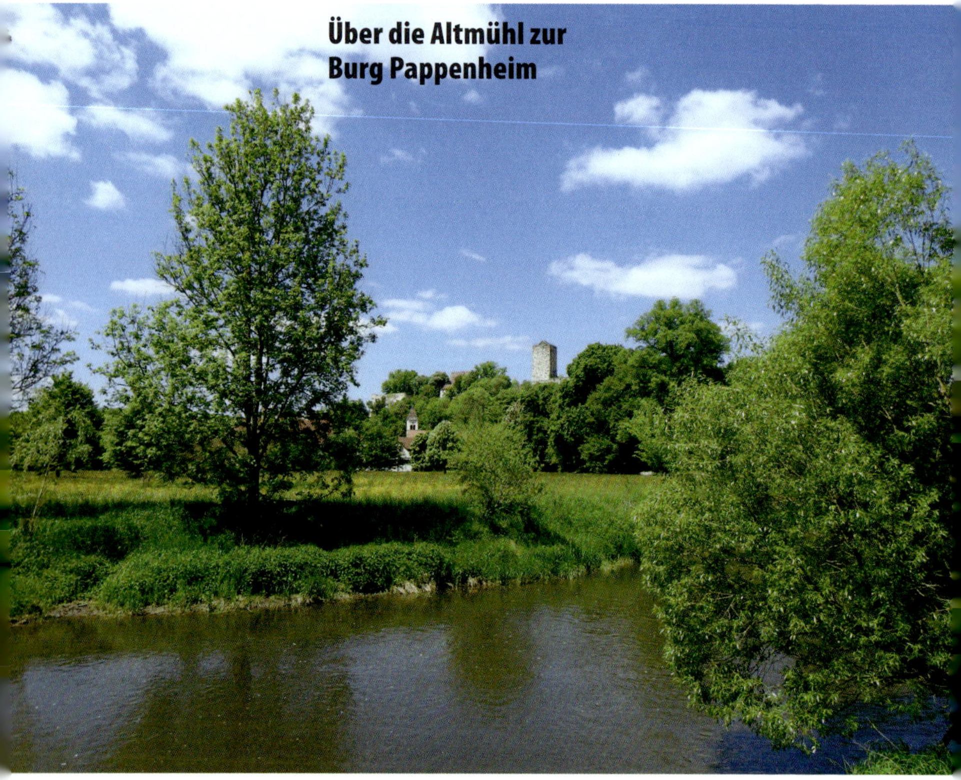

Über die Altmühl zur Burg Pappenheim

kühlen Schatten der Bäume. Dass nicht die schmale Altmühl dieses **gewaltige Tal** geschaffen haben kann, wird uns hier besonders deutlich.

An einem Holzgeländer verlassen wir den Panoramaweg und wenden uns bergauf nach links. Wir umrunden das Ende der oberen Absperrung und tauchen unter den Zweigen hindurch auf den Aussichtsfelsen, den **Hollerstein ③.** Von hier aus liegt uns das Altmühltal zu Füßen. Wie bunte Punkte erscheinen die Boote auf dem Fluss. Und wieder einmal bewundern wir die Kunstfertigkeit, mit der sich Bäume an den Felsen anklammern, um Wind und Wetter zu trotzen.

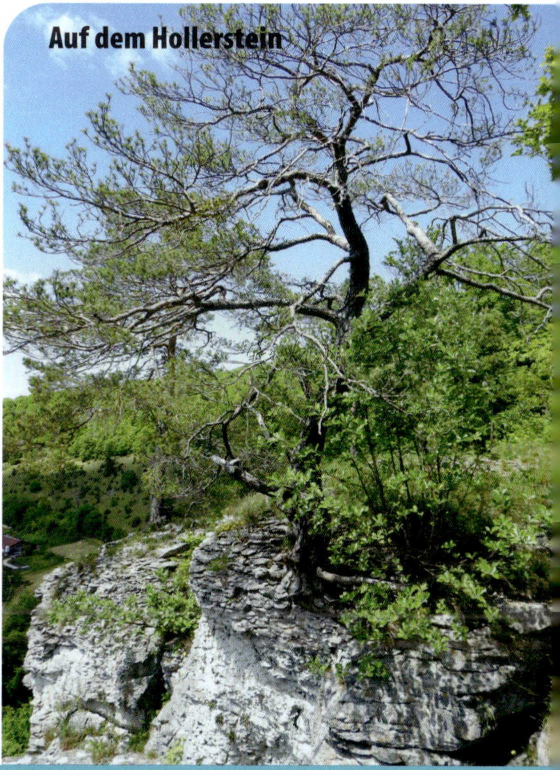
Auf dem Hollerstein

Anschließend kehren wir zum Holzgatter zurück und folgen dem Weg 9 bergauf in den Mischwald. Nach dem recht turbulenten Tal erwartet uns hier Natur pur. Fröhlich singt das Rotkehlchen seine Lieder, die Vergissmeinnicht blühen am Wegesrand und sanft säuselt der Wind in den Blättern.

An der folgenden Abzweigung der nun geschotterten

Für die Seele

Wir fühlen uns bei diesem Ausflug wie im Märchen, genießen traumhafte Ausblicke und begegnen alten Bekannten.

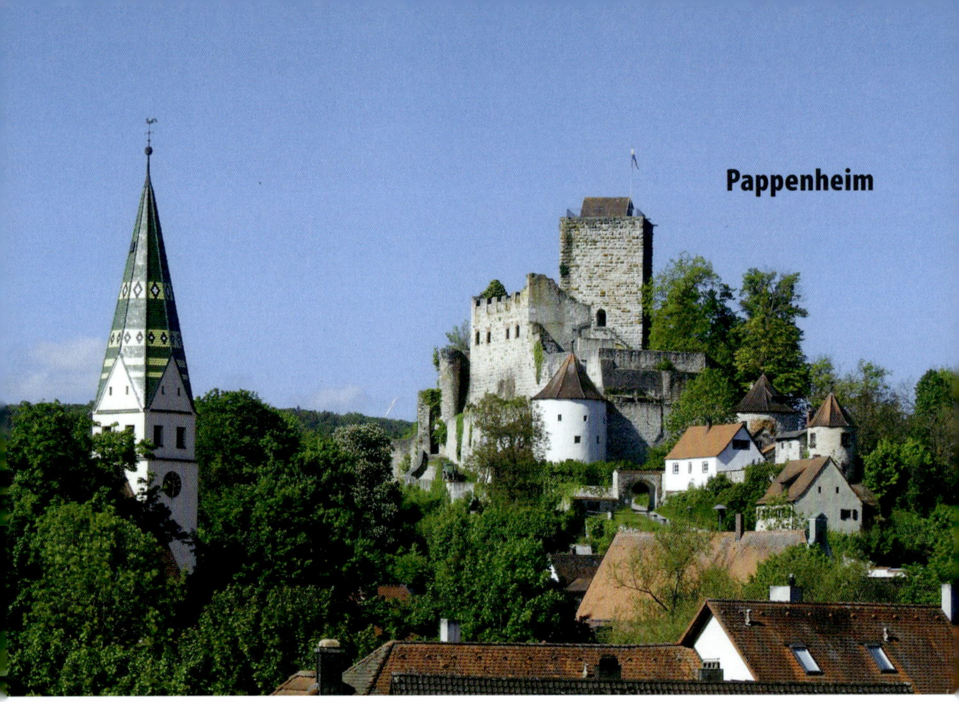

Forststraße halten wir uns rechts und bleiben auch an der nächsten Kreuzung auf der Wanderroute 9, die hier nach links abzweigt. Wir streben auf eine kleine Lichtung zu, an deren Ende ein Häuschen steht. Jetzt verlassen wir die 9 und nähern uns einer Hütte, die dem Verfall preisgegeben zu sein scheint und darauf wartet, aus ihrem Dornröschenschlaf erweckt zu werden. Spontan erinnert sie uns an das Hexenhaus, in dem Hänsel und Gretel Hilfe erhofften. Hinter dem Gebäude führt unser Pfad, die 7, nach links ab und taucht in einen Märchenurwald ein. Es würde uns nicht wundern, gleich auf Rotkäppchen zu treffen und den Wolf hinter den Bäumen hervorspitzen zu sehen. Wir gelangen stetig geradeaus ins Tal. Und plötzlich stehen wir mitten in einer Pappenheimer Siedlungsstraße – fast ein kleiner Kulturschock.

Zum krönenden Abschluss unserer Wanderung geht es nochmals buchstäblich hoch hinaus auf den Weinberg. Dazu biegen wir in den zweiten Weg nach rechts ein, der Richtung Göhren auf eine Wiese zuläuft. Er ist mit der Nr. 6 ausgezeichnet. Lieblich steigt uns der Duft frisch gemähten Grases in die Nase. An der nächsten Weggabelung verlassen wir die 6 aber bereits wieder nach links den Berg hinauf. Nun beginnt unser Aufstieg – ab hier mit der Wegnummer 5. Ein erfrischender Herz-Push-up wartet auf uns. Nach einigen Kehren erkennen wir deutlich, wie wir an Höhe gewinnen. Auch unser Pfad ändert seinen Charakter vom Wiesenweg zum felsigen Waldsteig. Im Laub raschelt es, wenn kleine Mäuschen auf der Suche nach Bucheckern herumhuschen. Dann mündet unser Pfad in eine Schotterstraße und wir biegen nach links ab, um die letzten Meter bis zum **Weinberg** 4 zu erklimmen. Schon bald erblicken wir einen hölzernen Pavillon, hinter dem immer deutlicher der **Ausblick** auf Pappenheim hervortritt. Malerisch liegt der Ort von der Altmühl umflossen und von der mächtigen Burganlage bekrönt. Der Kirchturm mit seinen bunt glasierten Ziegeln setzt zusätzliche Farbakzente.

Frisch und beschwingt machen wir uns an den Abstieg und folgen dem schattigen Weg durch die Lindenallee. Am Fuß des Bergs biegen wir scharf nach

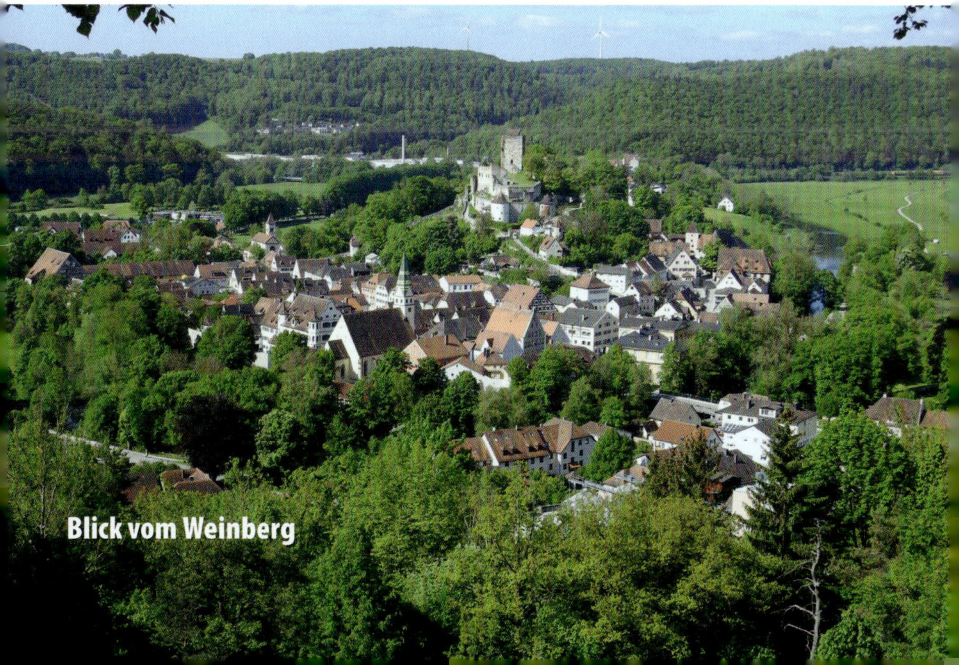

Blick vom Weinberg

*Die romanische **Gallus-Kirche** ist eine der ältesten Kirchen im süddeutschen Raum und gehörte einst zum Kloster St. Gallen in der Schweiz. Nach der Reformation wurde sie zur Pappenheimer Friedhofskirche.*

links in einen Weg mit der Bezeichnung **Am Weinberg 1–4** ab. Er führt zwischen zwei Häusern hindurch weiter bergab. Vor uns sehen wir bereits die **Gallus-Kirche** ❺ liegen.

Direkt hinter der Grundstücksgrenze von Hausnummer 4 bringt uns eine Betontreppe zurück in den Ort. Von hier haben wir einen Blick auf die **Malzfabrik Wurm** und riechen den süßlich-würzigen Duft, der uns an ein frisches Bier denken lässt. Durch den Parkplatz des Nestler-Hauses hindurch gelangen wir schließlich auf die **Beck-Straße** und wenden uns nach rechts. Nun würde uns die Stadtparkstraße nach links wieder zu unserem Ausgangspunkt zurückbringen. Wir sind aber neugierig geworden und wollen die Gallus-Kirche näher kennenlernen. Deshalb folgen wir der Beckstraße an der Mälzerei vorbei und folgen der Ausschilderung dahinter nach rechts.

Mystisch und geheimnisvoll empfängt uns das Kircheninnere mit seinen drei Schiffen und den dicken Mauern. Der Altarraum ist zur Zeit der Gotik „modernisiert" und mit einem neuen Marienaltar ausgestattet worden.

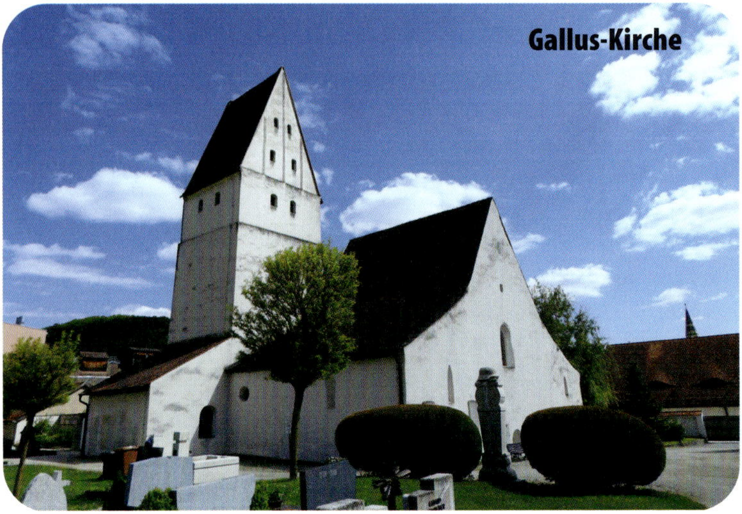

Gallus-Kirche

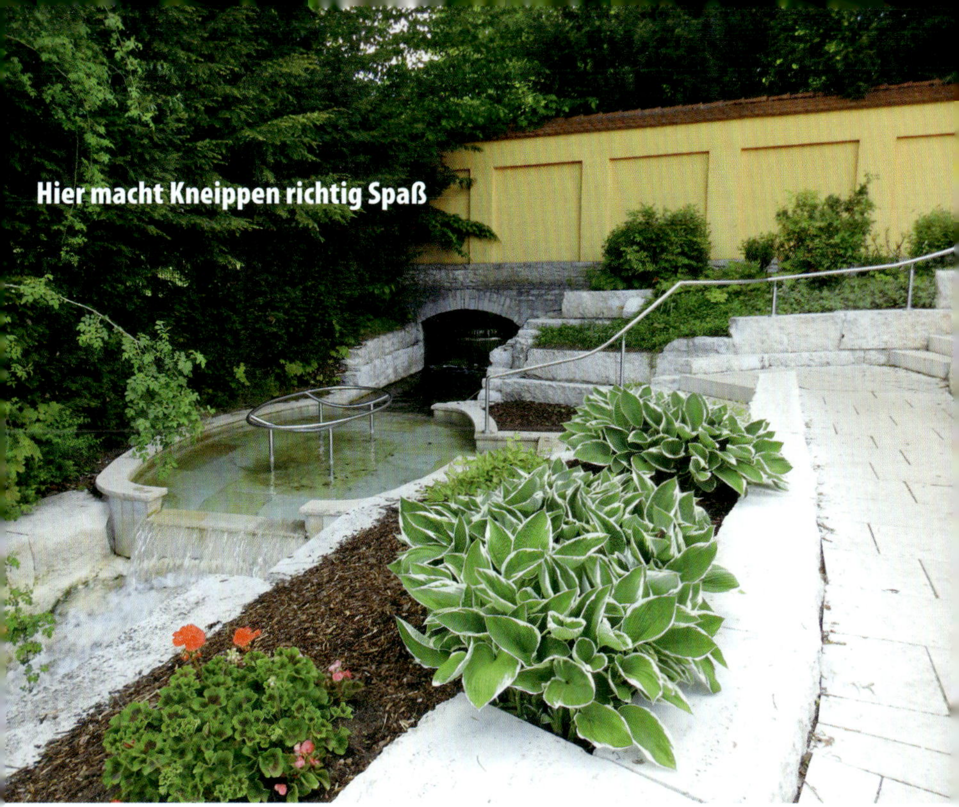

Hier macht Kneippen richtig Spaß

Auf dem Friedhof entdecken wir interessante Gräber aus vielen Jahrhunderten. Sie erzählen von der bewegten Geschichte des Ortes.

Nun ist es Zeit, unseren Füßen eine Auszeit zu gönnen, und wir kehren zur Beckstraße zurück, folgen ihr bis zum Ende nach rechts und stoßen dort auf eine wunderschön angelegte **Kneippanlage** 6 direkt unterhalb der Altmühlbrücke. Hier im Schatten lassen wir das frische, klare Wasser des Brunnmühlbachs um unsere Beine fließen. Fast glauben wir, am Rand des Beckens den Froschkönig sitzen zu sehen.

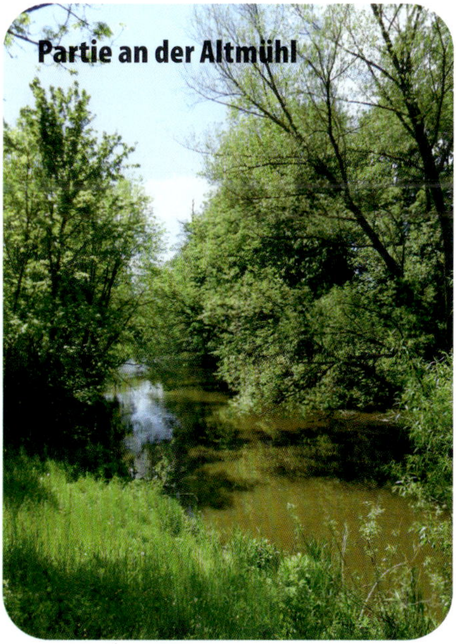

Partie an der Altmühl

Erfrischungstour 17

Dann kehren wir auf der Beckstraße zurück und biegen nun rechts in die Stadtparkstraße ein. Im Schatten mächtiger Bäume gelangen wir zurück an das Bett der Altmühl. Träge schleicht sie unter tief hängenden Weidenzweigen dahin, die Enten Schutz und Schatten bieten. Dieser Fußweg führt uns am **evangelischen Bildungs- und Tagungszentrum** vorbei bis zu dem kleinen Steg, über den wir wieder zu unserem Ausgangsort zurückkommen.

Für einen erfrischenden Schluss dieses märchenhaften Ausflugs setzen wir uns in den Biergarten beim **Lindenwirt 7**, wo wir uns fränkische Spezialitäten munden lassen.

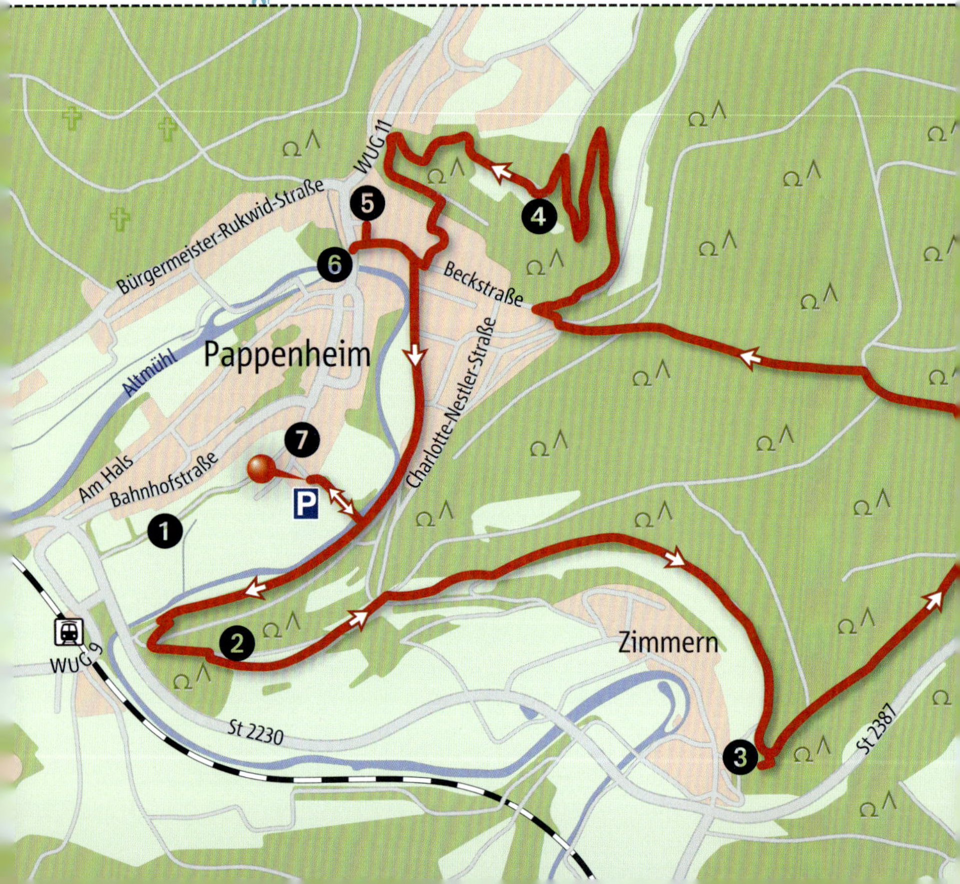

Alles auf einen Blick

WIE & WANN:
Asphaltstraße, Wiesen- und Waldwege, Treppen; bei trockenem Wetter zu jeder Jahreszeit reizvoll.

HIN & WEG:
Auto: Parkplatz P4, Volksfestplatz an der Schützenstraße, 91788 Pappenheim (GPS: 48.930095, 10.972951)
ÖPNV: Bahnhof Pappenheim, dann Einstieg bei ❶

ESSEN & ENTSPANNEN:
Gasthaus zum Lindenwirt ❼ Schützenstraße 11, 91788 Pappenheim, Tel. (0 91 43) 8 37 32 62, www.lindenwirtpappenheim.de

ENTDECKEN & ERLEBEN:
Weidenkirche ❶
Trockenrasen am Schießbuck ❷
Hollerstein ❸
Ausblick vom Weinberg ❹
Gallus-Kirche ❺
Kneippanlage ❻

Entspannung ✱✱✱✱✱
Genuss ✱✱✱✱✱
Romantik ✱✱✱✱✱

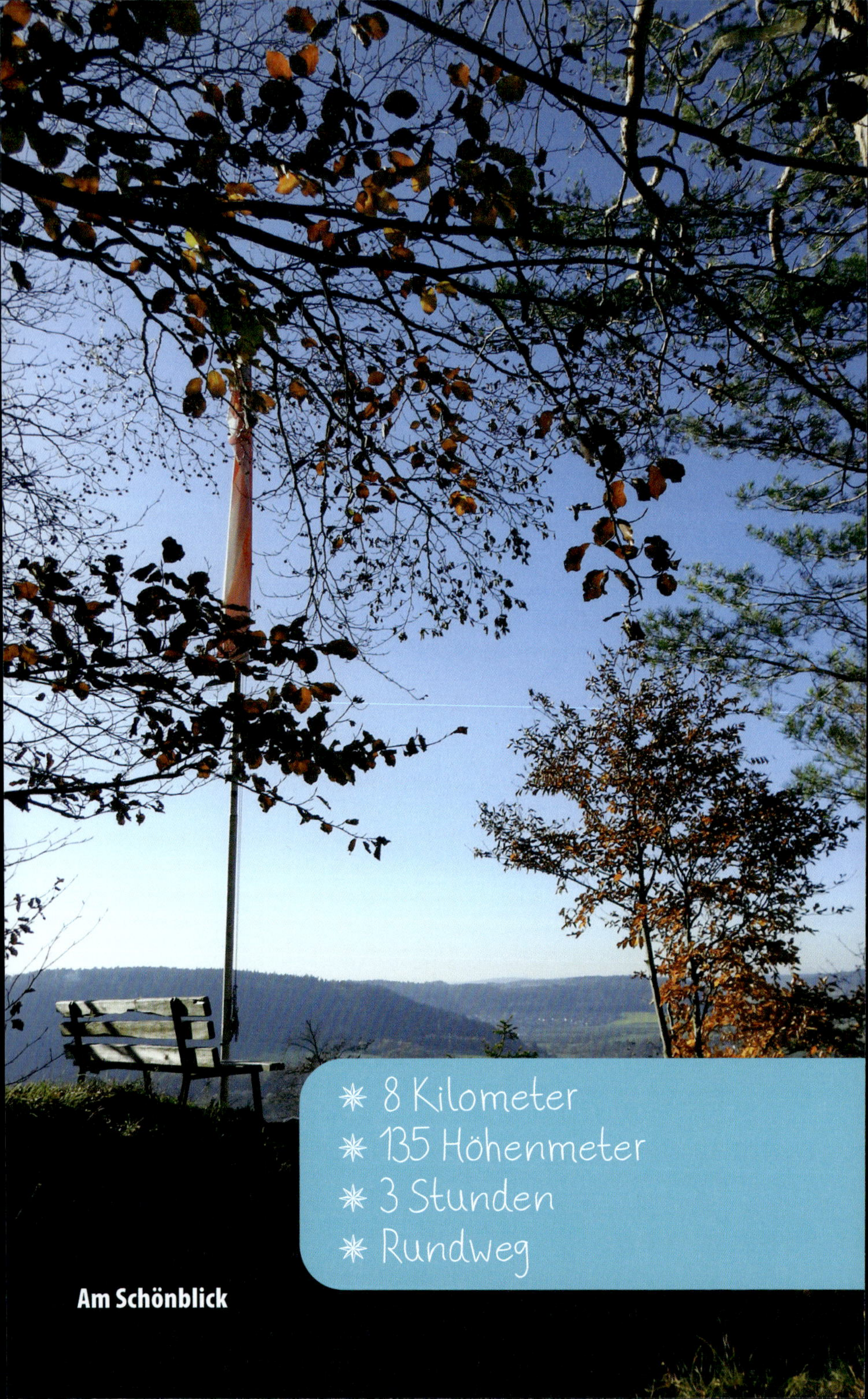

- 8 Kilometer
- 135 Höhenmeter
- 3 Stunden
- Rundweg

Am Schönblick

Ausgangspunkt unseres Ausflugs ist der (unbeschilderte) Parkplatz am Zugang zum **Wolfsberg** östlich von Dietfurt. Er liegt rechts direkt an der Verbindungsstraße von Dietfurt nach Riedenburg zwischen der Abzweigung nach Breitenbrunn und der nach Wildenstein. Hier entdecken wir den Hinweispfeil „Wolfsberg, Schönblick", den wir zunächst ignorieren. Stattdessen gehen wir geradewegs auf dem geschotterten Weg in den Wald und treffen nach wenigen Metern auf einen **hölzernen Krieger** (1), der uns freundlich begrüßt.

Anschließend halten wir uns geradeaus. Für etwa 20 Minuten genießen wir den Wald, der uns umgibt. Der Lärm der Straße wird leiser und die Geräusche der Natur dringen nun stärker in unser Bewusstsein. Wir atmen die reine Luft ein und bemerken die Vielzahl verschiedener Pflanzen, die uns umgibt: vorrangig Buchen, aber auch Eichen, Birken, Tannen und Fichten – ein klassischer Mischwald. Im Herbst erinnern uns die roten Heideröschen an die Lüneburger Heide. Schließlich macht unser Weg eine Rechtskurve und strebt dem Waldrand entgegen. Um motorisierte Fahrzeuge abzuhalten, wird die Einfahrt durch einen Schlagbaum versperrt, den wir aber leicht umgehen können.

Wir lassen das schützende Dach des Waldes hinter uns und es

*Der **Wolfsberg** ist ein markanter Umlaufberg. Seit Urzeiten siedelten hier Menschen. So findet sich eine Ringwallfestung auf seinem Rücken. Aber auch hinsichtlich von Flora und Fauna ist diese Gegend interessant und gilt als bedeutender Geotop.*

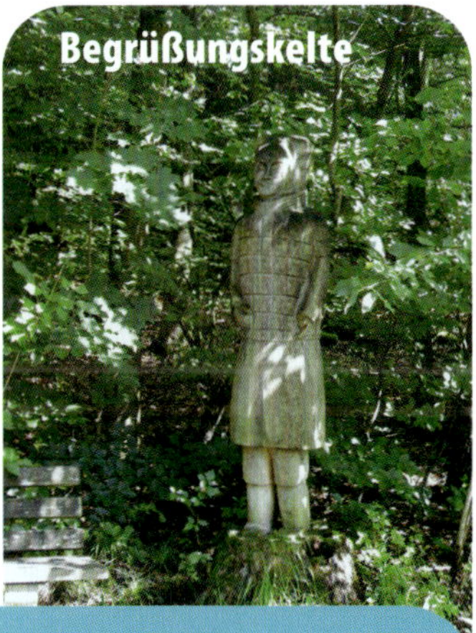
Begrüßungskelte

Wolf am Berg

Um den Wolfsberg bei Dietfurt

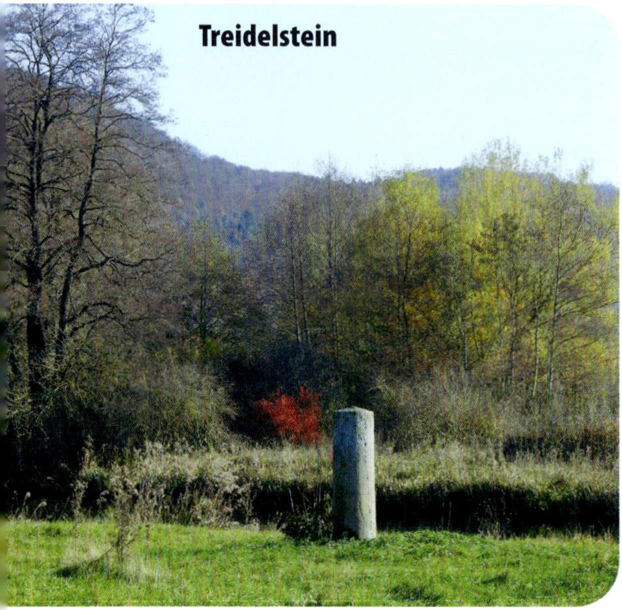

öffnet sich die Weite des Altmühltals vor unseren Augen. Unser Weg führt uns nach links am Waldrand entlang. Nach kurzer Zeit ändert sich die Vegetation zu unserer Rechten: Die Felder hören auf und es beginnen **Magerwiesen** mit niedrigem Baumbestand.

Schließlich weicht der Waldrand zurück und lässt Raum für die juratypischen Kalkrasen. Nach etwa 1 Kilometer gabelt sich unser Weg und wir biegen nach rechts Richtung Wasser ab. Hier steht eine Ruhebank, auf der wir den Blick in die Weite genießen.

Wir folgen den Überresten des Ludwig-Donau-Main-Kanals nach rechts und erblicken vor uns an seinem Ufer eine abgerundete Säule. Derartige Steine gaben den Schiffern früher die Entfernung zu den nächsten Ortschaften an. Beim Anblick des **Treidelsteins** ❷ schließen wir die Augen und sehen im Geist, wie ein Mann mit seinem Pferd ein Schiff den Kanal entlangtreidelt: ein zwar langsamer, aber effektiver Warentransport mit 1 PS.

*Durch den Kanalbau fielen die ursprünglichen **Feuchtwiesen** trocken, weil der Grundwasserspiegel um einige Meter sank. Dadurch versacken die Torfschichten und bilden Löcher, sodass die Wiesen landwirtschaftlich nicht zu nutzen sind.*

Kurz darauf entdecken wir ein **Fährfloß** ❸ im Wasser, das mithilfe von Seilen eingeholt werden kann. Mit ein paar Zügen ziehen wir es zu uns heran und betreten die hölzerne Plattform. Sanft und lautlos gleiten wir über das Wasser. Bisweilen schnappt ein Fisch nach einer Fliege und schlägt mit hörbarem Klatschen wieder auf der Wasseroberfläche auf. In der Mitte der Strecke lassen wir das Floß halten und erspüren das leichte Heben und Senken auf den kleinen Wellen. Die Zeit scheint stillzustehen. Und plötzlich verzaubert uns ein Rotkehlchen mit seinem lieblichen Gesang.

Irgendwann reißen wir uns von diesem Idyll los und landen am gegenüberliegenden Ufer an. Unser Weg führt uns nun weiter nach rechts auf dem Damm zwischen beiden Kanälen entlang – rechts der alte, links der neue – beide die Erfüllung eines alten Menschheitstraums: der Verbindung von Nordsee und Schwarzem Meer auf dem Wasserweg quer durch das Land. Wie deutlich werden Fortschritt und die Anforderungen unserer Zeit! Und während wir noch rechts die Spiegelungen des Wolfsbergs auf der Wasseroberfläche versonnen betrachten, merken wir, wie hinter uns ein riesiger Schubverband leise über das Wasser gleitet. Und überall am Wegesrand sehen wir Hinweise auf das Vorhandensein eines **Bibers:** angenagte oder gefällte Bäume, aber auch die Spuren am Ufer, wo er sich an Land begibt, um Nahrung ins Wasser zu ziehen.

Lange waren diese possierlichen Tiere bei uns ausgerottet; nun aber haben sie sich die Flussufer von Altmühl und Donau zurückerobert. Übrigens galt der ***Biber*** *wegen seiner Lebensweise einst als Fisch und durfte daher in der Fastenzeit verspeist werden.*

Nach nicht ganz 1 Kilometer endet der alte Kanal und wir kehren auf seinem anderen Ufer nach rechts wieder zurück. Am Wendepunkt erklingt plötzlich vielstimmiges Wolfsgeheul und lässt uns verwundert innehalten. Des Rätsels Lösung: Am Ortsrand befindet sich eine Husky-Zucht. Und tat-

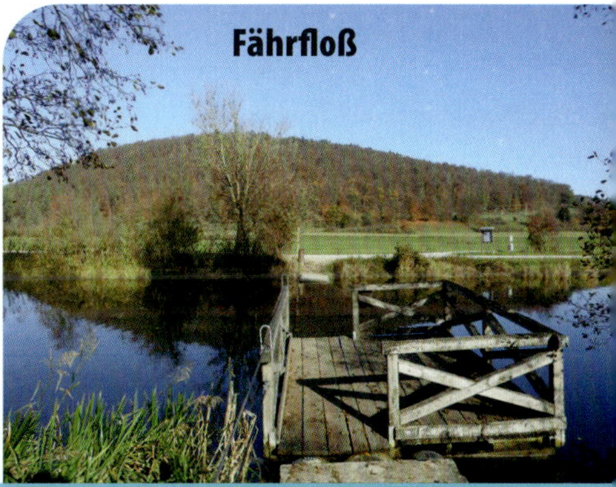
Fährfloß

Für die Seele

Erfrischt von einer Fährüberfahrt wagen wir den Aufstieg zum einzigartigen Wintergrün-Kiefernwald auf eiszeitlichem Flusssand.

sächlich können wir einen Musher bei einem Übungslauf mit seinem Gespann beobachten. Wir kommen nochmals am Treidelstein vorbei und gehen den Weg weiter geradeaus, bis wir wieder zu der Bank an der Abzweigung gelangen. Das Marterl mit dem Auge Gottes leuchtet uns entgegen.

Nun wenden wir uns erfrischt der Bergbesteigung zu. Der Weg führt linker Hand durch die Hecke auf eine Wiesenfläche, vorbei an einigen Bienenkästen. Nach wenigen Metern auf weichem Gras umschließt uns ein Gehölz, an dessen Ende uns die **Kalkmagerrasenfläche** (4) empfängt. Einzeln stehende Bäume spenden kostbaren Schatten. Je nach Jahreszeit können wir unterschiedliche Orchideen und die typischen Silberdisteln erblicken. In der Ferne oben am Waldrand erspähen wir eine weitere Ruhebank – unser nächstes Ziel. Von hier haben wir einen herrlichen Blick ins untere Altmühltal. Wir sehen die Mauern der ehemaligen Burg Flügelsberg.

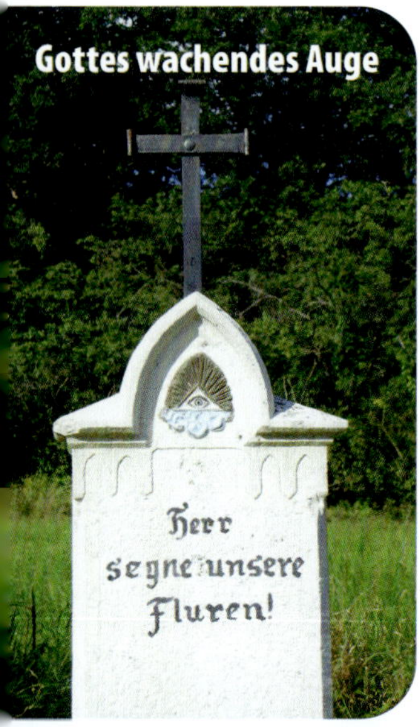

Gottes wachendes Auge

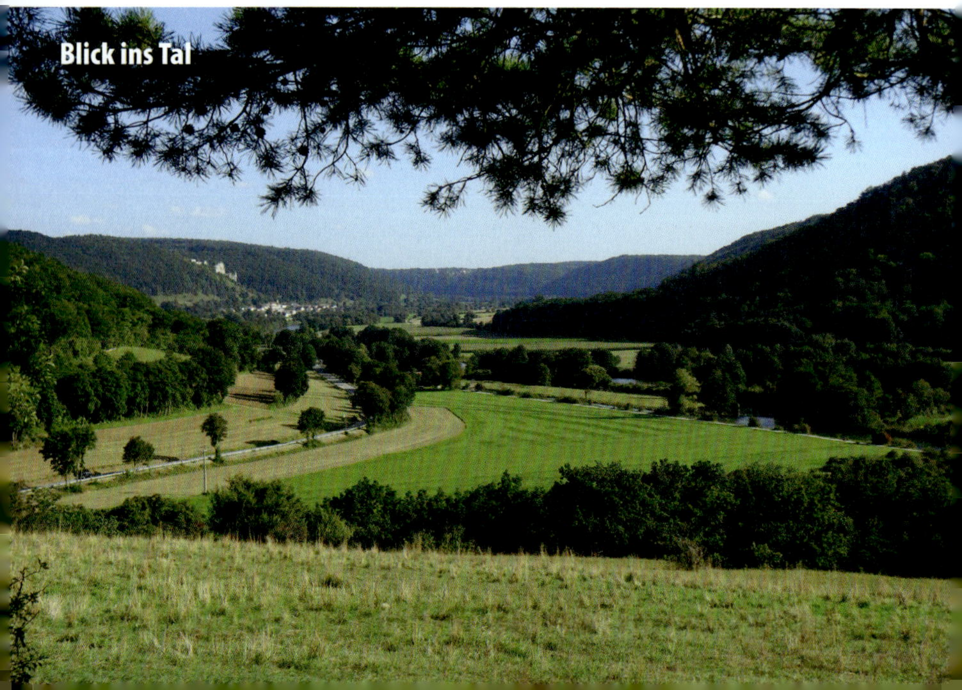
Blick ins Tal

Ab jetzt folgen wir dem Wanderweg 4 in den Wald. Sogleich umschließen uns junge Buchen und geleiten uns bergan auf dem Steig. Der weiche Waldboden ist eine Wohltat für unsere Füße. Am Ende des Anstiegs folgt eine kurze geschotterte Strecke. Mit einem Schlag ändert der Wald seinen Charakter: Die Buchen weichen hohen Fichten und wir wandeln durch einen zauberhaften Nadelwald. Nach wenigen Metern zweigt unser Weg 4 nach links ins Gehölz ab. Unser Wanderweg ist jetzt auch gleichzeitig der Dietfurter **Vitalparcours.** An etlichen Stationen sind wir zu kleineren Übungen eingeladen, um unsere Fitness zu fördern. Mit ihm halten wir uns links und erkennen durch die Zweige der Bäume, dass wir uns dem Abhang nähern. Dann führt der Weg nach rechts und wir folgen der Hangkante, bis uns ein Hinweisschild mit der Aufschrift „Schönblick“ auf einen **Aussichtsfelsen** ❺ leitet. Malerisch öffnet sich der Blick und wir sehen Dietfurt zu unseren Füßen. Der Main-Donau-Kanal durchschneidet die Landschaft und lenkt das Auge in die Ferne. Sieben Täler treffen sich hier. Wir können uns kaum sattsehen und setzen uns auf einer der Bänke in die Sonne.

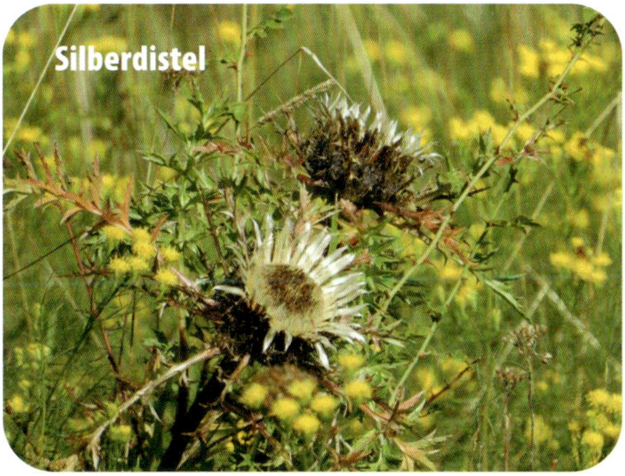
Silberdistel

Für den Rückweg folgen wir weiterhin dem Weg Nr. 4. Einmal überwinden wir ein paar Stufen, die wie

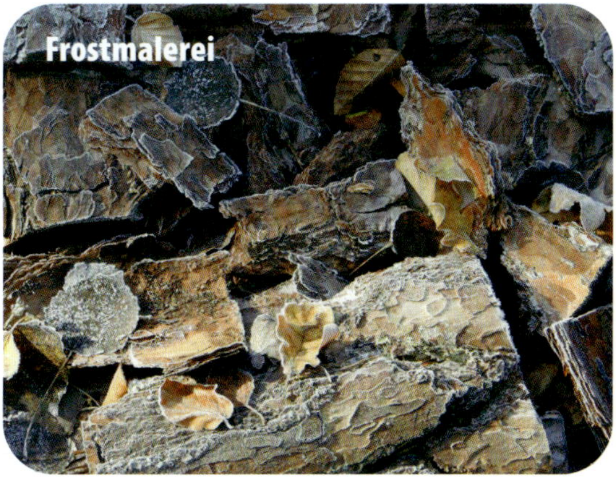
Frostmalerei

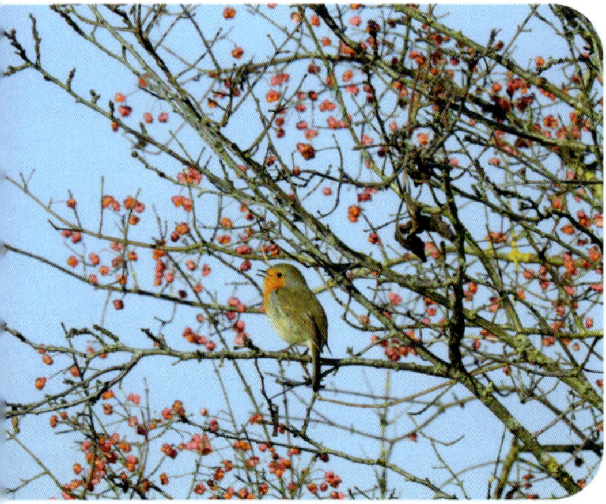

eine Himmelsleiter ins Gehölz gelegt wurden. Der anschließenden geschotterten Forststraße folgen wir nur wenige Meter nach links, dann biegen wir mit der 4 wieder in den Waldweg ein, halten uns jeweils links und gelangen durch mystische Baumpfade, die sich über unseren Köpfen wie Tunnel schließen, zurück zum Parkplatz. Ein abwechslungsreicher Ausflug findet nun sein Ende.

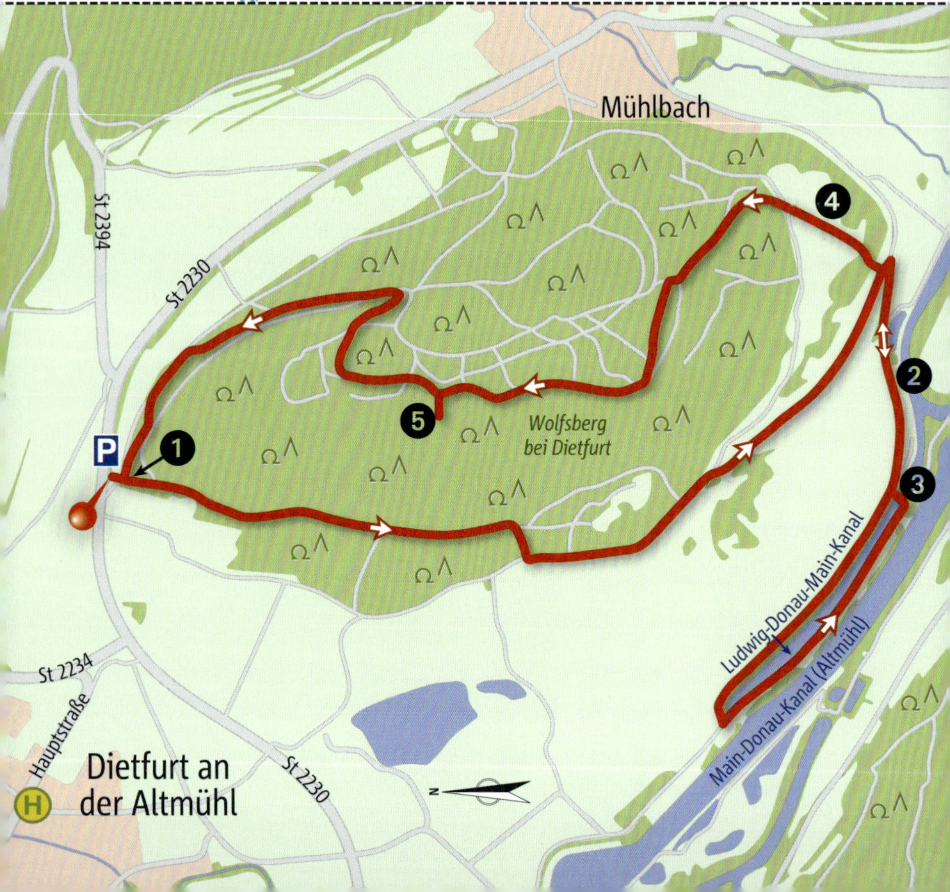

Alles auf einen Blick

WIE & WANN:
Wald- und Kalkmagerrasenwege, Schotterstraße, Fähre; zu jeder Jahreszeit reizvoll.

HIN & WEG:
Auto: Parkplatz Wolfsberg an der St 2230 zwischen Mühlbach und Dietfurt, 92345 Dietfurt an der Altmühl (GPS: 49.031456, 11.603082)
ÖPNV: Bus 515 von Neumarkt/Obpf. bis Dietfurt Friedhof, dann 15 Minuten Fußweg

ESSEN & ENTSPANNEN:
Bitte an Rucksackverpflegung denken!

Einkehrmöglichkeit in der Nähe:
Landgasthof Zum Wolfsberg, Riedenburger Straße 1, 92345 Mühlbach/Dietfurt an der Altmühl, Tel. (0 84 64) 60 17 26, www.zum-wolfsberg.com

ENTDECKEN & ERLEBEN:
Hölzerner Krieger ❶
Treidelstein ❷
Fährfloß ❸
Kalkmagerrasenfläche ❹
Aussichtsfelsen Schönblick ❺

Entspannung ✱✱✱✱
Genuss ✱✱✱
Romantik ✱✱✱✱

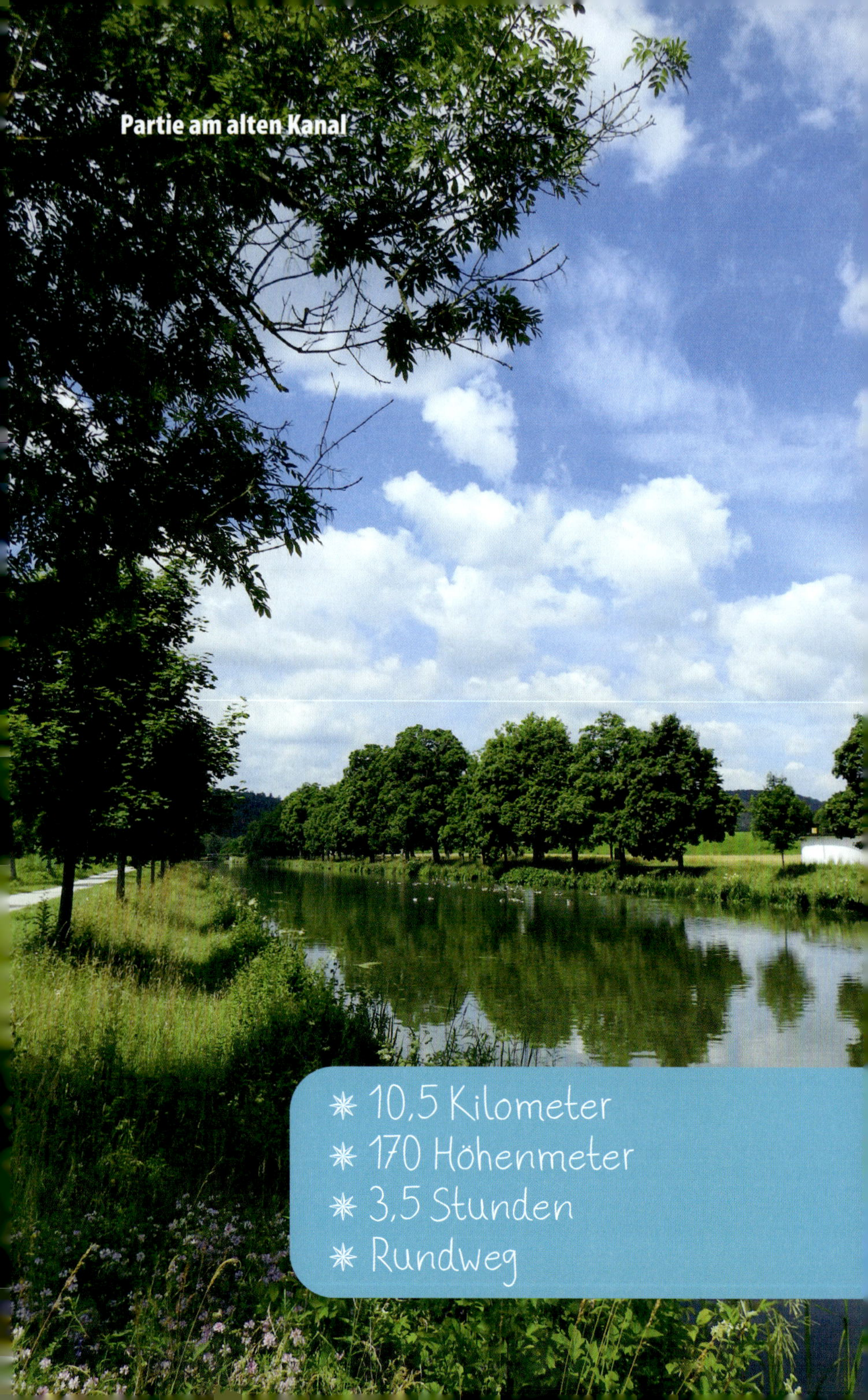

Partie am alten Kanal

- 10,5 Kilometer
- 170 Höhenmeter
- 3,5 Stunden
- Rundweg

Das Altmühltal, wie es sich uns heute präsentiert, ist das Ergebnis einer langen Gestaltungsgeschichte, angefangen vom Jurameer bis zu seiner heutigen Form, geprägt durch Kanalbauten, die das namensgebende Flüsschen allmählich komplett verdrängten. Den Spuren all dieser Veränderungen begegnen wir heute.

Unser Auto stellen wir auf den Parkplatz beim Schulerloch, überqueren den großen Platz zurück bis zur Straße und nehmen den Fuß- und Radweg nach rechts Richtung **Altessing.** Dieser unterquert nach etwa 200 Metern die Staatsstraße. Nun kommen wir direkt an den Ortsrand. Wer jetzt bereits Lust auf eine Brotzeit verspürt, folgt dieser Straße noch etwa 300 Meter. Dort gibt es beim **Ehrl** ① gute bayerische Küche zu verkosten. Zugleich lohnt sich auch ein Blick in die **Martinskirche.**

Kunstprojekt Dorfbankerl

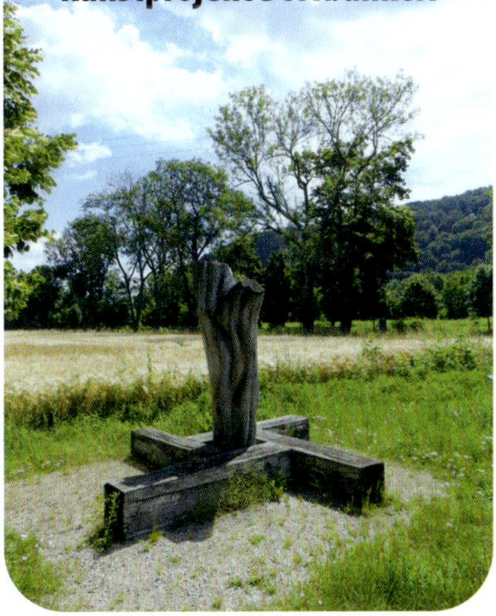

Wir aber streben links der Brücke zu und passieren eine gemütliche Sitzgruppe, die um einen künstlerisch gestalteten Baumstamm gruppiert ist – die **„Dorfeichen-Bank"** ②. Welch nette Idee, Kommunikation unter einem alten Dorfbaum neu zu interpretieren. Dann überqueren wir den **Ludwig-Donau-Main-Kanal** ③. Rechts und links erquickt uns das ruhige Wasser, in dem sich die Bäume spiegeln und Wasservögel bedächtig ihre Kreise ziehen. Dort, wo sich zu unserer

Wasser als Gestalter

Vom Schulerloch nach Ihrlerstein

Schleusenwärterhäuschen

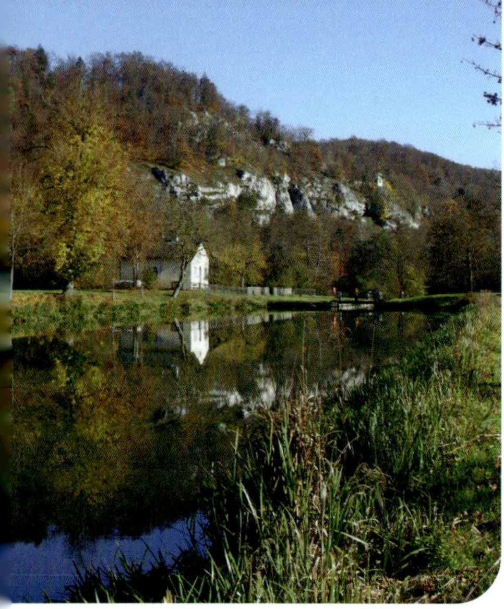

Rechten zwei Wasserstraßen treffen, ist eine Ruhezone mit Bänken eingerichtet. Wir lassen uns nieder und beobachten die vorbeiziehenden Kähne. Hier wurde mit Wasser eine neue Landschaft geschaffen. Mit etwas Glück können wir in der **keltischen Schmiede** ④ zusehen, wie man vor vielen Jahrhunderten Metall bearbeitet hat.

Anschließend haben wir die Wahl: Entweder nehmen wir den belebten Rad- und Fußweg auf dem rechten Ufer oder den Wiesenweg unter uralten Bäumen links des alten Kanals. Beim **Schleusenwärterhäuschen** ⑤, vor dem die Reste einer Kanalschleuse besucht werden können, treffen beide Wege wieder zusammen. Am dortigen **Hörpunkt** lassen wir uns Spannendes über die Kanalgeschichte erzählen. Wunderbar ist der Blick zurück nach Altessing.

Unser nächster Wegabschnitt führt über eine alte eiserne Kanalbrücke auf den Radweg am **Main-Donau-Kanal.** Linker Hand entdecken wir über uns die gelben Türmchen des Schulerlochs, die malerisch auf den Kalkfelsen, den Korallenriffen des einstigen Jurameers, thronen. Später werden wir es uns aus der Nähe ansehen. Rechts von uns liegt wie ein steinernes Kamel ein gewaltiges Felsmassiv im Wald: die **Schellnecker Wänd,** einst eine Opferstätte unserer Urahnen und heute ein beliebtes Klettergebiet.

Schließlich tauchen die Dächer einer Ansiedlung vor uns auf. Sie gehören zum Natur-Stein-Werk-Steinbruch. Nachdem die Zäune aufgehört haben und wieder ein Feld den Weg begrenzt, erreichen wir ein Elektrohäuschen. Hinter dem anschließenden Gehölz führt uns ein asphaltierter Weg nach links zur Staats-

!

Anhand von 18 Stationen des ***Archäologieparks Altmühltal*** *wird das Leben unserer Vorfahren lebendig und erlebbar. Von Kelheim bis Dietfurt finden sich an ausgewählten Stellen Rekonstruktionen und Hörstationen.*

straße. Doch Vorsicht: Die Straße ist stark befahren und nicht jeder hält sich an die Geschwindigkeitsvorschriften.

Wir überqueren den **Parkplatz Zieglertal** nach links bis zum Brückengeländer und folgen kurz dem geschotterten Rad- und Wanderweg Richtung Ihrlerstein. Bereits nach wenigen Metern knickt rechts ein schmaler Pfad in den Wald ab. Sogleich umschließt uns wunderbarer Mischwald mit dem Gezwitscher der Vögel und dem Wispern der Bäume. Wohltuend ist der weiche Untergrund, der ab und an von Kalksteinen durchsetzt ist. Mit steter, nicht zu starker Steigung schrauben wir uns über 1,5 Kilometer den Berg hinan und ignorieren alle Abzweigungen. Schließlich kommen wir an den Waldrand und sehen ein paar Häuser

*Als in der zweiten Hälfte des letzten Jahrhunderts der **Main-Donau-Kanal** gebaut wurde, gab es viele Proteste. Man fürchtete eine Verunstaltung des Altmühltals. Weit gefehlt: Heute ist die Gegend ein Tourismusmagnet.*

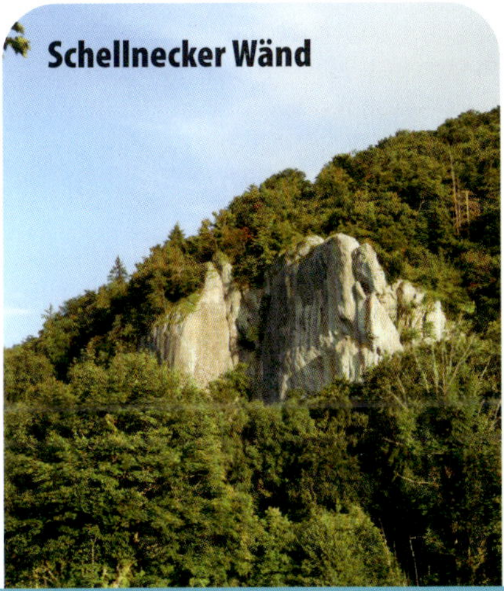
Schellnecker Wänd

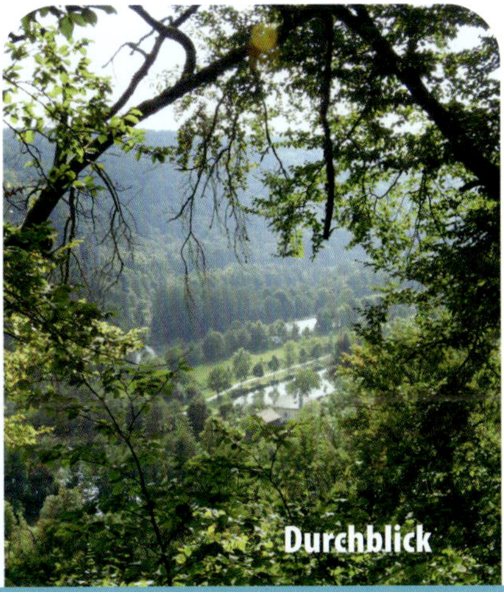
Durchblick

Für die Seele

Wir spüren dem Wasser in seiner kreativen Form nach, tanken Energie an einem Waldsee und kühlen uns im Erdinnern ab.

auf freiem Feld vor uns liegen. In der Ferne können wir auf die Dächer **Ihrlersteins** herabblicken. Eine Bank verführt uns, ein wenig zu rasten und Blicke und Gedanken schweifen zu lassen. Dann folgen wir dem Waldsaum für gute 100 Meter, bis eine blaue Informationstafel des Jura-Erlebniswegs im Wald auftaucht. Neugierig erkunden wir, was es mit den „Kleesteinen" auf sich hat. Dann erreichen wir mit diesem Erlebnispfad zwei **Waldseen ❻.**

*Im Volksmund heißen diese **Waldseen** auch heute noch Kuhtränke. Früher trieben die Bauern ihr Vieh zum Weiden in den Wald. Hier fanden die Tiere auf den wasserarmen Jurahöhen wertvolles Wasser und Nahrung.*

Malerisch liegen sie auf einer Lichtung und schimmern dunkel im warmen Sonnenlicht. Ein Entenpaar füllt sich am reichen Bewuchs den Bauch und auch wir setzen uns am Ufer nieder, um unsere Brotzeit zu verspeisen. Da entdecken wir viele lustige Frösche, die mit lautem Platsch ins kühle Nass tauchen und sich mit wenigen Schwimmstößen in die Seemitte begeben. Gerne täten wir es ihnen gleich.

Gestärkt setzen wir unseren Weg fort und biegen hinter dem zweiten See mit dem Jura-Erlebnispfad rechts ab. Kurz darauf führt der Wanderweg 1 rechtwinklig nach links in den Wald. Achtung: Hier ist die Ausschilderung schwer zu finden. Wir folgen ihm, bis er in eine breite Forststraße mündet und gehen nach

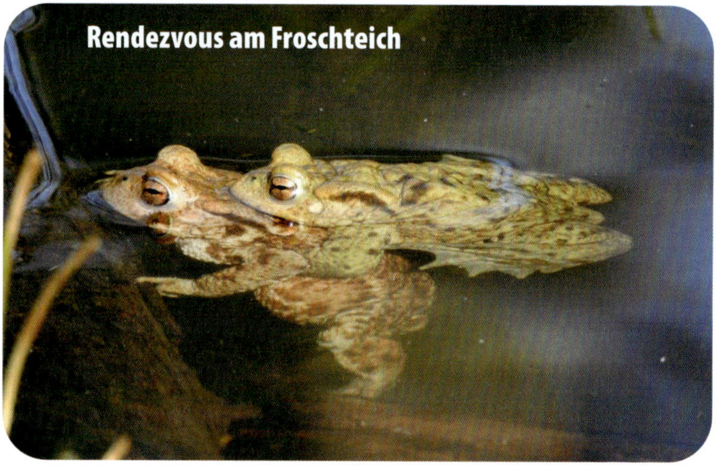
Rendezvous am Froschteich

links. An der nächsten größeren Abzweigung wenden wir uns weiter talwärts nach rechts. Der Weg endet an einer Waldlichtung und wir halten uns links. An der folgenden Kreuzung biegen wir scharf rechts ab. Jetzt liegt ein längerer Anstieg vor uns. Wir nutzen die Gelegenheit, um die abwechslungsreiche Vegetation dieses Waldes wahrzunehmen: Neben Buchen sehen wir Eichen, Ahorn, Linden, Nuss- und Kirschbäume, aber auch Tannen und Fichten, ab und an eine Eibe – eine gesunde und lebensfrohe Mischung. An den folgenden beiden Schotterstraßenabzweigungen halten wir uns links, dann weist uns ein Pfeil nach rechts zum Schulerloch.

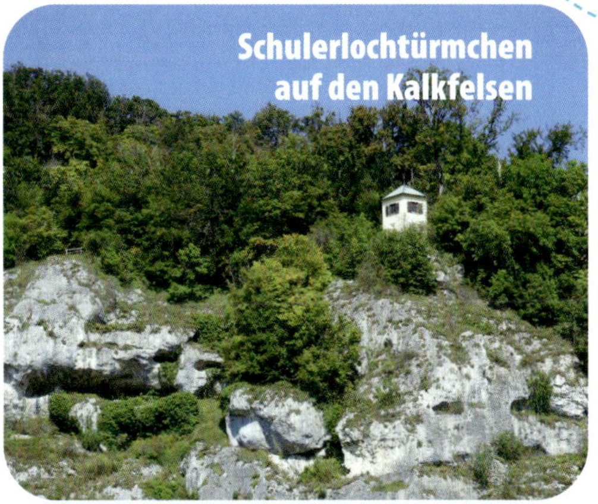

Schulerlochtürmchen auf den Kalkfelsen

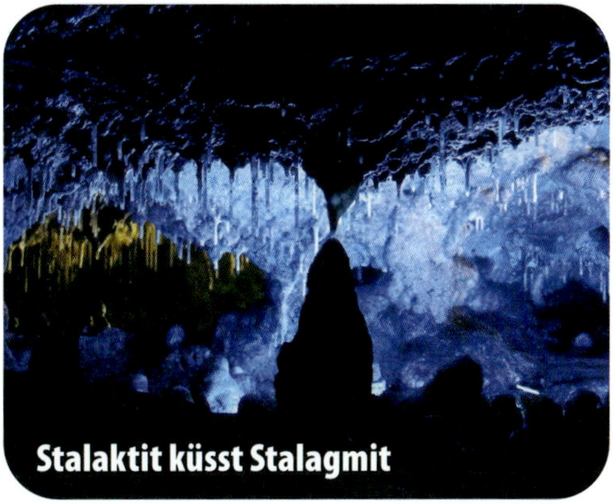

Stalaktit küsst Stalagmit

Ab jetzt spaziert es sich entspannt bergab. Nach einer Linkskurve schließlich verengt sich die Schotterpiste und wird zu einem Waldweg. Die Tropfsteinhöhle **Schulerloch** 7 liegt vor uns. Wir sehen das Dach des Museumsgebäudes bereits durch die Zweige blitzen. Zwei gelbe Türmchen markieren den Eingang ins Erdinnere. Eine gute Gelegenheit für eine erfrischende Pause. Immerhin herrschen in der Höhle konstante 9 °C. Gut, dass wir an einen Pulli gedacht haben.

Mit vielen schönen Bildern und Eindrücken im Kopf passieren wir anschließend das Höhlengelände und folgen dem Pfad zum Besucherparkplatz hinunter an die Staatsstraße. Staunend bleiben wir an der Aussichtsstelle stehen und bewundern das grandiose

In der Tropfsteinhöhle ***Schulerloch*** *finden sich einzigartige Gebilde, die Wasser in vielen Jahrtausenden mithilfe von Mineralien erschaffen hat. Ab April kann man sie mit Führung besuchen, aber im Winter schlafen hier die Fledermäuse. Absolut sehenswert.*

Erfrischungstour 19

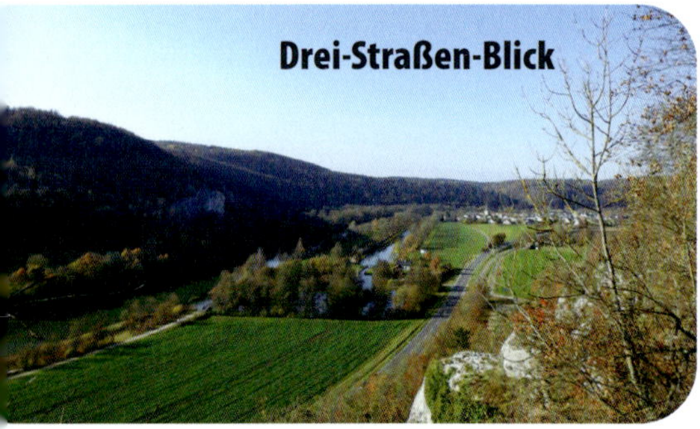
Drei-Straßen-Blick

Panorama, das sich uns hier bietet: Vor uns liegt das Altmühltal mit Altessing. Wir sehen die beiden Wasserstraßen: den Main-Donau- und den Ludwig-Donau-Main-Kanal, der von Baumreihen gesäumt wird, die je nach Jahreszeit farbliche Akzente setzen. Bevor wir in einer Linkskehre die Talsohle erreichen, können wir uns auf Tafeln über die Gegend informieren.

Unsere Wanderung endet hier, aber die Eindrücke werden uns noch lange in Erinnerung bleiben.

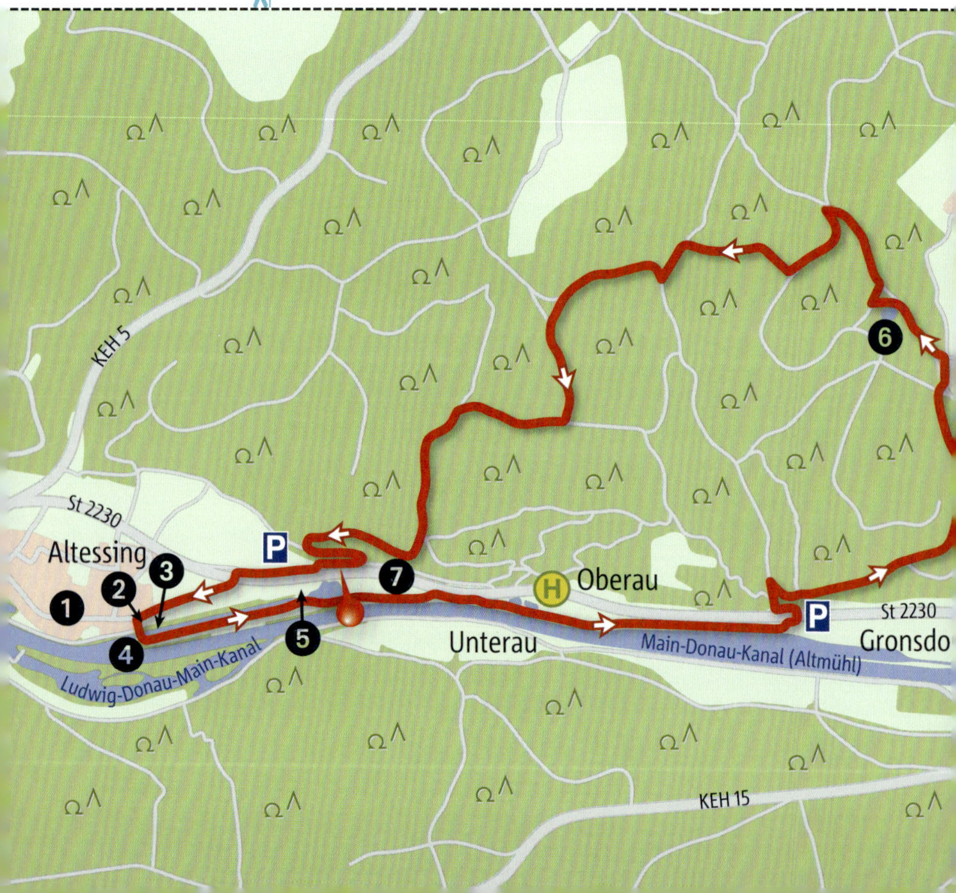

Alles auf einen Blick

WIE & WANN:
Waldwege und -steige, Schotter- und Asphaltstraße;
Höhlenbesuch nur von April bis Oktober.

HIN & WEG:
Auto: Für Höhlenbesucher: Parkplatz am Schulerloch, 93343 Altessing (GPS: 48.927778, 11.816914),
alternativ: Parkplatz Zieglertal, 93343 Oberau-Altessing (GPS: 48.92602, 11.84098)
ÖPNV: Bus 610 vom Hauptbahnhof Regensburg nach Oberau-Schulerloch, dann etwa 7 Minuten Fußweg

ESSEN & ENTSPANNEN:
Bitte an Rucksackverpflegung denken!

Gasthof Ehrl ❶ Schellnecker Straße 29, 93343 Essing,
Tel. (0 94 47) 2 44, www.gasthof-ehrl.de

ENTDECKEN & ERLEBEN:
„Dorfeichen-Bank" ❷
Ludwig-Donau-Main-Kanal ❸
Keltische Schmiede ❹
Schleusenwärterhäuschen ❺
Waldsee Kuhtränke ❻
Tropfsteinhöhle Schulerloch ❼

Entspannung ✱✱✱✱✱
Genuss ✱✱✱✱✱
Romantik ✱✱✱✱✱

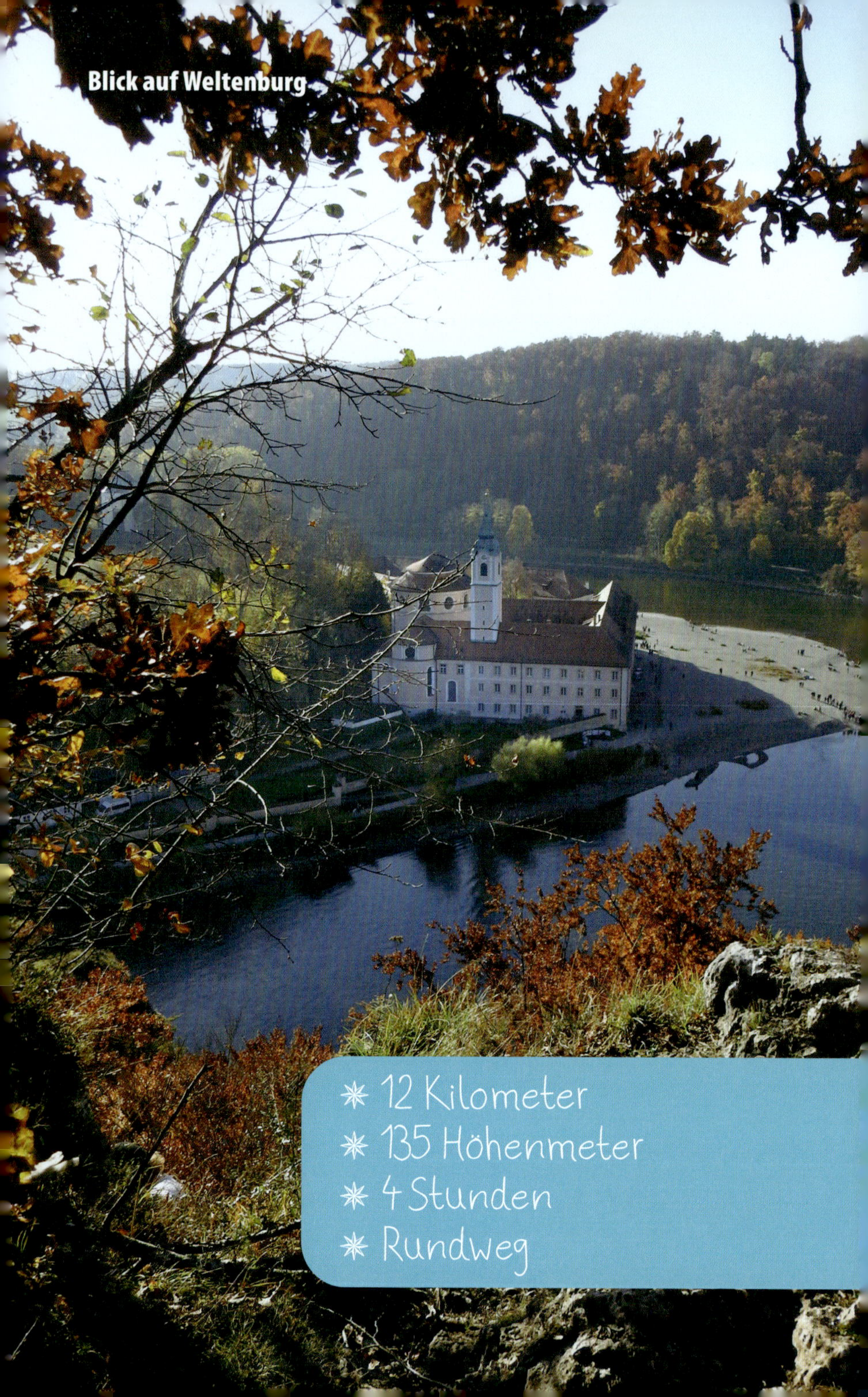

Blick auf Weltenburg

- 12 Kilometer
- 135 Höhenmeter
- 4 Stunden
- Rundweg

Keltenwelten

Um den Kelheimer Michelsberg

Alkimoennis – Stadt an der Altmühl – so lautete wahrscheinlich Kelheims keltischer Name – wenn wir den hellenistischen Geografen Ptolemaios richtig verstehen. Nicht zu bezweifeln aber ist, dass dort, wo heute die Befreiungshalle auf dem Michelsberg thront, einst eine keltische Siedlung gewaltigen Ausmaßes stand. Auf ihrer Umrundung treffen wir auf einige sagenhafte Wesen.

Am Parkplatz bei der **Schleuse** des Main-Donau-Kanals empfängt uns der Nachbau eines **keltischen Stadttors** 1 mit offenen Pforten. Neugierig treten wir hindurch, um unsere Zeitreise zu beginnen. Dann überqueren wir die Straße, die über die Schleusenbrücke führt, und nähern uns auf der Asphaltstraße mit einem schönen Blick auf den Michelsberg zu unserer Rechten dem Kelheimer Stadtrand. Langsam schiebt sich die Befreiungshalle in unser Sichtfeld. Am Ortsschild wenden wir uns nach links und biegen dann rechts in den Weg auf der Dammkrone des Kanals ein. Die gesamte Siedlung fußt auf den Überresten der alten Keltensiedlung. Im **archäologischen Museum** der Stadt Kelheim können wir dazu viel Interessantes erfahren.

Kurz bevor eine Brücke über das Wasser führt, verlassen wir den „neuen" Kanal und halten uns rechts, um nach wenigen Schritten zum Hafenzulauf des „alten" zu gelangen. Welch ein Fortschritt zwischen den beiden Wasserstraßen innerhalb von etwa 150 Jahren! Die Apfelbäume, die im Frühling wunderschön blühen, verwöhnen uns im Herbst mit leckeren

> *Im Zuge des Kanalbaus fanden archäologische Grabungen statt, um Bodenfunde zu konservieren, die sonst unwiederbringlich verloren gewesen wären. Im alten Herzogskasten wurde dazu ein* ***Museum*** *eingerichtet, um die Ergebnisse zu zeigen. Ein lohnender Abstecher.*

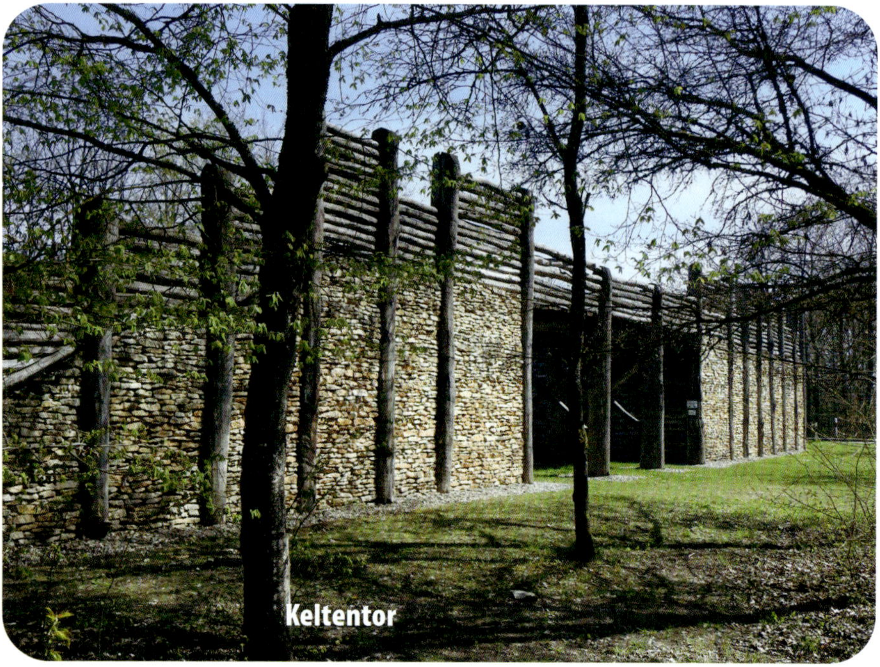

Früchten, von denen wir uns eine als Wegzehrung einpacken. Mit der Asphaltstraße überqueren wir den Ludwigs-Kanal und betreten anschließend nach rechts das **Hafengelände 2**. Ein paar „Schiffer" erläutern uns Wissenswertes über die Verbindung zwischen Nordsee und Schwarzem Meer. Der Blick mit den alten Kränen im Vordergrund und der Franziskanerkirche, die sich im stillen Wasser spiegelt, ist zu Recht ein beliebtes Fotomotiv. Auch wir halten diesen Anblick für Zuhause fest.

Begrenzt wird das Wasserbecken in Richtung Donau mit einer Schleuse. Gerade sind die Tore frisch mit Eichenholz renoviert worden. Forellen tummeln sich im Wasser und bieten Anglern reiche Beute.

Die hölzerne Zugbrücke, die uns wieder trockenen Fußes auf die andere Seite bringt, und auch der Treidelstein dahinter, stammen noch aus der Zeit König

Ludwigs I. – fast wie ein Freilichtmuseum erscheint uns dieses ganze Ensemble.

Wir überqueren den Parkplatz, erklimmen den Donaudeich und folgen ihm nach rechts in Richtung **Donau-Durchbruch.** Kraftvoll und in gluckernden Strudeln gleitet das Wasser an uns vorbei, während wir den Schiffen bei ihrer Fahrt nach Weltenburg zuwinken.

Am Ortsende wählen wir den oberen Weg, von dem hinter dem großen Kruzifix ein Pfad nach rechts in den Wald abzweigt. Schon sind wir dem Treiben der Uferpromenade entkommen – viele Kelheimer lieben sie für einen Sonnenspaziergang. Rechts von uns ragen zerklüftete Felswände auf, dunkle Eiben recken uns ihre Zweige entgegen und von den Bäumen hän-

*Das mit dem Europadiplom ausgezeichnete **Naturschutzgebiet Donau-Durchbruch** gehört zu den schönsten Geotopen Bayerns und ist ein nationales Naturmonument. Hier können wir viele seltene Pflanzen und Tiere wie z. B. den Uhu beobachten.*

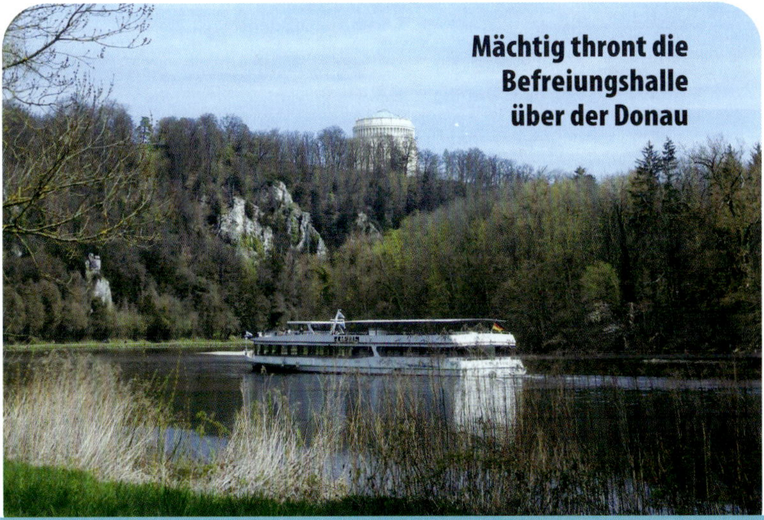
Mächtig thront die Befreiungshalle über der Donau

Für die Seele

Während wir auf keltischen Mauern wandeln, begegnen wir in einer mystischen Gegend verzaubert sagenhaften Wesen.

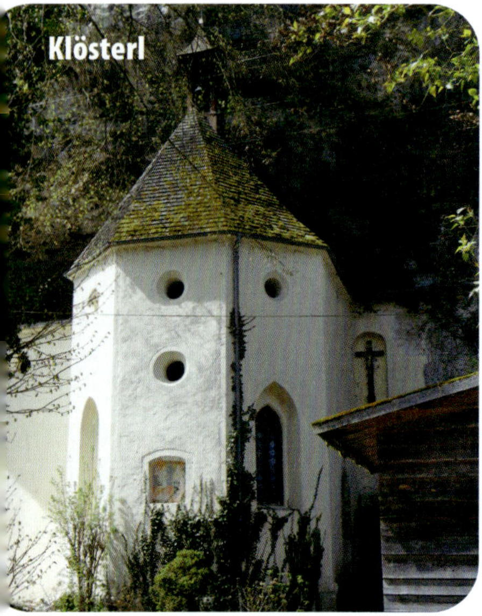
Klösterl

gen die dicken Stiele der Waldreben wie Lianen – Urwaldfeeling pur.

Zurück auf der Donau-Promenade gelangen wir zu einer ummauerten Behausung – dem **Klösterl ❸.** Hier finden wir neben der einzigartigen **Felsenkapelle** die letzte „Getränketankstelle" unserer Tour.

Auch ein Blick zurück lohnt sich, so traumhaft zeigt sich die Natur ringsum. Im Gestein nach dem Klösterl laden uns Höhlen zu einer kleinen Erkundung ein. Dahinter treten die Felsen ein wenig vom Ufer zurück und schaffen Freiraum für einen Buchenhain, dessen Boden im Frühjahr von Lerchensporn und Scharbockskraut übersät ist. Die Luft erklingt von Vogelkehlen, die uns eine Frühlingssymphonie singen. Die Felsnase, unter der wir anschließend hindurchkommen, heißt im Volksmund wegen ihrer auffälligen Verwitterungsform „Bienenkorb". Dahinter öffnet sich ein weites, kesselförmiges Tal, das mit zahlreichen Streuobstbäumen ein kleines Paradies bildet. Sein Name **Wipfelsfurt ❹** deutet darauf hin, dass man hier früher bei Niedrigwasser den Fluss zu Fuß überqueren konnte. Tatsächlich ist hier die seichteste Stelle der Donau zwischen Ingolstadt und Regensburg. Forscher vermuten, es handele sich um einen Meteoritenkrater. Durch die geschützte Lage innerhalb der hohen Felsen herrscht ein sehr mildes Klima, das sogar Nussbäume und Edelkastanien gedeihen lässt – im Herbst ein wahres Schlaraffenland, zumal Wanderern das Ernten erlaubt ist.

In der Einöde am Donauufer haben sich einst Franziskanermönche niedergelassen und in einer Höhle ein ***Gotteshaus*** *errichtet. Bisweilen finden noch Gottesdienste in dieser eindrucksvollen Atmosphäre statt. Unbedingt anschauen.*

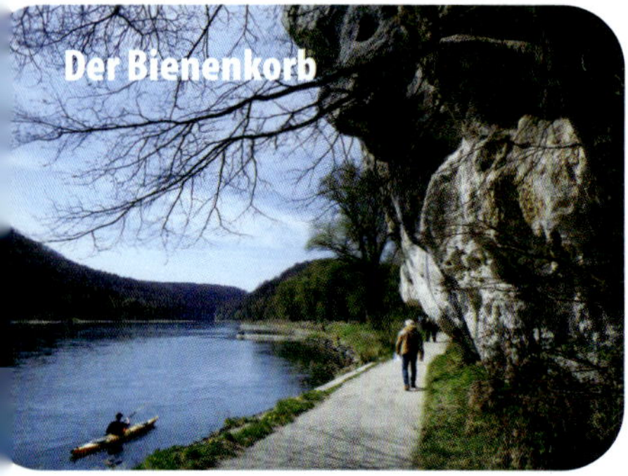
Der Bienenkorb

Am Ende des Talkessels bleiben wir geradeaus auf dem Uferweg und folgen der Donau bis zur **Langen Wand ❺.** Hier

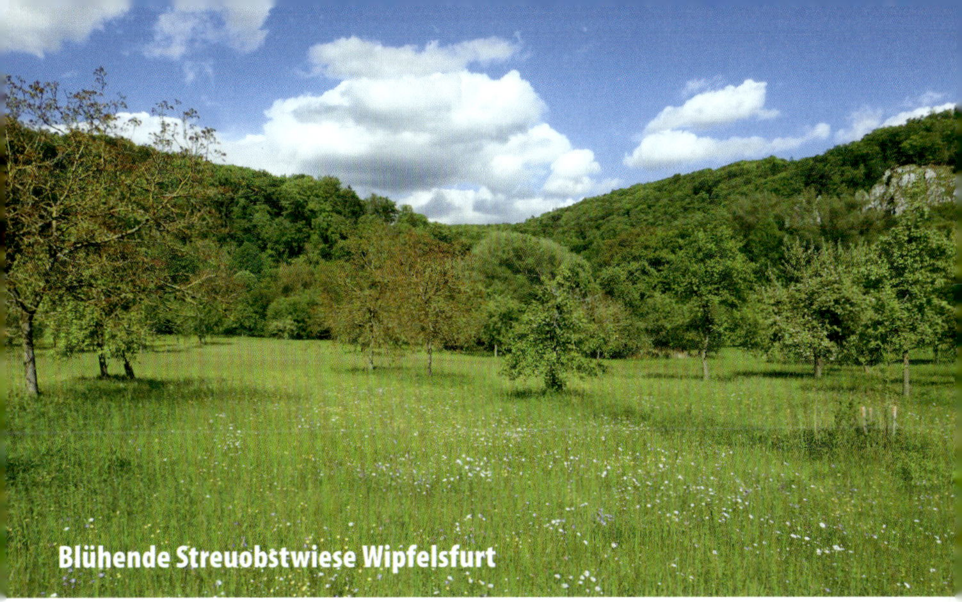

Blühende Streuobstwiese Wipfelsfurt

ist der eigentliche Durchbruch, an dem die Donau machtvoll durch die Felswände rauscht. Ringe im Gestein zeugen von anstrengenden Schiffsfahrten in früheren Zeiten: Die Schiffer mussten selbst Hand anlegen und ihre Kähne kraftvoll stromaufwärts ziehen.

Bevor wir uns an den Aufstieg machen, klettern wir auf die Kiesbank am Flussufer, die an heißen Tagen viele Sonnenanbeter und kühne Schwimmer anzieht. Aber Achtung: Hier sind die Strudel sehr tückisch. Ehrfurchtsvoll blicken wir auf die schroffen Felsen. Viele haben aufgrund ihrer markanten Form fantasievolle Namen bekommen und sind zum Gegenstand spannender Sagen geworden. So grüßt uns vom gegenüberliegenden Ufer die Steinerne Jungfrau, die wir an ihrer Nixen-Wetterfahne erkennen. Uns gegenüber liegen die drei Brüder im Wasser, die zur Strafe für ihre Bosheit in Felsen verwandelt wurden.

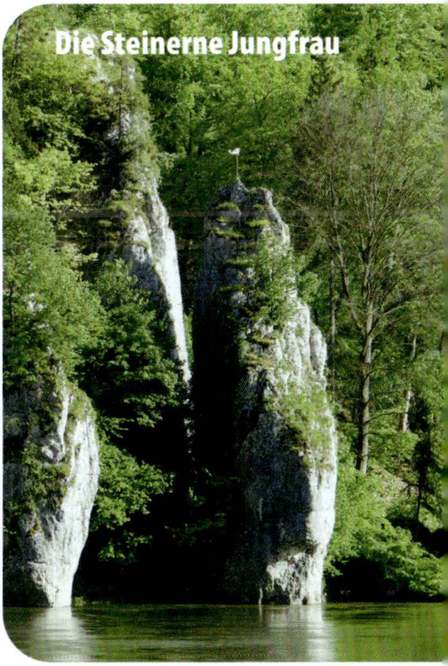

Die Steinerne Jungfrau

Erfrischt machen wir uns nun an die Besteigung der Langen Wand und gehen dazu ein paar Meter den Uferweg zurück, bis ein Waldsteig mit etlichen Treppen uns himmelwärts bringt. Für den beschwerlichen Aufstieg werden wir mit immer neuen Ausblicken ins Tal belohnt. Zugleich genießen wir ein kostenloses Training für Beine und Po. Schließlich mündet unser Pfad in einen breiteren Waldweg, in den wir nach links Richtung Kloster Weltenburg schwenken.

Nach 800 Metern durchschneidet unser Weg einen Wall. Hier wenden wir uns zunächst nach links, folgen der Erhebung bis zu deren Ende und halten uns mit der Hangkante nach links, wo wir einen bezaubernden Blick auf die Donauschleife mit dem berühmten **Kloster Weltenburg** 6 haben.

Dann machen wir kehrt und wandern den gesamten **Keltenwall** 7 ganze 3 Kilometer von der Donau bis zur Altmühl. Wie der Schwanz eines Lindwurms windet er sich durch den Buchenwald. Erstaunlich, dass seine Spuren selbst nach mehr als zwei Jahrtausenden immer noch deutlich sichtbar im Wald zu verfolgen sind. Vor unserem geistigen Auge tauchen keltische Mannen auf, die hier auf der Mauer patrouillieren. Ab

*Das barocke **Kloster** wurde von den begnadeten Asam-Brüdern gestaltet. Einzigartig ist die Kirche mit ihrer imposanten „Kuppel". Zudem beherbergt die Anlage die älteste Klosterbrauerei der Welt. Den dunklen Gerstensaft kann man im malerischen Biergarten verkosten.*

Blick auf Weltenburg

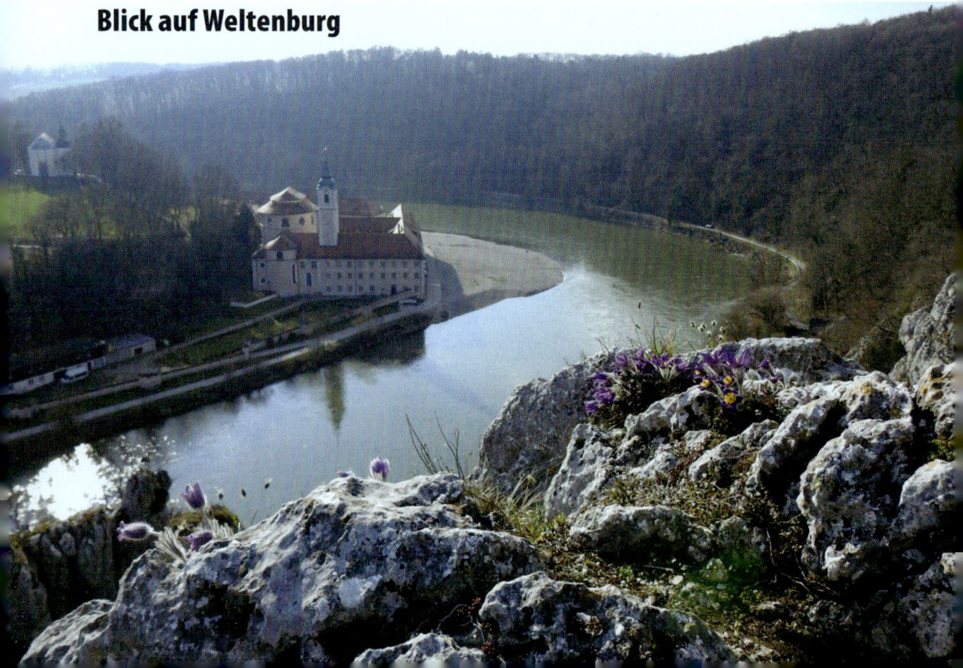

und an durchschneidet ein Tor den Wall und wir erinnern uns an die Rekonstruktion, die wir an unserem Startplatz kennengelernt haben. Freilich füllte die ursprüngliche Siedlung nicht das gesamte Areal, das wir heute umkreisen. Rechter Hand erkennen wir immer wieder markante Löcher im Waldboden, aus denen Erze gewonnen wurden. Verblüfft registrieren wir: Hier mitten im Wald stehen wir vor den Spuren eines bedeutenden Industriestandorts der Eisenzeit.

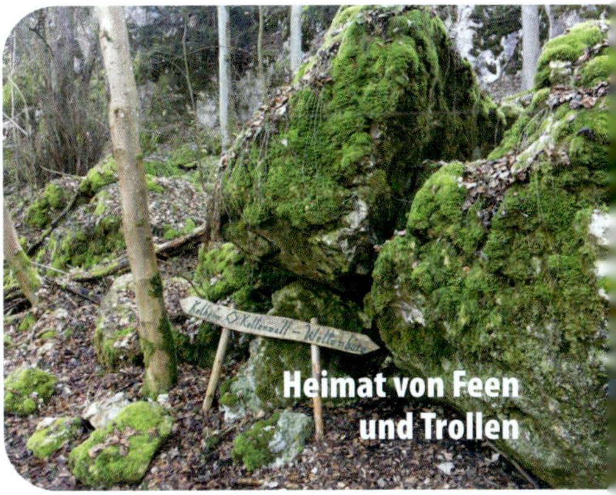

Heimat von Feen und Trollen

Plötzlich holt uns die Moderne ein: Wir queren die asphaltierte Straße und lassen die Autos an uns vorüberziehen. Doch schon nach wenigen Metern zurück auf dem Wall umfängt uns wieder der Zauber. Die Wegweiser des Altmühl-Panoramawegs helfen uns, auf dem rechten Pfad zu bleiben. Nun rücken die Bäume immer näher bis an unseren Weg und allmählich beginnt der Abstieg ins Altmühltal. Kleine Stufen sind uns in der wildromantischen Felsschlucht hilfreich. Immer wieder halten wir inne und schauen uns um. So traumhaft ist der Anblick der bemoosten Felsen, die smaragdgrün im Sonnenlicht leuchten. Schließlich endet unser Pfad an einem geschotterten Waldweg, dem wir nach rechts folgen. Hinter einer Rechtskurve sind wir im Altmühltal angekommen und bleiben immer am Rand des Waldes auf leichter Anhöhe, rechts begleitet von den imposanten, steil aufragenden Felsen, links hinter dem Wald von Feldern und Wasser. Wir kommen am Kelheimer Natursteinbruch vorbei, der auf der anderen Talseite liegt, und können oben deutlich an den hellen Abbruchkanten erkennen, wo der Jurastein aus dem Berg gewonnen wird.

Nach rund 2 Kilometern passieren wir den **Kelheimer Externstein 8**, auch Wilhelmsfelsen genannt, der am Todestag Kaiser Wilhelms I. zu Tal gerollt ist. So hat das bayerische Kelheim auch ein Denkmal für den preußischen Oberherrn – weit vor den Toren der Stadt.

Schließlich erreichen wir eine Bank mit einem Marterl rechts vom Wegesrand. Hier knickt unser Weg nach wenigen Metern nach links zur Straße ab, wo wir kurz darauf wieder den Parkplatz am Keltentor erreichen. Nun durchschreiten wir es erneut und kehren in unsere moderne Welt zurück. Erstaunlich, welch eine Ausdehnung diese Ansiedlung vor über 2000 Jahren gehabt hat, vergegenwärtigen wir uns im Rückblick.

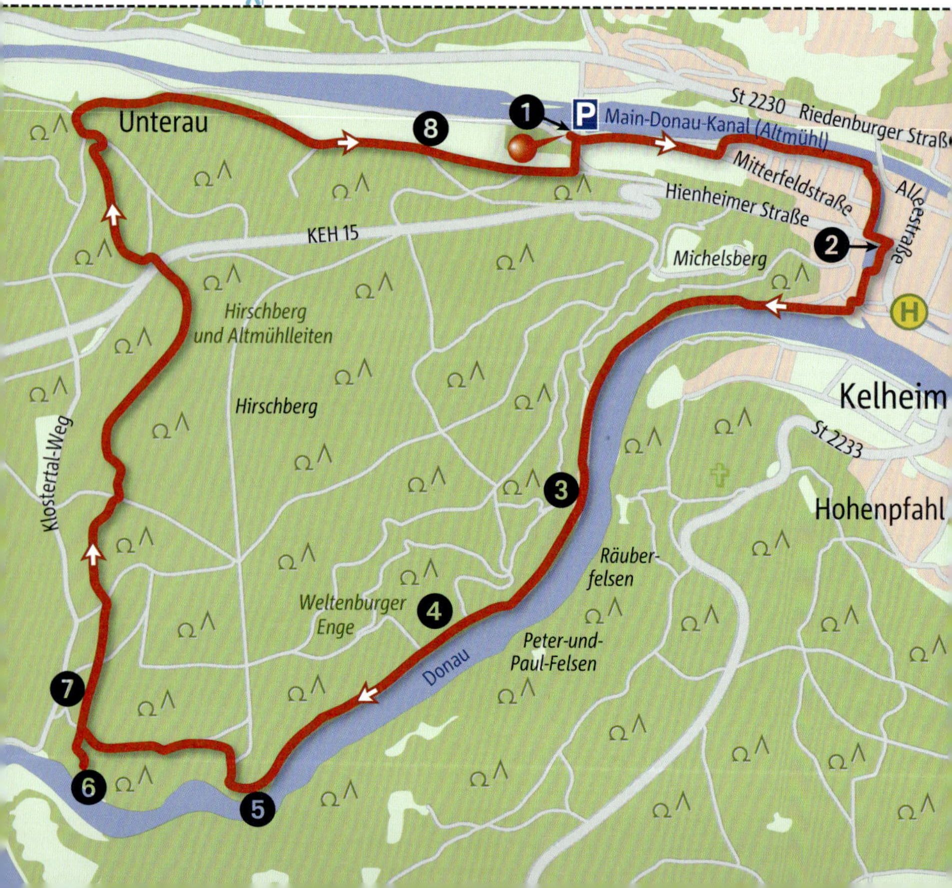

WIE & WANN:
Asphalt- und Schotterstraße, Waldweg und Felssteig; bei trockenem Untergrund zu jeder Jahreszeit möglich.

HIN & WEG:
Auto: Parkplatz an der MD-Kanalschleuse, Mitterfeldstraße, 93309 Kelheim (GPS: 48.922964, 11.851254)
ÖPNV: Bus 6022 vom Bahnhof Saal/Donau zum Wöhrdplatz in Kelheim, dann 5 Minuten Fußweg zu ❷

ESSEN & ENTSPANNEN:
Klösterl ❸ Klösterl 1, 93309 Kelheim, (01 51) 56 02 33 66, www.kloesterl.info

ENTDECKEN & ERLEBEN:
Keltentor ❶
Hafen am alten Kanal ❷
Wipfelsfurt ❹
Lange Wand ❺
Aussicht auf Kloster Weltenburg ❻
Keltenwall ❼
Kelheimer Externstein (Wilhelmsfelsen) ❽

Entspannung ✱✱✱✱
Genuss ✱✱✱✱✱
Romantik ✱✱✱✱

Die GPS-Daten zu jeder Tour gibt es auf
www.droste-verlag.de

Konzeption: Droste Verlag, Düsseldorf
Satz: Droste Verlag, Düsseldorf
Einbandgestaltung: Britta Rungwerth, Düsseldorf, unter Verwendung von Bildern von © Fotolia.com: Andrey Kuzmin, undrey, dabost, niroworld; © Katrin Berger
Fotos: Katrin Berger
Karten: Thorsten David, Bochum
Druck und Bindung: LUC GmbH, Greven

MIX
Papier aus verantwortungsvollen Quellen
FSC® C011279
FSC www.fsc.org

ISBN 978-3-7700-2332-5
www.droste-verlag.de